图 6-1 有机紫甘蓝

图 6-2 有机番茄

图 6-3 有机毛豆

图 6-4 有机黄瓜

图 6-6 有机辣椒

图 6-5 有机菠菜

图 6-7 有机红薯

图 6-8 有机生菜

图 6-9 有机大葱

图 6-10 有机韭菜

图 6-11 有机土豆

图 6-12 有机生姜

图 6-15 有机葡萄

图 6-13 有机苹果

图 6-14 有机柑橘

图 6-16 有机西瓜

图 6-17 有机草莓

图 6-18 有机甜瓜

图 6-22 辣椒西瓜套种

图 6-19 有机食用菌

图 6-20 有机杂粮

图 6-21 有机茶叶

图 7-1 番茄灰霉病　　　　　图 7-4 草莓炭疽病

图 7-2 瓜类白粉病

图 7-3 黄瓜霜霉病

图 7-5 茄黄萎病

图 7-6 黄瓜细菌性角斑病

图 7-7 白菜软腐病

图 7-8 番茄青枯病

图 7-9 油菜病毒病

图 7-10 蔬菜根结线虫病

图 7-11 甘蓝夜蛾

图 7-12 斜纹夜蛾

图 7-13 黄曲条跳甲

图 7-14 桃蚜

图 7-15 萝卜蚜

图 7-17 红蜘蛛及危害状

图 7-18 蓟马

图 7-16 白粉虱和烟粉虱

图 7-19 美洲斑潜蝇

图 7-20 南美斑潜蝇

图 7-21 烟青虫幼虫及成虫

图 7-22 棉铃虫

图 7-23 蝼蛄

图 7-24 蛴螬及危害状

有机农庄的创建与经营

刘起丽 张建新 主编

化学工业出版社
·北京·

内容提要

本书共八章，系统介绍了农村土地流转和种植类有机农庄的相关情况、政策解读、典型案例、具体技术和发展建议。具体内容包括：我国目前土地流转的现状、特点、类型、存在的问题与解决建议；土地流转的流程与收益分配；有机农庄创建与经营的相关政策与优惠条件、注册认证流程、发达国家有机农业现状与执行标准，国内有机农庄种植方案的设定、布局、种植规划；有机农产品品种选择认证、有机蔬菜种植技术与相关病虫害防控技术；有机农庄的经营盈利指导等。本书可供有志于创建和经营有机农庄的土地所有者、经营管理者、技术人员等参考和借鉴。

图书在版编目（CIP）数据

有机农庄的创建与经营／刘起丽，张建新主编．—北京：化学工业出版社，2020.10
ISBN 978-7-122-37466-0

Ⅰ.①有… Ⅱ.①刘…②张… Ⅲ.①农村-土地流转-研究-中国②家庭农场-建设-研究-中国 Ⅳ.①F321.1②F324.1

中国版本图书馆CIP数据核字（2020）第166088号

责任编辑：李　丽　　　　　　　　　　　文字编辑：郝芯缈　陈小滔
责任校对：边　涛　　　　　　　　　　　装帧设计：李子姮

出版发行：化学工业出版社（北京市东城区青年湖南街13号　邮政编码100011）
印　　装：中煤（北京）印务有限公司
710mm×1000mm　1/16　印张14¼　彩插4　字数225千字
2020年11月北京第1版第1次印刷

购书咨询：010-64518888　　　售后服务：010-64518899
网　　址：http://www.cip.com.cn
凡购买本书，如有缺损质量问题，本社销售中心负责调换。

定　　价：79.00元　　　　　　　　　　　　　　版权所有　违者必究

前言

土地流转是顺应时代发展的产物。农村土地承包经营成本高、收益低，加之农村二、三产业的发展和劳动力的转移、村产业结构调整的需要等原因，部分农户愿意将其拥有的土地承包经营权通过转让的方式，将土地使用权转让给他人。大量土地向更多的专业户、农业户流转有利于更好地发展农业规模经营。而随着时代的发展，政府对农村土地流转引导和服务功能也逐步加强，农村土地流转的行为逐步趋于规范，给农村农业和城乡一体化的发展提供了有利条件。

有机农业的概念于20世纪20年代首先在法国和瑞士提出，从80年代起，随着多个国际和国家有机标准的出台，一些发达国家才开始重视有机农业，鼓励农民从常规农业生产向有机农业生产转换。我国有机农业的发展也独具优势。首先，我国有着历史悠久的传统农业和丰富的实践经验，掌握了有机农业的精髓，如精耕细作、用养结合、地力常新、农牧结合等。其次，我国有独特的地域优势，具备多种多样的农业生态景观和迥然不同的生产条件，这些均为有机农业提供了有利的发展基础。最后，有机农业是劳动力密集产业，我国农村劳动力众多，有机农业的发展能够解决大批农村剩余劳动力。

利用流转的土地，我国以有机农庄为代表的有机农业近些年来的发展迅速，经济效益十分显著。有机农庄的宗旨是在无化学用品，如农药、化肥激素以及其他人工添加剂的参与下进行粮食、蔬菜、水果、药材等植物的高品质种植，以科学化管理为标准、绿色化为理念开展各类生产和经营活动。有机农庄的经营范围主要涉及有机蔬菜、有机杂粮、有机水果、有机中药材、有机鸡蛋、有机猪肉、有机畜禽、有机休闲食品、有机棉花、有机纺织品等。本书由于篇幅所限，主要针对种植类有机农庄的创建与经营做了详细介绍。参阅本书，可以对我国的土地流转和有机农庄的创建与经营有一个较为全面系统的了解和认识。

编者

2020年6月

目录

第一章 农村土地流转概述 ………………………………………… 1

第一节 农村土地流转的含义和特点 …………………………… 1
一、农村土地流转的含义 ……………………………………… 1
二、农村土地流转的特点 ……………………………………… 2

第二节 我国农村土地流转的现状 ……………………………… 7

第三节 我国农村土地流转的类型 ……………………………… 8

第四节 我国土地流转常见纠纷与解决建议 …………………… 14
一、土地流转中的问题 ………………………………………… 14
二、土地流转问题的解决建议 ………………………………… 18

第二章 如何进行农村土地流转 …………………………………… 25

第一节 农村土地流转流程 ……………………………………… 25
一、农村土地流转规程 ………………………………………… 25
二、农村土地流转一般流程 …………………………………… 26

第二节 农用地的流转方式、收益分配及案例 ………………… 28
一、农用地的流转方式、收益分配 …………………………… 28
二、农用地（农村承包地）的流转案例 ……………………… 30

第三节 农村集体建设用地的流转方式、案例及收益分配 …… 39
一、农村集体建设用地的流转方式 …………………………… 40
二、农村集体建设用地流转案例收益分配 …………………… 45

第四节 未利用土地的流转方式、收益分配及案例 …………… 49
一、未利用土地的类别 ………………………………………… 49
二、我国未利用土地的现状 …………………………………… 50
三、未利用土地开发利用SWOT分析 ………………………… 52

四、未利用土地开发利用类型 ……………………………… 52
　　五、未利用土地生态机能营造的基本原则 ………………… 54
　　六、东营市未利用土地开发模式 …………………………… 56
　　七、东营市未利用地开发利用保障机制 …………………… 68

第三章　关于土地流转及农庄发展的相关政策解读 ……… 70
第一节　中国土地流转现状解读 ……………………………… 70
　　一、土地流转 ………………………………………………… 71
　　二、土地流转的影响因素 …………………………………… 72
　　三、农村土地流转的新特点 ………………………………… 73
　　四、土地流转的第三条道路 ………………………………… 74
　　五、土地流转的中国模式 …………………………………… 75
第二节　农村土地流转制度 …………………………………… 76
　　一、土地流转存在的问题 …………………………………… 76
　　二、土地流转制度改革的原因 ……………………………… 77
　　三、农村土地流转制度设计 ………………………………… 80
第三节　农业补贴政策与家庭农场 …………………………… 87
　　一、农业补贴政策对土地流转的影响 ……………………… 87
　　二、办家庭农场的额外补贴 ………………………………… 91

第四章　有机农庄发展现状 …………………………………… 96
第一节　有机农庄的概念 ……………………………………… 96
第二节　各地有机农庄发展的典型实例及经验 ……………… 98
第三节　国外有机农庄发展经验及比较 ……………………… 101

第五章　有机农庄的创办和经营 ……………………………… 106
第一节　有机农庄的认定和创办 ……………………………… 106

一、农庄的认定 ………………………………………… 106
二、农庄的创办条件 …………………………………… 107
三、有机产品的认证 …………………………………… 109
四、有机产品认证的申请与受理 ……………………… 110

第二节 如何当好一个有机农庄主 ……………………… 115
一、思想观念的转变 …………………………………… 115
二、当好农庄主 ………………………………………… 116
三、掌握政府相关政策 ………………………………… 116
四、熟悉相关行业知识 ………………………………… 117
五、善于经营管理 ……………………………………… 117

第三节 有机农庄的管理体系和标准 …………………… 120
一、有机农庄的管理体系 ……………………………… 120
二、有机标准 …………………………………………… 122
三、有机标志使用 ……………………………………… 129

第六章 有机农庄的种植规划 …………………………… 131

第一节 有机农庄的布局谋篇 …………………………… 131
第二节 有机农庄种植种类选择 ………………………… 138
第三节 有机农庄的植物品种布局 ……………………… 153

第七章 有机农庄的植物病虫害防治 …………………… 159

第一节 有机农庄的常见病害种类及其无公害防治 …… 159
一、有机农庄病害防治基本原理 ……………………… 159
二、有机农庄病害防治基本措施 ……………………… 160
三、有机农庄常见病害及其防治 ……………………… 163

第二节 有机农庄的常见虫害种类及其无公害防治 …… 175
一、有机农庄作物虫害防治的基本原则 ……………… 176
二、有机农庄防控有机作物虫害的措施 ……………… 176

三、有机农庄常见虫害及其无公害防治 …………………… 177
第三节　有机农庄的生态环境调控 …………………………… 188
　　一、有机农庄的生态环境调控原理 …………………………… 188
　　二、有机农庄的生态环境调控方法 …………………………… 189
　　三、有机生产中可使用的植物保护产品 ……………………… 190

第八章　有机农庄的盈利及前景 …………………………… 194

第一节　有机农业的发展 ……………………………………… 194
　　一、有机农业的概念 …………………………………………… 195
　　二、有机农业发展现状 ………………………………………… 195
　　三、我国有机农业发展环境分析 ……………………………… 197
　　四、国内环境制约因素 ………………………………………… 200
　　五、有机农业发展前景 ………………………………………… 201
第二节　有机农场盈利模式 …………………………………… 202
　　一、盈利模式的理论综述 ……………………………………… 202
　　二、有机农庄营销现状 ………………………………………… 204
　　三、会员制模式发展现状 ……………………………………… 205
　　四、合作社式经营模式 ………………………………………… 207
　　五、有机农场典型案例分析 …………………………………… 207
第三节　有机农场营销策略 …………………………………… 208
　　一、有机农场现有营销策略存在的问题 ……………………… 209
　　二、有机农场服务营销策略 …………………………………… 210
　　三、有机农场服务营销组合策略 ……………………………… 211

参考文献 ……………………………………………………………… 216

第一章 农村土地流转概述

第一节 农村土地流转的含义和特点

一、农村土地流转的含义

从 20 世纪 80 年代中后期兴起到现今,农村土地流转已经发展了 30 多年,但它的发展始终不顺畅。改革开放后,农地流转实现了由"禁止流转"到"放开流转",再到"支持流转""规范流转"的制度变迁,取得重大进步。

理解中央关于农村土地流转的政策,先要搞清楚什么叫农村土地流转。农村土地流转其实是一种通俗和省略的说法,全称应该为农村土地承包经营权流转。也就是说,在土地承包权不变的基础上,农户把自己承包村集体的部分或全部土地,以一定的条件流转给第三方经营。对于农村土地流转,党的十七届三中全会专门出台了政策:加强土地承包经营权流转管理和服务,建立健全土地承包经营权流转市场。按照依法、自愿、有偿原则,允许农民以转包、出租、互换、转让、股份合作等形式流转土地承包经营权,发展多种形式的适度规模经营。有条件的地方可以发展专业大户、家庭农场、农民专业合作社等规模经营主体。

农村土地流转,将是接下来一个时期我国农村经济改革的重中之重。对基于农村土地流转的农村土地增值收益分配研究的意义主要有以下几点。第一,促进农村经济发展,缩小城乡二元差距。农村土地增值收益的合理分配,一方面能把更多的资金保留在农村,为农村经济的发展提供更好的资金支持;另一方面,能够吸引企业和个人对农村以及农村土地的投资热情,让更多资金流入农村,从而真正促进农村经济的合理快速发展。第二,提高农民收入水平。加快农村土地的流转,农民得到土地增值收益分配的合理部分,首先在事实上有了额外的收入。其次,在收入提高以后,农民有更多的资金可以处置,同时,农民还能以土地使用权等抵押获得短期贷款,在有了这些资金支持以后,农民可以更好地进行投资或者经营相关业务,从而拓宽其收入渠道。对于原本收入来源单一的农民群体,这两方面可以很大程度地提高农民的收入。第三,促进国家经济发展,推动经济发展转型。为了让我国经济能够持续、快速、健康地发展,农村经济更好地发展、城乡建设更好地布局是不可或缺的。从边际消费倾向的角度来说,由于我国农民的收入目前处于较低的水平,农民收入的增加,对于提高我国的消费水平、扩大我国的内需,从而推动经济发展转型都有着很好的作用。第四,维护社会公平,维持社会稳定。农民群体是一个人口数量达到6.4亿的庞大群体,而这个人数众多的群体却是维护自己利益呼声最弱的群体。近年来,由于城乡发展二元化日益严重,城乡收入差距不断扩大,农民与城市居民、政府之间的矛盾和冲突也在不断加剧。对于农村土地增值收益的合理分配,不仅可以确保农民能得到其应该得到的部分,维护社会公平。同时,农民收入水平的提高、城乡收入差距的减小,都能很好地维护社会的稳定,促进社会主义社会的和谐发展。

二、农村土地流转的特点

20世纪90年代以来,家庭承包责任制所处的微观基础和面临的宏观环境都发生了较大的变化,特别是由于农产品价格低迷,农业比较效益低下,越来越多的农民外出务工经商,许多地区出现了土地撂荒的现象,并且撂荒面积呈日益扩大的趋势。为解决土地撂荒问题,实现规模经营,提高农业经济效益,各个地方的农民自发地通过转包、出租、入股、互换等各种方式进行土地承包经营权的流转。近几年,农村土地流转的发展势头明显加快,大力推动了农村经济社会发展。具体方式如下图所示。

土地承包经营权的流转方式

据统计,我国1992年全国共有473.3万承包农户转包、转让土地77.4万hm^2,分别占当年承包农户总数和承包地总面积的2.3%和0.9%。至2001年全国各省不同程度地发生了土地承包经营权流转,土地承包经营权流转的面积超453.3万hm², 占农户承包地面积的5%左右。农民法律意识逐渐增强, 土地流转行为明显规范。取消农业税后, 农民种田成本进一步降低, 惜地意识不断提高。土地流转从农户口头协商、自发流转向签订契约合同、依法规范有序流转转变。

在农业、农村经济发展进入新阶段以后, 土地流转也呈现出新的发展特征。

1. 土地承包经营权流转规模扩大, 速度加快

直到20世纪90年代中期以前, 农地流转的发生率一直是偏低的, 如在20世纪90年代初, 全国仅有不到1%的农户转让土地, 转让的耕地面积仅占全部耕地的0.40%。最近几年, 随着国民经济的高速增长, 农业结构战略性调整、农业产业化和农村现代化建设的推进, 非农产业的发展和农村剩余劳动力的流动, 加上农产品供求关系发生阶段性变化, 以土地经营为主要收入来源的农民收入增长缓慢甚至下降, 使土地经营对农民生产、生活的重要性有所下降。

2002年中国农村土地承包经营权流转的面积仅有5386万亩(1亩= 666.7m²)。而在2012年, 这个数字则上升到2.7亿亩, 2013年更是增长至3.4亿亩, 11年间全国土地流转面积增长到原来的6.3倍。中国土地流转面积快速增长与各级政府大力倡导农村土地承包经营权流转, 推动农业规模化经营的宏观环境是分不开的。自2006年全面废止农业税和现代农业建设的整体推进以及新型城镇化的推进起, 土地流转成为各地发展规模经营的重要内容, 并呈加快趋势。在广东, 全省土地流转面积占耕地总面积的7.9%, 涉及9.22%的农户, 其中经济发达的珠江三角洲地区达到18.74%, 中山市已有56.1%的土地经营权发生了流转; 在湖北, 从1998年以后, 承包土地流转的面积不断扩大, 到2001年, 全省流转面积占承包耕地面积的8.44%, 涉及的农户占总农户数的8.39%; 在山东, 据对7县市1524个村的调查, 土地流转面积占总耕地面积的4.5%, 涉及7.2%的农户; 在四川, 耕地流转面积占总耕地面积的5.6%; 在海南, 1999年至2001年4月间, 就发生了35250宗土地使用权流转, 涉及农户51760户。

2. 农地流转形式以转包出租为主, 向多元化发展

农地流转是一个从实践中催生的产物。不同的地区产生了不同的农地流

转形式，具体有转包、转让、互换、入股、租赁等。据农业部调查显示，流转形式以转包和出租为主。2007年各类流转形式占总流转面积的比重为：转包和出租占78%，转让占8.3%，入股占3.8%，互换占4.5%，其他形式占5.4%。2003—2007年，转包和出租形式所占比重上升了10.6个百分点。

据黄祖辉、王朋等人的调查显示，近几年浙江省的农村土地流转方式呈现出多元化的特点。出租、互换、转让等传统的土地流转方式各占15.3%、14.1%和11.3%，而委托第三方经营、反租倒包和土地股份合作等一些新型土地流转方式虽已经在一些地区陆续出现并推广开来，但比例不大，流转程度不高。究其原因，主要是受农村剩余劳动力无法永久转移的影响，农民从事非农产业的不确定性导致农民客观上需要土地来为其提供生存保障。除了上述流转方式以外，还有高达41.9%的被调查者通过其他未列出的方式进行了土地流转，包括委托代耕、土地信托和土地季节性流转等。

事实上，农民不到万不得已是不会转让承包地的，即使从事非农产业经营了，也会把承包地看成是活命田和就业、保险田，宁可粗放经营，撂荒弃耕，也不愿意放弃承包地。农民更愿意选择转包。

3. 土地流转主体呈多元化趋势

近年来，农村土地流转主体正发生着由农户向城乡单位、企业、业主等多种成分的转变。现在，除农户以外，一些专业户扩大了经营规模，新的专业户也不断涌现。同时，农业企业、工商企业、科研机构、科技推广人员等纷纷参与农村土地承包经营权流转，特别是工商企业投资开发农业成为主导力量。浙江省有7000多家工商企业投资农业项目，经营土地面积超过1.3万hm^2，占全省土地总流转面积的50.9%。各类企业、机构和科技推广人员等主体投资开发农业，已成为扩大农村土地承包经营权流转需求的主要推动力量，从而在土地承包经营权流转的基础上，各种农业开发区、农业科技示范园、外向性农业、私营农业企业、股份制农业企业、大中型农场等如雨后春笋般地涌现出来，成为调整结构、发展效益农业和增加农民收入的新"亮点"。

以往，土地流转主要在农户与农户之间进行。据梅福林的调查显示，广东、江苏、湖南、安徽4省土地流转主要在农户之间进行。其中湖南省农户间土地流转比例达到85%，而农户与企业流转所占比重仅为15%，其他省份也基本类似。另外，从4省的流转户占承包户的比重来看，最高的广东省也只有25.3%。在农户之间流转的基础上，近些年一些工商企业、农业产业化龙头企业、农民专业合作组织等进入农业经营，参与了农村土地流转，并逐渐成为农村土地流转的参与主体。据调查县统计，目前农村土地在农户之间流转占流转总面积的63.9%，受让方为企业等其他主体的占36.1%。截至2007年3月，四川省遂宁市共发生农村土地承包经营权流转62706件，面积达237461亩，其中，农户之间流转205804亩，占流转总面积的86.6%；流向机关干部及科技人员3188亩，占流转总面积的1.3%；流向城镇居民2532亩，占流转总面积的1.1%；流向企事业单位12304亩，占流转总面积的5.2%；流向专业大户及其他13633亩，占流转总面积的5.8%。

4．土地流转工作趋于规范化

伴随农村土地流转进程的不断加快，要求地方政府和村集体提高土地流转工作程序及合同签订工作的规范化。

按照农业部《农村土地承包经营权流转管理办法》(以下简称《流转管理办法》)，各省区逐步建立健全以实施流转合同制为重点的流转管理制度和规程。据农业部调研，目前流转一年以上，建立了稳定流转关系的大多数签订了合同。2007年全国签订的流转合同份数比上年提高了27.9%。在农业部组织的土地流转抽样调查中，80%的调查县流转合同签订率达到60%以上，其中有26.7%的调查县达到80%以上。农户调查中流转合同签订率达82%。93.3%的调查县采取了县以上统一规范流转合同文本。调查县中已有85.5%的乡镇依托农村经营管理部门建立了流转服务组织，为农民流转土地提供流转信息、法律政策咨询、价格评估、指导合同签订、协调利益关系和调处流转纠纷等服务。在50%的调查县中，由乡村组织提供服务的流转面积已占流转总面积的50%以上。

从2003年开始，浙江省引导流转农户补签合同18.3万份，涉及9.1万户农户和45.8万亩土地，逐步使土地流转合同的签订工作走向规范化。27%的农户表示在流出土地和流入土地时都签订了正式的书面合同，尽管这一比例并不是很高，但是较早期已经有很大的提升。另外，有31%的农户表示在土地流转过程中没有签订任何形式的合同，主要是一些散户间的自发性流转和偏远地区的非规模化流转。

5．土地承包经营权流转形式多样化

从参与流转的方式上看，土地承包经营权流转呈现出多种形式相结合的态势，流转方式比较多样，互换、出租、转包、入股、抵押等均有涉及。其中，2011年采取互换形式的约占6.4%，转包约占51.1%，出租约占27.1%，股份合作约占5.6%，转让约占4.4%，其他形式的约占5.4%。从流转形式内部组成看，转包和出租等较低形式的流转形式占到流转总数的大部分，入股等高级形式的流转途径比重较低，流转形式需升级。党的十八届三中全会作出的《中共中央关于全面深化改革若干重大问题的决定》，对农村深层次改革作出了全面部署，赋予农民对承包地承包经营权抵押、担保权能。《中华人民共和国农村土地承包法》（以下简称《农村土地承包法》）也规定了土地承包经营权可以依法采取抵押的方式流转，这也大大地丰富了农地流转的方式。

6．土地流转区域不断扩张

过去农村土地流转主要发生在农村二、三产业比较发达，农民非农就业的收入比较稳定的沿海发达地区和大中城市郊区，欠发达地区农民因为就业门路少，家庭收入对土地依存度高，很难发生大规模土地承包经营权流转。近年，土地承包经营权流转以较快的速度向发达地区的周边区域、大中城市远郊和内陆省份扩展，全国各省都发生了一定规模的土地承包经营权流转。四川家庭承包耕地流转总面积2136.36万亩，占全省耕地总面积的36.7%；黑龙江流转土地突破6500万亩；江西土地流转面积485万亩。即便是同一省份也由发达县市向全省范围扩展。浙江省经济比较发达的杭嘉湖宁温台绍地区土地流转占全省土地流转的86.8%，其他经济欠发达的丽水、金华、舟山地区都不同程度地发生了土地流转，经济最不发达的丽水地区流转土地占该地区耕地的比重达到6.3%。

农村土地承包权流转是解决我国家庭分散经营与大规模生产的一个有效途径。它对我国农村经济发展有很大的促进作用，能够促进城乡统筹发展、促进农村劳动力的转移、农业的产业化发展和农业现代化的发展等等。从全国的整体情况来看，我国农村土地承包经营权流转正呈现良好的态势，流转

速度加快,流转规模加大,流转的形式和主体也呈现多样化。但同时也存在一些问题,例如流转程序不规范,流转纠纷较多,流转市场还不健全等。

第二节 我国农村土地流转的现状

我国农村土地承包经营权流转自 20 世纪 80 年代初开始出现,并逐步从沿海向内地扩展。在较长时期内,我国土地流转的规模是稳定的,一般占家庭承包耕地面积的 4.5% 左右。近几年,随着社会经济的不断发展和改革开放力度的不断加大,城市化进程加快,农民收入结构、农业生产经营方式、农作物种植模式等发生了一系列变化。土地作为基本的生产资料,流转现象日益普遍,流转规模逐渐加大。据农业部经管司统计,截至 2007 年末,全国农村土地承包经营权流转总面积达 6372 万亩,比 2006 年增长 14.8%,占家庭承包耕地总面积 5.2%。特别是 2008 年以来,土地承包经营权流转明显加快,截至 2008 年 8 月底统计,各地上报的土地承包经营权流转面积已达到 1.06 亿亩,比上年增长 66%,占承包耕地总面积的 8.7%,比上年提高了 3.5 个百分点。

以湖南省常德市鼎城区为例,农村土地流转面积接近土地面积的 20%,并呈继续上升趋势。

与东部地区活跃的农村土地流转相比,中西部地区虽然在土地流转方面进行过大胆的探索,并取得了初步成绩,但整体上尚未真正启动起来。土地流转速度缓慢,流转规模小,土地利用效率不高。与流转面积偏小相对应,土地流转形式落后,大部分处于传统领域的代耕代种、互换、转包等形式,且在流转农户之间进行。土地入股等新型合作模式仍处于探索阶段。同时,由于土地流转管理滞后、制度不完善、手续不齐备、运行质量不规范,导致农地使用权无序流转速度加快。

农地流转规模地区之间发展不平衡。据农业部统计,2007 年,全国东、中、西部地区流转面积占总承包面积的比重分别为 5.88%、4.77% 和 5.33%;其中东部地区有 50% 的省(直辖市)流转比重高于全国平均水平,高出 1 倍以上的有 5 个省(直辖市)。农村劳动力转移较多的地区流转比重较高,如重庆市和四川省,农村外出劳动力占尽农村劳动力总数 48.8% 和

44.6%，其比重分别高于全国平均水平（33.5%）15.3 和 11.1 个百分点；流转面积占总承包面积的比重分别达到 15.9% 和 11.6%，其比重分别高出全国平均水平（5.2%）的 2 倍和 1.23 倍。

从总体看，经济发达地区土地流转规模要明显高于经济落后地区。农地流转是随着家庭联产承包责任制的产生而产生，并随着农业结构调整的推进而发展的。早期的农地流转主要发生在农村第二、第三产业比较发达，农民非农就业和收入比较稳定的沿海发达地区和各大中城市郊区；而欠发达地区因为农民就业门路少、农民收入对土地依存度高，而较少发生农地流转。但是，近年来农地流转地域扩张较为明显，沿海发达地区和大中城市郊区向内地由点向面全面扩展。但是，由于地区之间的社会经济条件、农地制度实现形式、农民文化背景及地方政府偏好等的差异，致使地区之间的农地流转表现出很大的差异。

土地流转的地区差异不仅体现在省与省之间，即使同一省份内部地区差异也很大。调研显示，浙江省耕地流转比例比吉林省高出 10.9 个百分点，比地处西部的甘肃省高出 15.9 个百分点。从浙江省来看，农地流转地区差异状况相当明显。从流转土地面积占耕地面积的比例看，湖州和绍兴的比例最高，分别是 21.9% 和 21.7%，丽水和嘉兴的比例最低，分别是 5.6% 和 6.2%，比例最高的是最低的 3.9 倍。原因是经济发达地区城镇化、工业化水平较高，第二、第三产业发展水平较高，农民非农就业渠道相对较多，对土地的依赖程度要低于经济落后地区。因此，其土地流转的积极性和动力较高，土地流转的规模也相对较大。

从目前流转情况看，总体健康平稳。随着农村人口逐步转移和现代农业建设不断推进，流转呈逐步发展趋势。但受农村人口大量稳定转移和农村社会保障体系建设的制约，目前大多数农村还不具备大规模流转的条件，流转市场的培育、规模经营的发展是一个渐进的过程。

第三节　我国农村土地流转的类型

为有效地实现农地流转，理论界探讨了农地流转应采取的具体机制，主要有两种观点。

一种观点提出建立计划调控与市场调节相结合的农地流转机制。该观点认为，通过市场机制实现土地流转是农村市场经济发展的客观要求，但不能因此完全否定计划机制的作用，而应选择计划调控与市场调节相结合的土地流转机制。其理由如下。

① 我国城市土地属国家所有，农村土地属集体所有，政府有必要也有可能对土地流转进行宏观调控和计划干预。同时，市场经济发展要求市场对土地资源配置起基础性作用，提高土地利用效率，从而在客观上形成了计划调控和市场调节并存的格局。

② 我国愈加尖锐的人地矛盾要求将土地按市场效率原则进行流转配置，而城市土地市场对农村土地非农化产生巨大的诱导和拉动作用，完全依靠市场机制调节土地流动必使耕地危机趋于严重，所以国家必须加强对农村土地流转的宏观调控。

另一种观点则主张构建市场化农地流转机制。他们认为，市场化农地流转机制是实现农地流转的最佳选择。土地流转的市场调节具有以下明显优点。

① 有利于真正实现落实农民的经营自主权，使农民完全自主地根据市场情况做出扩大或缩小土地经营规模的决策。

② 土地流转所具有的有偿转让和等价交换的特性，可解除农民对土地投资特别是长期投资的顾虑，有利于土地的集约化经营。

③ 市场机制的有偿性和竞争性，有利于农地的合理流动与适当集中。

④ 可以使经常发生的劳地比例失调及时得以调整，从而使农业生产力在总体上始终保持一个动态的优化组合。

⑤ 土地流转的市场化将土地的决策权分散到生产经营者，从制度上遏制了以权谋私的行为。

目前，我国农村土地流转的类型主要有以下 7 种。

1. 土地转包

农户暂时无力或不愿经营承包地，临时把承包地交由别人代耕，原承包合同规定的权利和义务都不变，税费仍由原承包者承担，转包费或代耕费由双方洽谈。分为农户间自行协商和通过中介组织两种形式。委托代耕目前较为普遍，自 20 世纪 80 年代确立家庭联产承包责任制以来一直未间断过。其特点是简单明了、手续简单、原承包户和代耕户进退自由。

在市场机制的作用下，土地转包有利于农村土地资源的优化配置，同时带动了农村其他生产要素，如劳力、资金、技术等资源优化配置，有利于促进农业生产结构的改善和农村产业结构的调整，有利于农村经济的发展和农民收入的增加。转出土地的农户，进入乡镇企业务工或经营非农产业，有利于加快农村二、三产业的发展步伐，促进农村经济的全面发展，有利于推动农村工业化、城市化的进程；转入土地的农户，通过调整农业生产结构，扩大种植业经营规模，提高农业劳动生产率和土地生产率，有利于"两高一优"农业的发展，加快农民群众增收奔小康的步伐。

2．土地互换

农地承包经营权的互换指的是农地承包经营权的所有者将自己在特定地块农地的承包经营权交于他人，并获得他人在其他地块农地的承包经营权。承包权的互换一般要求在同一个集体经济组织之间进行，因为这样不会涉及多个集体经济组织之间农地所有权的交叉变更。农地承包权互换的目的在于方便耕种和集约化经营。在承包权互换之后，由于特定个体承包土地区位的变更，同时个体对于土地的使用也更为方便，利于集约化经营，所以在互换过程中对于特定的个体都是有土地增值的。而互换的增值收益分配较为简单，就是特定个体获得其互换之后承包土地所带来的收益，这部分收益中已经包含了互换所带来的农地增值收益。

由于规模经营和调整农业结构的需要，必须进行土地连片，因涉及的农户有的不愿放弃土地经营，村组必须将别处承包地与之互换，并根据土地的级差地租进行补偿。主要采用两种做法，一是将不在连片范围内而又愿意放弃土地经营权的农户的承包地，与连片内的这部分农户的耕地置换；二是以连片范围以外的抛荒田置换连片内的土地，村里给予适当的复耕补助，分为"村组出面操作"和"农户之间自发进行"两种类型。

土地互换对改变地块零碎、实现土地归并具有明显的效率意义，同时有利于村集体经济组织进行土地整理和规模化经营。

3．土地出租

土地使用权出租是指土地使用权拥有者将土地租赁给其他公民、法人使用，并收取租金。土地出租是在承包期内，承包农户将承包的部分或全部土地的使用权出租给本集体经济组织以外的他人，并收取租金的行为。这种流转方式的特点是,承租人不与发包方直接发生经济关系,而只与承包方发生经济关系。租赁双方根据现时的经济、社会条件签订租赁合同,以明确双方的权利和义务。可见,土地承包经营权的出租是一种不彻底的使用权交易。在这种使用权交易形式下,使用权并没有完全让渡,附属于使用权的收益权和处置权发生了进一步的分割。转包和出租都是不彻底的使用权交易,转包和出租后虽然土地不再由原承包方耕种,但土地承包经营权的主体并没有发生变化,承包关系仍然是原承包方与发包方的关系。但是两者的区别在于,转包的对象应该是本集体经济组织内部的其他农户,出租的对象是本集体经济组织以外的单位或者个人。

从土地出租来看,发包方与承包方之间存在土地承包经营权关系,属于土地的用益物权,是承包法律关系的基础,承包方(也即出租人)与承租人之间存在租赁关系,属于债权关系。土地承包经营权的债权关系受物权关系的制约。

4. 土地转让

农村土地承包经营权的转让指的是在承包期结束以前,拥有农地承包权的农民将土地的使用权一次性转让给受包人的经济行为。承包经营权的转让和出租、转包的区别在于,出租和转包并没有改变原农村土地承包经营权的所有者对土地的最终承包权,而承包经营权在转让之后,原承包权的所有者将其承包权转让给第三方并丧失其对土地的承包权,由新承包方直接向农地所有者行使权利和义务;同时,农地承包经营权的出租和转包并不需要征得土地所有者的意见,而农地承包经营权的转让需要获得土地所有者的许可并受其监督。农村土地承包经营权的转让必须在原承包期内进行,并且相关法律规定,在承包经营权转让之后,依然不能改变原土地的农用性质。虽然,农地承包经营权的转让在法律法规上是被允许的,但由于农地对于农民最终的保障功能以及其他因素,这种模式在实际操作中并不多见。

第二轮农村土地承包以来,一些农户的家庭情况变化较大,如有的死亡绝户,有的已达"五保"条件,或丧失劳动能力,有的全家户口迁走,有的已在城镇立脚,愿永久放弃承包权。对这些情况,经村民会议研究后,由村组收回重新发包。重新发包情况,取决于土地收益。在土地收益特别是种地效益不好的情况下,想转让承包权农户往往多于愿接受承包权的农户,此时,村组对转让十分慎重，一般都是找到接包者后才同意收回承包权。而在土地收益特别是种地效益较好的情况下，想转让的往往少于愿意接受的，此时一经发现闲置土地，即可能达成转让。从这个意义上讲，粮食直补等惠农措施，有助于耕地的转让。

由于转让将使农户丧失对承包土地的使用权并且涉及与发包方之间的关系，因此转让土地承包经营权应当符合以下条件。一是转让农户有稳定的非农职业或者有稳定的收入来源。倘若没有切实的生活来源，一旦遇到风险，失去赖以生存的土地承包经营权的农民可能流离失所，造成社会不稳定因素。二是具备转让条件的农户将土地承包经营权转让给他人，应当经发包方同意，并与发包方变更土地承包合同。三是转让的对象应当限于从事农业生产经营的农户。以承包方式获得的土地使用权，其转让价格一般较低，也可能是零甚至是负转让金。转让也是一种比较彻底的产权交易行为，其流转操作规程与互换方式基本一致。

5．土地入股

土地入股指的是农村土地承包经营权的所有者在其承包期限内，将其农村土地的承包经营权作价入股参与到农村合作企业等经济组织，并依据其所拥有的股份参与农村合作企业等经济组织的红利分配。在入股之后，农村合作企业等经济组织享有对入股土地的使用权，可以对外出租租赁或者自行开发使用。而农户在入股之后，其土地承包经营权转换为对相关经济组织的股权，并且只要相关经济组织获得收益，农户将依据股权获得特定的收入。与社区性股份合作社不同的是，以这种方式组建的土地股份合作经营实体应建立在完全自愿的基础上，联合的期限由参加联合的各方协商决定，分配的形式可以多种多样。但是这种土地股份合作经营实体并无永久性的土地经营权，不论入股的土地使用权是以承包方式取得的，还是以其他方式取得的，都只能以合同约定的剩余期为限折价作股。股份合作经营实体拥有的土地使用权的使用年限只能以折价后的合同约定的剩余期为限，参股者与原土地所有者的权责关系既可以随土地使用权转移，也可以不随土地使用权转移。

土地入股分为"非法人土地入股"和"法人土地入股"两种形式。非法人形式在江苏省和浙江省早已存在，其基本特点是由乡村操作，农民把自己承包地的承包权作价折股参与开发，农户自己承担税费，农户红利是以固定金额发放,未实现"风险共担、利益均沾",还不是真正意义上的股份制。法人形式则是2007年以后才出现的一种最新土地流转形式,最早出现在作为全国统筹城乡综合配套改革试验区之一的重庆市,2007年7月1日,重庆市工商局出台《关于服务重庆城乡统筹发展的实施意见》,明确允许以土地经营权入股成立有限责任公司,引起关注甚至争议。根据《农村土地承包法》第四十二条对土地承包经营权入股做了界定:第一,入股应在承包方间进行,不包括将土地承包经营权量化为股份,投入到从事农业生产的工商企业或者公司,也不包括将土地承包经营权作为投资成立农业经营公司;第二,土地承包经营权入股是农户以入股形式组织在一起,从事农业合作生产,收益按照股份分配,而不是将土地承包经营权入股作为赚取经营回报的投资。

6. 股田制

股田制,又称为土地股份制。在土地集体所有前提下,农户之间以土地承包合同为依据,以土地收益为基数,将土地使用权作股,把按人平均承包的土地变为土地股份共有,对原先细碎的土地进行联片整理,然后再经过公开竞争投包,集中转让土地使用权。新的土地使用者,优先吸纳原村组农民就业,农民则成为农业产业工人,按月获取工资;拥有土地股权的农民拥有对土地实际使用人的选择权与监督权,并且可以定期分红,获得土地承包权收益。

一般情况下,股田制经营土地收益扩张的来源包括以下几个方面。第一,基于对生产要素的利用而产生的土地收益。股田制经营对农业基础设施的要求相对较高,为了进一步改善农业生产条件,势必需要加大资金投入力度,以此来实现对农业生产要素的充分利用。第二,能够有效降低交易成本。在过去很长一段时间内,家庭经营制度始终是一种主流,由于这种经营方式较为分散,农民获取市场信息不够,难以应对瞬息万变的市场,这一系列因素使得市场交易成本极为高昂。与此相反的是,股田制经营能够集中多个分散的农民以及他们手中的土地,借助农地股份合作社,必要的时候还可能会实现与优秀企业家的沟通与交流,不论在市场信息获取方面,还是在信息筛选与辨别方面,或者在信息处理能力方面,均具有突出优势。除此之外,在管理方面也更加专业,通过实现品牌化、产业化运作等方式来降低土地交易成本。第三,股田制经营要求管理人员以及技术人员应当具有专业的知识及技

股田制

能,与家庭联产承包责任制相比,这种方式更重视人力资源的作用。

7．土地抵押

抵押是土地承包经营权人将其取得的土地承包经营权作为抵押物来获得贷款的经济行为。在这里,土地承包经营权成为抵押人履行偿债义务的担保物,如果抵押人不能按约履行偿债义务,作为抵押标的的土地承包经营权将转归金融机构,金融机构可将土地承包经营权租赁或转让。由此可见,土地承包经营权抵押虽是土地使用者获得中长期贷款的一种手段,但若不能按约履行义务,土地承包经营权抵押就会成为土地承包经营权流转的一种形式。在抵押人对土地承包经营权进行抵押贷款后,当抵押人逾期不能清偿债务,土地承包经营权转归土地金融机构后,抵押人与土地所有者之间的权责关系并不随土地承包经营权发生转移。也就是说,金融机构并不需要向土地所有者缴纳承包费或租金,承包费和租金仍由抵押人缴纳。土地金融机构则向新的土地使用人收取承包费、租金或转让金。有关行为人之间各种权责关系均应在抵押合同中得到完整、准确的表述。

第四节　我国土地流转常见纠纷与解决建议

一、土地流转中的问题

农村土地规范有序地流转是在农村建立社会主义市场经济体制的题中之义和迫切任务,是农村市场经济历史和逻辑的发展。在实践中,集体土地通过市场机制实现资源的流转配置在不同领域以不同方式不同程度地发生着,显现出强劲的市场化流转趋势,但同时也存在着与市场化特征要求不相适应的问题。

1．土地流转社会化服务缺位

农地流转主要是依靠政府力量发动及推进,土地资源如何规划配置,都是由政府安排。地方政府追求经济发展指标,存在一些土地过度征用,扩地建房，人为加速城镇化速度，造成农村土地的盲目流转，这些行政行为此时就会影响农地流转市场的市场机制。

自20世纪80年代土地承包责任制以来，各地客观上已存在大量承包土地流转行为，但由于多种原因，农村土地流转手续不完备。2003年《农村土地承包法》施行后，政府所能提供的"中华人民共和国农村土地承包经营权证"变更服务，只是农户在土地转让和互换时办理过户手续的管理，根本不能满足农村社会对有形土地流转市场多方面服务的迫切需求。目前，由于多数乡镇还没有建立起农村土地流转市场，农村土地流转信息渠道不畅，普遍存在"要转的，转不出；要租的，租不到"的现象，在很大程度上延缓了通过土地流转实现土地规模经营的进程。

2. 土地资源配置效率尚待提高

一是部分土地利用效率低。由于社会保障制度差异，大部分进城务工的农民无法真正融入城市，他们不会放弃土地，加之土地流转信息不畅，普遍存在农业生产业余化、农村"空心化"、劳动力老龄化甚至土地抛荒现象。即使土地采取转包、出租、代耕等方式流转，由于流转期限短，经营者往往采取掠夺式的经营方式，不利地力提升。二是存在规模不经济现象。由于责任制初期形成的田地零分细划，自发流转的农户普遍规模小、不成片，机械操作十分不便，制约了农机使用和农业先进科技推广，以致规模不经济。

3. 农村土地流转管理亟待规范

农民初次分配到承包地之后，由于没有相应的管理法规，对地籍调查、登记、统计、评价反映和监管土地位置、数量、质量、权属、用途、变更等农用土地经营管理制度缺乏，有关的法律制度建设滞后，承包地的流转缺乏法制化管理。在农户之间土地流转方面，土地承包经营权流转一般发生在自然村及其邻村、邻乡，一般都没有什么规范的土地使用权流转合同，甚至也没有向集体备案，在时间上具有临时性。其对象主要是亲朋好友，多以口头协议为主，流转双方大多采取"一对一"讨价还价的协商让地方式，既缺乏公开的竞价机制，又缺少法律保障和社会监督，流转协议也存在不规范的问题。一旦出现不支付租金、不兑现收益分成、受让方将土地使用权自行再转让、土地使用权发生权属纠纷时，就难以从法律和行政进行维护和处理。我国农村土地流转不规范、纠纷多的另一个原因是进行土地使用权交易登记备案所需的交易费用太大，导致土地承包经营权多以口头协议或一纸书面合同为准，从而导致土地纠纷发生的频率非常高。由于现有土地承包经营制度的安排和非农就业机会的不稳定，大多数土地转包是短期的或是不确定的，交易双方可以随时终止交易。

4．土地纠纷调处体系不完善，农民合法权益难以充分保护

当前，化解农村土地承包纠纷主要有当事人协商、调解、仲裁和诉讼四种方式。农村承包土地纠纷具有标的额小、地域广、取证难、政策性强的特点，由于土地纠纷调处体系有漏洞，目前普遍存在土地纠纷村组织难以调解、相关单位不愿解决、仲裁机构无力裁决、法院不解决和成本高的现象，农民的合法权益难以得到充分保护，有的矛盾激化，影响了农村社会稳定。一是村组织居中调解难。由于农村土地承包基本制度的特点，大量的农村土地承包纠纷虽发生于农户（承包方）之间，但村组织（发包方）往往是关联方（当事人），导致村干部难以居中调解。二是部分农村土地纠纷仲裁机构虚置。

5．土地承包经营权流转存在侵权现象

近年来，在农村土地流转过程中，违背农民意愿损害农民利益的事件屡屡发生。有的乡镇政府或村民委员会随意改变土地承包关系，强迫流转，剥夺农民的承包经营权和土地收益权，侵犯农民权益，影响了农民正常的生产生活。

6．市场中介组织匮乏，不易流转

土地流转交易组织包括交易载体和交易规则。交易载体是指交易的场所和监督管理机构，交易规则是指必须遵循的各项法律、制度和条例等。我国土地流转的交易组织欠缺主要表现在：首先，我国农村土地交易的市场基础设施建设少，场所、机构等都相当缺乏；其次，土地承包经营权流转的监督主体缺位。虽然我国在县以上政府成立了国土局，乡政府也有国土站，但是这类机构只负责国土的规划、耕地的保护、用地的审批，而没有土地承包经营权交易的监督职能和管理权限，由于监督功能弱化，使土地承包经营权主体的利益经常受侵蚀，不能为主体提供稳定的收入预期，这又阻碍了交易组织的进一步发育。因此，农村土地承包经营权流转在这种既没有权威性法规可遵循，又缺乏相应的市场规则、监督机构保证的情况下运作，容易造成土

地流转市场混乱、集体土地资产流失及管理失控，刺激土地流转中大量不符合市场规律和现行政策的问题的产生。

农地承包经营权作为一种特殊的商品，其交易与其他商品相比，需支付更大的搜寻成本、谈判成本和履约成本；而且其运作程序相对复杂，涉及多个产权主体（所有者、经营者和使用者）的经济利益，再加上交易主体的素质参差不齐，无法通晓如此复杂的转让程序，这就要求有完善的中介服务机构为之服务，如资产评估机构、委托代理机构、法律咨询机构、土地投资机构、土地融资机构和土地保险机构等。当前我国这种完善的交易中介服务体系尚未建立起来，农村土地承包经营权流转是在一种信息不对称的双边垄断市场中运行的，往往出现"有买找不到卖、有卖找不到买"的现象，土地承包经营权交易局限在比较小的范围内。土地流转的市场中介组织相当匮乏，具有一定规模的种植大户为数甚少，农村合作经济组织（村委会）的服务功能也发挥得很不够，这种情况已经严重影响了土地流转的速度、规模和效益，不利于土地资源的优化配置。从流转机制来看，绝大部分村（组）的土地流转机制和土地投资补偿制度尚不健全，流转程序不够规范，土地流转的自发性、随意性、盲目性比较大。

7. 流转机制不健全，流转存在难度

目前的土地流转大多处于自发和无序状态，相互之间的转包、转让往往以口头协议的形式进行，口头合同稳定性差，双方利益无法受到法律保护，造成接包方缺乏长期经营的打算，舍不得增加投入，产业结构调整的积极性不高。这些现象的存在不仅不利于土地经营权的正常流转，也为以后产生一些不必要的纠纷和不稳定因素留下隐患。一些经济发达地区由集体承担其成员的就业安排、病残和养老保险，这对土地资源的流转和合理配置有明显的促进作用。但多数地方的广大农民依然把土地作为安身立命的基本生活资料，作为获取收入的重要来源。没有完善的社会保障制度或是稳定的土地流转收益，就会影响农民离土的安全感和适应市场风险的能力，土地承包经营权的市场化流转也将严重受阻。

市场经济条件下，农业是兼具自然风险和市场风险的弱质产业，特别是在我国农业基础薄弱的情况下，表现特别明显。农田基础设施年久失修、自然灾害频繁发生且成灾率不断上升，大大加重了农业生产过程的风险成本；

市场机制下的农产品价格无规则波动又使农民难以有效地进行微观决策以适应变化莫测的市场。这种小生产与大市场的矛盾使得农民无论是在产品竞争还是资源配置竞争方面都处于不利地位。两种风险相互交织下，农民很难获得社会平均利润，有时甚至难以收回成本。因此，在没有健全的农业风险防范机制条件下，土地有偿的市场化流转就会因巨大的经营风险而难以推行，即使推行也难以达到预期目的。

二、土地流转问题的解决建议

农村土地流转是家庭承包制推行以来，深化农村土地制度改革的制度创新，不仅关系到农民的切身利益，而且对农村经济和整个国民经济发展都会产生深远的影响。因此，应从全局上把握，积极推进，规范运作，加快有序发展。

1. 进一步完善土地制度

为了促进土地流动，发展规模经营，促进农业产业化的发展，需要改革原有的农地制度，进行农地制度创新。农地制度创新就要使新的产权制度与家庭承包制相适应。家庭承包制目前之所以阻碍着规模经营，并不在于家庭承包制本身，而在于其当时所遵循的"平均"原则不适应在新的历史条件下规模经营的发展。因此，新的产权制度应在坚持家庭承包制的前提下引入效率原则，只有这样才既能保护农村基本制度的长期稳定，又能实现规模经营。现行农村土地所有权制度虽在法律上明确规定农村集体土地为农民集体所有，但在实际运作中，却存在所有权主体虚位与错位、权能性质模糊等缺陷，难以适应农村土地流转市场化的要求。造成这种问题的根本原因不是农村土地所有权的地位的问题，而是在于如何实现农民集体所有的土地所有权，充分保障农民集体和内部成员的土地权利，避免集体土地所有权主体的虚位及错位。

从土地承包经营权流转的制度内在含义和农村集体土地市场化流转现实要求的双向角度来考虑。一方面，当前所有权制度的创新更应集中于农民集体土地所有权的确权签证和规范管理，明确农民集体所有的土地界线和所有权在土地流转中的主体权能。另一方面，与所有权相比，土地承包经营权具有制度变迁更直接的效率意义。而且，从土地产权利益的归属来看，使用权即承包经营权具有所有权属性。

在成熟的市场条件下,土地承包经营权是一项相对独立和完整的财产权利。农户通过承包、受让等方式获得土地承包经营权后,就相应拥有对土地的占有、使用、收益和部分处置的权利,而且还可以依法从事有偿转让、转包、入股、贷款、抵押等活动。而我国土地处分权从来没有真正赋予农民,比如,农户一直缺乏土地抵押的权利,不可以将土地的承包经营权作为可以抵押的财产,向金融机构获得贷款。旧中国曾长期存在土地使用权的出卖、抵押,以及现阶段"四荒"使用权拍卖的实践,也证明土地承包经营权应包括处分权。所以应赋予土地使用权物权的地位,建立土地承包经营权流转的市场化机制,使承包经营权作为独立的交换价值进行流转。

我国土地产权虽然存在着土地所有权、使用权、承包经营权、转让权等权利,但各项权利的界定没有具体规定,权责利关系很不明确。例如,在土地承包合同中双方权责不清,或只有承包方的义务,没有发包方的责任,有的连承包合同都没签订。同时,土地承包期不断调整变化,土地如何转包转租,转包转租后各方的权责利关系如何处理等等,都缺乏有效的法律规定。因此,土地的产权排他性弱,无法顺畅转让。

土地承包经营权有广义和狭义之分。狭义的土地承包经营权是指依法对土地的实际使用,与土地占有权、收益权和处分权是并列关系;广义的土地承包经营权是指独立于土地权能之外的,含有土地占有权、狭义的土地使用权、部分收益权和不完全处分权的集合。严格地说,目前的土地承包经营权仅仅是一种在土地上耕作的权利,是狭义的土地使用权,除了承包土地的行为权利明确属于农民外,有关抵押、继承等其他土地权利未进行明确的规定,而且实践中农民的土地经营自主权经常受到侵犯,如某些基层政府常以调整产业结构为名,用行政命令的方式强行要求农民种什么、不准种什么,搞一刀切,致使承包地的实际种植权往往受制于集体。对于土地来说,没有规定的交易权利是不受保护的,不受保护的交易权利等于没有权利。不完整的土地权能使农民只能耕作利用,无法充分进行资产运营。对土地承包经营权可转让性认识不足或对其流转权利的不当限制,均会加大土地流转的启动成本,部分流转主体只有私下交易,从而使流转过程的规范性难以保证,不利于土地的有效流转。

2. 政府加强管理与服务

实证研究表明,目前经济发达地区的农民已经具有较高的农地流转欲望。但是由于一些社会和制度因素的制约,这种欲望大多不能变成现实的流转行为。为了以较低的成本实现农地的流转,农民大多希望政府发挥更大的作用。因此政府要从当地的实际情况出发,制定和完善各种管理办法,加强监督和检查工作,完善服务职能,坚持分类指导,稳步推进。农业行政主管部门和农村经营管理部门要担负起组织、协调、实施以及指导、监督等工作,要深入实际,及时掌握农村土地流转的新情况,在政策咨询、组织实施等方面提供服务,并积极帮助解决土地使用权流转过程中遇到的困难和存在的问题。要强化农业承包合同管理,完善各种管理制度,为土地承包经营权流转创造条件,打好基础,促进农村土地承包经营权流转工作健康发展。但是在政府的管理和服务中要特别注意防止两种倾向:一是无所作为,放任自流,使农村土地流转处于无序状态;二是行政包办代替,违背农民意愿,不顾条件,强行推动流转,损害农民的承包权益,引起农民不满。因此,土地流转要在一定的原则下进行。

土地承包经营权流转有转包、转让、出租、入股、互换等形式,不同的形式有不同的操作规程,因此对不同的流转形式实行分类管理。①在农户自愿放弃土地家庭承包经营权的前提下,可采用转让的方式将其土地转给本集体经济组织内部其他成员,但不能转让给非本集体经济组织成员。②农户可以将土地家庭承包经营权入股组成土地合作社,但不得以土地家庭承包经营权入股参与组建股份公司,发展农地股份合作社,应密切关注并积极加以引导。为此,应加快农村合作社法的立法进程。③农村土地可以出租给工商企业、事业单位和城镇居民,但应对受让方的农业经营资格予以确认,应鼓励受让方采取资金集约和技术集约的方式开发农业,采取公司加农户、订单农业等方式,带动农户发展农业产业化经营,这样才有利于提高农业素质和竞争力,实现农业结构的战略性调整和增加农民收入。到农村租赁农民承包的土地,应当与承包农户直接签订合同,并报请乡村集体经济组织批准;租赁农户委托乡村集体经济组织或中介组织流转的土地,则与受委托单位签订合同。目前已与乡镇政府或村级组织签订合同的,要做好完善工作;没有签合同的,要做好补签工作。对大规模连片承包地的经营方式要予以适当限制,不宜提倡以反租倒包方式发展农地经营。对大规模连片租用农户承包土地的行为可采取由农业行政主管部门分级登记审查的办法，对租地经营条件、承包农户权益保障等进行审查，以切实维护土地流转各方的合法权益。

　　管理机关要指导当事双方订立流转合同。已形成稳定流转关系的，流转双方要依法订立书面流转协议（合同）。协议（合同）应明确双方的权利、义务和违约责任，明确税费缴纳方式和考虑时间变化对相关税费的影响。农村土地流转协议（合同）可以到农村承包合同管理部门办理鉴证手续，其鉴证结果应送同级农村土地承包合同管理机关备案。需要公证的，还应到公证机关办理公证手续。协议（合同）经批准生效后，双方都必须认真履行，同时要及时调解和处理流转的纠纷。农村承包合同管理机关要健全纠纷调处和仲裁机构，充实人员；要加强巡回检查，及时发现土地承包和流转中出现的问题，及时调处矛盾和纠纷。纠纷的调处要依法进行，按政策办事；要明确办事程序和管辖范围；要公开办事程序，做到公平、公正、公开，以取信于民。

3. 加强农村土地流转市场的建设

　　建立土地流转制度，核心问题就是要建立科学的土地价格评估系统。这里所说的价格，主要指农地内部流转价格，即土地承包经营权价格。只有确定了比较合理的价格，出让土地才能获得合法收益，农户转让土地才能得到合法补偿，土地承包经营权入股、抵押才有据可依，各种形式的土地流转才能顺利进行。与城镇土地估价一样，农地估价从理论上说可以用收益还原法（地租资本化法）、市场比较法、剩余法、成本法（再生产费用法）等方法。但由于我国目前农业比较效益偏低，农地市场不发育以及农业成本较高等原因，上述方法暂不适宜大部分农地估价。目前比较可行的办法是以集体经济组织为单位，建立土地经济评价小组，对土地进行定级、估价。

　　我国的农地使用权市场包括一级市场和二级市场，前者是指农地所有者（集体）让渡土地使用权而形成的市场（纵向市场），后者是指用地者之间让渡土地使用权形成的市场（横向市场）。目前两者发育都不完善。①一级市场实为垄断型市场，其特征是：第一，由于产权权属不明确，明为集体所有，实质上无人所有，导致所有权主体虚位；第二，所有权主体与使用权主体其产权让渡是人均分配，无选择与否、接纳与否的选择余地，不是真正建立在市场化、商品化的基点上，而是所有权主体凌驾在接受主体（即使用权主体）

之上,不是平等的交易关系。因此这里其实不存在真正意义上的土地使用权市场。②二级市场为竞争型市场,但流转的市场化程度较低。第一、第二级市场的交易主体地位不完整。一方面,由于政策法规上的矛盾,农地承包经营权的流转缺少保障。如《土地管理法》第二条指出"国有土地和集体所有的土地的使用权可以依法转让",同时又规定:"国家依法实行国有土地有偿使用制度",这就将土地使用权转让的范围局限在国有土地上,将集体土地排斥在外,取消了农户或二级市场交易的主体地位。另一方面,由于二级市场交易仍然沿袭的是无偿或低偿使用,交易主体缺少内在经济动力,交易目的和交易效益不足以使交易主体形成,从而制约了农村土地承包经营权流转市场化。农村土地承包经营权流转市场化程度很低,具体表现为农村土地承包经营权流转的形式还是比较单一、初级。

国家或政府可以在可行范围内对农村土地流转市场进行组织设计和功能导向,使其成为促进农业发展和推动土地合理流转的有效工具。这就要求建立相应的地产市场信息、咨询、预测、评估等服务系统,成立多种形式的服务机构,如资产评估机构、委托代理机构、土地融资公司和土地保险公司等,并且使服务专业化、社会化、企业化。

4. 改善土地市场发育的外在环境

建立合理而有效的土地流转机制,目的是为了优化配置土地资源,提高现行土地的使用与运行效率,从而调节农户的利益分配格局,更好地增加农户的收入,而土地租税体系的建立也是为了调节国家、集体经济组织与农户的土地收益关系,并最终达到优化土地资源配置,提高土地使用效率的目的。加强市(县)、乡(镇)两级服务组织建设,为转入土地的农户提供资金、物质、技术等方面的优质服务,建立村一级生产服务网点,为农户及时提供耕翻、灌水、植保、收割、种子等服务。引导农民自办各种服务组织,互调余缺,相互服务,搞好规划,继续加强农业基础设施建设和生态环境建设,加快农业技术的攻关和成熟技术的推广,从生产到销售的环节上,帮助土地规模经营户克服分散经营带来的困难,从而为农村土地市场发育提供良好的外在环境。

土地流转后仍应由村集体进行相应的监测管理。这包括:要求流转双方以书面形式签订具有法律效力的流转合同,并报乡镇农业承包合同管理机关备案，注意新的承包者是否按流转合同要求安排土地用途，即有无改变土地用途现象，一经发现应立即予以制止；做好土地流转后经营状况监测，如发现经营状况出现问题，集体经济组织应采取相应对策，以确保农民利益不受损失；对土地流转工作中出现的矛盾和纠纷，集体经济组织出面及时化解矛盾，消除农村不安定因素；在土地股份合作过程中，代表农户参与公司的经营管理，确保农户的利益分配。

5．培育土地流转中介组织

土地流转中介组织可以使土地从小范围流转扩大到大范围流转、克服相对量过小的弊端；可以使土地流转从临时性、个案性转变为经常性、整体性流转，适应农民在不同季节对土地流转的要求。培育农村土地承包经营权流转中介服务组织，首先要明确中介组织的性质。农村土地承包经营权流转中介组织不能办成行政部门的职能机构，它应是一种为农户服务的社会组织，这种社会组织可以是盈利性的，也可以是非营利性的。在当前农村土地产权制度的框架下，要积极探索建立与行政脱钩的、市场化的社会中介组织。

中介服务组织要搞好农村土地承包经营权流转供求与价格信息发布、收集和发布农村土地承包经营权流转市场价格，按照市场供求关系合理确定农村土地承包经营权流转价格标准。建立农村土地承包经营权流转储备库、进行项目推介、规范农村土地承包经营权流转程序、指导办理流转手续、协调各方关系，做好流转后的跟踪服务等，促进土地的有序流转。县、镇、村三级要尽快建立土地流转中介服务组织，中介组织要建立农村土地流转交易信息网络，及时登记汇集可流转土地的数量、区位、价格等信息资料，定期公开对外发布可开发土地资源的信息，接受土地供求双方的咨询，沟通市场需要双方的相互联系，提高土地流转交易的成功率。同时，在农地流转中介组织培育的过程中，一方面必须出台农地流转中介组织条例，规范农地流转中介组织的功能与职责，制定执业人员标准等等；另一方面，从一开始就应该注意保证这一组织的市场独立性，将其作为具有独立市场行为能力的经济主体来培育，国家在当前农地流转市场并不发达、中介需求量不大的情况下给予一些政策上的倾斜，如减少税费、提供人员培训便利和优惠条件等。

6．加强农村社会保障体系的配套建设

土地是农民谋生和福利的主要保障，要保障农民在土地承包经营权流转

中的利益，必须建立多层次的农村社会保障体系，逐步弱化土地的福利和社会保障功能，为土地转出者解决后顾之忧，才能有效地促进土地流转的实施，并最终促进地区产业结构的调整和城镇化的发展，同时确保社会的稳定。如果不能解决好包括就业、医疗和养老在内的农村社会保障等问题，开展长期、广泛、有效的土地流转就是一句空话。

一是要创造必要的条件，对转让出土地承包经营权的农户统筹安排重新就业，以减轻市场竞争对这部分农户的冲击；二是建立多层次的相互联系的农村保险基金，发展农村保险事业，形成覆盖整个农村的灾害补偿体系，保障农户具有再生产经营的能力；三是逐步将农村的社会保障由依靠承包地转变为依靠社会和制度。采取"因地制宜，量力而行，形式多样，农民自愿"的原则，多渠道、多层次、多方式地兴办养老、医疗、伤残等保险。通过建立"承包地＋个人账户"的双重社会保障制度，积累社会保障基金，在积累一定的资金后，承包的保障功能逐步退出，即将"承包地＋个人账户"的双重保障体制向单纯的"个人账户"式社会保障制度转化，还土地以正常的生产要素性质，发挥土地的经济功能。

第二章　如何进行农村土地流转

农村土地流转是中国独特土地产权制度下的特殊产物，是农村土地所有权、承包经营权、使用权统分结合的实现形式。现行农村土地使用权的流转是在坚持家庭承包经营制度的前提下，由承包方将其拥有的土地使用权，按照依法、自愿、有偿的原则，通过转包、转让、互换、入股等形式，流转给发包方或其他单位及个人。土地流转后的开发利用必须依法进行，不能改变土地的所有权性质，防止借土地流转之名非法改变土地的农业用途。

第一节　农村土地流转流程

一、农村土地流转规程

由于我国土地面积广，种类复杂，涉及人员多，就产生了多种土地流转方式，不同土地流转方式间存在差异，总结其规程如下。

1．土地转包的一般规程

① 转包的双方当事人必须订立规范的合同，合同要交土地管理部门备案。

② 转包土地的坐落、面积和用途应在合同中载明。

③ 合同中应明确是全部转包还是部分转包，土地的用途必须符合国家法律、法规的规定。

④ 转包费和转包期限由双方协商确定，但转包期限不能超过承包期限。

2．土地互换的一般规程

① 签订转让合同，并经土地所有权主体的同意和土地管理部门批准。

② 原土地使用者享有的权利和义务是否随之转移，应在合同中载明。

③ 土地使用权可以转让，但受让者不能随意改变土地的用途。

④ 尽管表面上是一种以物物交换为表征的使用权互换,但也应经过必要的评估计价程序。

⑤ 按规则办理使用权证的过户手续。

3．土地出租的一般规程

① 租赁双方在平等、自愿的条件下签订租赁合同,合同条款需报土地所有权主体单位和土地管理部门审查。

② 承包方(也即出租方)原承担的义务和享有的权利不变。租赁双方签订合同,明确各自的权利和义务。

③ 租金和租期在双方协商下确定,租金的支付方式由双方协商确定。

4．土地转让的一般规程

① 必须签订入股合同,并经土地所有者同意和土地管理部门批准。

② 入股者与土地所有者之间的权责关系是否随使用权转移,应在合同中载明。

③ 使用权入股后的土地用途,必须符合国家法律、法规的规定,并限定在原合同规定的范围内。

④ 必须向土地管理部门办理土地使用权证过户手续。

5．土地抵押的一般规程

① 集体土地所有者出具同意抵押的证明。

② 对抵押的土地进行地价评估。

③ 确认估价结果。

④ 抵押双方签订抵押合同。

⑤ 向土地管理部门申请办理抵押登记。

⑥ 土地管理部门进行审核登记,核发抵押证明书。

⑦ 抵押人到期未履行偿债义务,抵押权人有权依据国家法律、法规和抵押合同处置土地使用权,并依照规定办理土地使用权过户登记手续。

二、农村土地流转一般流程

农村土地流转工作流程图见图2-1。

1．提出申请

① 土地转出方向土地流转服务中心提出委托申请并填写农村土地承包经

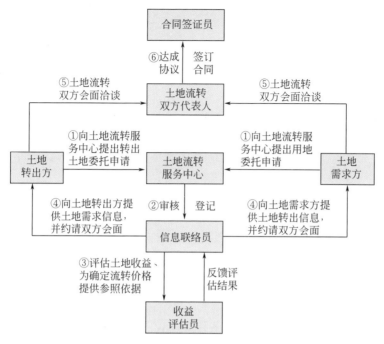

图 2-1 农村土地流转工作流程图

营权流转转出委托申请书，内容包括：姓名，村名，面积，地名，地类，四至，价格，期限，联系电话。

② 土地流转方向土地流转服务中心提出委托申请并填写农村土地承包经营权流转转入委托申请书，内容包括：姓名，单位，需求面积，地类要求，意向流转期限，拟从事经营项目，联系电话。

2．审核．登记

① 土地流转服务中心对转让方土地情况进行核实，经村集体经济组织同意并办理相关手续后，进行登记。

② 土地流转服务中心对转入方的经营能力和经营项目进行审核后，进行登记。

3．收益评估

收益评估员评估土地收益，为确定土地流转价格提供参照依据，并将评估结果反馈给信息联络员。

4．提供信息

信息联络员根据收益评估员的评估结果及土地流转双方提供的信息，向土地流转双方提供土地需求信息，并约请双方会面。

5．会面洽谈

土地流转中心作为中介人，帮助土地流转双方当面洽谈流转价格，期限等相关事宜。

6．签订合同

土地流转双方协商一致，达成流转意向后，签订统一文本的土地流转合同。

7．签证、归档

土地流转合同一式四份，经镇农经站鉴定后，流转双方各执一份，其余两份分别由村、镇归档备案。

第二节　农用地的流转方式、收益分配及案例

一、农用地的流转方式、收益分配

农用地流转是为了推进农业生产规模化经营，实现农村土地生产力和农民劳动力的"双解放"。然而，当前农用地流转工作存在三方面制约因素：一是不少农民对土地流转后的就业、养老、医疗等保障有所担忧，不愿主动放弃土地承包使用权；二是乡镇、村组等基层政府没有充分参与和协调，仅凭市场机制引导，难以实现大规模流转；三是农用地流转的主导思想和模式还不明确，亟待寻求既能提高农民流转积极性，又避免农村收入两极分化的有效途径。

1．集体流转带动方式

这种方式主要存在于一些试点或者是示范区，由村集体带头组织开发，全体村民自愿统一将自己的土地承包经营权流转给村集体，把自己村子的土地统一规划、规模经营、规范开发，然后通过村集体统一保障村民的收益。发展这一模式主要有三个前提条件。①优秀的村集体和领导人。集体组织带动土地流转主要的优势是土地流转的规模较大，可以形成科学和现代化的管理方式，能够从种植、管理、收割、销售等各个环节节省成本、保证质量。这就需要一个好的村集体能够有效地带动村民的积极性，能够带动村民积极地步入新农村，从思想和行动上带动农民的生产积极性，促进土地高效和大

面积地流转。②村集体需要有成熟的二、三产业进行经济支撑。要想大力发展第一产业，形成集体经济的土地流转模式，就必须要靠成熟和发展的二、三产业做支撑。集体经济更多的是利用机械现代化设备进行生产，会解放出大量的劳动力，需要将劳动力合理地转移出去，以解决就业问题，这就要发展二、三产业增加劳动力需求。而且一个经济发展较好的村集体能够通过货币补贴的方式租赁全村的土地，然后进行统一开发生产经营，形成规模化种植，农业的发展反过来又促进农民的收入，这样能够形成良好的循环和互动。③农民对土地的依赖性较弱。规模的经营能够促进村民的收入，同时村民手里的钱多了就自然有了保障和出路，对土地的依赖性会越来越低，这样良性的循环会促进农地流转，使土地流转规模越来越大。

2. 经济能人带动方式

这种土地流转模式主要是指手中具有信息、资金、技术等优势的人利用自身具备的优势大量承包村民的土地形成规模，集中开发，统一管理，进行现代化、科学化、集约化的生产经营模式。

以河南省为例，从统计资料来看，目前经济能人带动方式的土地流转具有一定的比例而且形成了不错的效应。这一模式是通过市场自发进行的，经济能人一般都具有合理的资源和分析才开始启动这一项目，而且一旦形成，经济能人便要自主经营、自负盈亏。所以经济能人能够合理地利用手中的资源促进各种生产要素的合理配置和优化，并且充分地利用现代化技术和优良的农产品品种，提高了农业生产率。但是这一模式也有以下两个前提条件。

① 当地要具备这样的"能人"。目前我国各项土地流转政策都趋于完善，在市场经济的条件下，农民自愿流转土地，经济能人也能够在合理的市场价格下承包到所需要的土地，一方面自发地促进了土地的流转，另一方面也能够促进农业经济的发展，起到良好的示范带动效应。

② 要有宽松的政策环境和政策支持。农村经济不够发展，融资和技术都不够完善，还是需要政府的政策支持。

3. 企业带动方式

近年来随着经济的发展，我国土地流转制度趋于完善，土地流转市场也在不断地发展和完善。为了促进土地高效和规模流转，各地以及各个试点也在积极地发展探索流转模式。其中龙头企业对促进土地流转也起了很好的作

用。随着二、三产业不断地发展和成熟,市场逐渐饱和,很多企业开始将发展转向第一产业。例如维德生态农业有限公司便承包了沁阳市西万村 $160hm^2$ 的土地发展高效生态农业进行规模经营,提高了土地的利用效率。

发展企业带动方式土地流转模式需要具备以下前提条件。

① 相对成熟和完备的融资渠道。发展龙头企业带动方式的土地流转模式需要有一批龙头企业,这种模式需要大量的资金,企业一般都是通过融资进行项目开发和管理,所以需要大量的资金支持。

② 消除多余的农村劳动力。农民将土地流转给龙头企业只收取地租,那么农村将会增加大量的剩余劳动力,如果不能合理地将这些劳动力转移出去,那么失业的心理也会影响土地流转的规模。

③ 完善的中介组织。企业要想承包连片的土地不可能自己一家一户地进行协商和谈判,这就需要有成熟的中介组织进行组织协调,来充当农户和企业之间的桥梁,政府便是这一职位的合理人选。

4. 市场带动方式

市场带动型土地流转完全是农民自发的由于生产经营需要才进行的农户和农户之间进行土地置换或者是转包的形式。这种土地流转方式流转的规模相对较小,流转的土地也多因为分散和零星才进行置换,或者是个别小生产农户为了降低生产成本,或者是有的农户已经脱离了土地种植不得不将手中的土地流转出去。

二、农用地(农村承包地)的流转案例

1. 宁阳的"股份+合作"模式

(1) 模式简介　宁阳的土地流转采取"股份+合作"的模式,成立于

2006年,也称"郑龙模式",是泰安市宁阳县蒋集镇郑龙村首创的一种土地流转模式。即依托龙头企业,在稳定农村家庭承包经营制度和不改变土地农业用途的前提下,积极引导农民以土地经营权入股,成立有机蔬菜合作社,实现生产的规模化、集约化,提高土地收益,增加各方收益。据其性能可细分两种基本模式,第一种模式是公司＋合作社(基地)＋农户＋集体,主要适用于种植投资小、见效快的一般蔬菜短期作物;第二种模式是公司＋合作社(基地)＋大户＋农户＋集体,主要适用于投资大、技术含量高、收入高的设施农业。

(2)运作、管理、经营和分配机制　这种"股份＋合作"模式的运作、管理、经营和分配机制如下。

① 农户以土地承包经营权为股份共同组建合作社。村里按照"群众自愿、土地入股、集约经营、收益分红、利益保障"的原则,引导农户以土地承包经营权入股。

② 合作社按照民主原则对土地统一管理,不再由农民分散经营。

③ 合作社挂靠龙头企业进行生产经营,依托泰安弘海食品有限公司(集生产、加工、销售于一体的公司)进行规模化生产。

④ 合作社实行土地保底和按收益分红的方式。首先支付社员土地保底收益每股(亩)700元,按当年收益的10%提取公积公益金、10%提取风险金、80%按股二次分红。

(3)模式的运作效果　该模式在宁阳县被普遍采用,是创新土地流转机制的探索。截止到2008年底,全县开展土地流转的村有302个,包括3.7万户农户,7.6万亩地。其中以入股方式进行土地流转的达1.1万户,流转面积2.82万亩,约占土地流转面积的37.1%。该模式引导发展了各类农民合作社,并引导农民以合作社为平台,以入股的形式进行土地流转。该模式的运行发展了特色产业,实现了产业区域化、规模化发展,在农民增收和转移农村劳动力方面起到了重要的作用。

2. 滕州的"西岗流转模式"

滕州市的农村土地流转改革模式探索发展较早,它特有的"滕州模式"是枣庄市农村土地流转改革的先行者,也对枣庄市整体的农村土地流转制度改革起到了带动和创新的作用。如今,"滕州模式"的实践创新甚至远远超过了枣庄市农村土地流转的整体水平，如滕州市健全的农村土地流转价格形成机制。滕州市在2006年率先建立了农村土地流转的"有形市场"，开创了我国市场化土地集约利用的先河。由政府投资建立土地交易大厅，健全交易体系，通过农村信息员采集农民流转信息，利用现代化的服务使得交易信息畅通无阻，将采集的信息汇总到交易系统，统一发布、统一交易、统一签订流转合同，使农村土地流转进入市场化、有序、公开、快捷轨道。

（1）搭建平台载体 搭建了较为完善的农村土地流转市场平台是滕州市农村土地流转的一个重要特征，是解决以往农村土地流转中缺乏机制、信息不畅、极易纠纷等问题的重要途径。土地"有形市场"率先在西岗镇出现有其特殊的背景。2006年4月，滕州市在具备良好土地流转条件的西岗镇进行试点，由镇经管站牵头，建立了全国首家农村土地流转服务中心，为农村土地流转提供了平台载体，规范了交易程序，提供了法律保障。

西岗镇位于滕州市西南部，总面积为79.8km^2，总人口为13万人，乡村人口为7万人，人均耕地为0.9亩左右，农村劳动力约有4.6万人，其中2万人实现转移就业。该镇有4座大中型煤矿，年产原煤700万t，是鲁南煤化工基地核心区。截至2014年2月，西岗镇已流转土地3.6万亩，有12个村的承包地实现了整建制流转，其中8个村搬到了镇驻地社区，另有5个村申请土地流转、旧村拆迁。由于西岗镇地处矿区，整个镇近20个村的农民自愿进入矿企，成为工人，或进入镇区从事物流工作、个体经商等。农民转移的就业多，为农村土地流转提供了空间上的供给，故农民向外流转土地的意愿较为强烈。

西岗镇政府投资30余万元建设了面积140m^2，具有信息联络、收益评估、合同签订等功能的高标准的农村土地流转交易服务大厅，专门给有强烈流转土地意愿的农民和种植大户、有用地需求的工商企业提供交易平台，该平台配备了微机、调解室、电子显示屏等。每个村设立一名联络员，负责收集流转信息，且全过程都是免费的，农民自愿交易。配合交易中心还建设了外地用户可链接的网站，通过该网站时刻查询动态交易信息。该镇成功在2007—2008年通过交易中心流转土地1.5万亩，涉及4000多户农户，流转面积占全镇土地总面积的1/5。西岗镇计划在全镇形成5大居民集中居住区，腾出近万亩土地用于流转。

（2）西岗流转模式的推广效果 滕州市在借鉴西岗镇成功经验之后，在级索、洪绪、南沙河、龙阳等 16 个镇先后投资 460 万元分别成立了土地流转服务中心，专门设立了土地流转专业信息联络员、收益评估员、合同鉴证员等专职的工作人员，建设了 50～200m^2 不等的土地流转交易大厅，交易中心配备了微机、大型的电子显示屏等配套设施，健全完善了工作制度和服务的流程。滕州市市级农村土地流转服务中心于 2008 年 6 月 18 日建成投入运营，标志着滕州市、镇、村农村土地流转实现了三级的服务专业化、网络化、信息化和现代化的管理，这是山东省首家县级农村土地流转有形市场的交易服务平台。截至 2009 年底，土地流转双方已经通过滕州市各级土地流转服务中心累计流转土地面积 10.8 万亩，占全市耕地面积的 9.4%，签订合同 3650 份，流转后的土地亩增收益为 810 元。

滕州市西岗镇找到了一条不改变原有承包制度，发展农村土地适度规范经营的建设现代农业的新路子。平台的建立规范了流转秩序，有效推进了农村土地依法、有序、健康流转，解决了以往农村土地流转中信息不畅、缺乏机制、极易纠纷等一系列的问题。这一做法得到了国家、省、市领导和专家学者的充分肯定。近年来，中央党校、农业农村部以及全国 30 个省、自治区、直辖市的领导、专家到枣庄市参观考察 1000 余次。2008 年 12 月"全国农村土地承包权流转工作座谈会"在滕州市召开，农业部和山东省农业部门均给予高度评价，认为这是一次成功的尝试，农村土地流转的"滕州模式"在全国得到推广。

（3）农村土地流转取得的成效　促进了农民多元化收入。市场化的农村土地流转至少可以从三个方面增加农民收入。①农村土地流转所得到的流转费，普遍高于农民自己经营所能获得的收益。滕州市的农村土地流转成功典例说明，通过建立规范的农村土地流转市场，有利于建立公开、公平、公正的市场交易体系，提高流转土地的价格，这就大大增加了转出土地的农民的收入。②通过农村土地流转，形成了一批合作社、涉农龙头企业和高效农业园区，农民可以使用自己的土地入股合作社，获得盈余分红或粮食等实物分红，也可以就近到涉农龙头企业、农业园区打工，成为"农业工人"，每天能获得工资性收入 50～80 元。这样，不仅保证了农民的土地收益，而且随着合作社和企业的不断发展，建立起了土地收益的增长机制，保护了农民的长远收益。农村土地流转实现了供求双方的互利双赢，有效拓宽了农民的增收渠道。③更多的农民尤其是乡村劳动力转出土地后，通过经商、外出务工和创办私营企业，获得工资性、经营性收入，成为增收的主渠道，迅速发家致富。2007年，通过对滕州市转入土地的68户农民进行调查，他们的亩均收益达到10260元，是原承包方式收益的20.8倍；对滕州市西岗镇转出土地的4790户农民开展调查，有6386人选择进城务工，3094人选择从事个体私营经济，转出户人均收入达到了7896元，比全镇人均收入高出1404元。2011年试点合作社亩均纯收益6660元，入社农民平均从合作社分得的收益为1900元，比一家一户的分散耕种高出了62%，发展了一批受让土地的龙头企业、工商企业、专业大户、合作社、种养大户等规模经营主体，是农民致富的有效途径。

2014年4月，对农户发放调查问卷，对参与农村土地流转和未参与土地流转农户的收入进行比较，初步可以得到以下几个结论。①参与土地流转的农户人均纯收入高于未参与土地流转的农户人均纯收入，参与土地流转的农户人均纯收入14210元，未参与土地流转的农户人均纯收入12005元，差距为2205元。②对收入差距的来源进行进一步分析，主要是在工资性收入（包括农业工资性收入和非农工资性收入）和财产性收入（指以土地等所有财产获得的收入）上产生差距。这意味着，参与农村土地流转的劳力土地资源利用与配置的效率更高。③从收入的结构来看，企业将农业生产的各个环节联结成完整的产业链条，这意味市场化的土地规模流转，使农民的经济收益有着明显的增长，专业的规模经营户的收益丰厚，土地流转既健康有序，又避免了纠纷，促进了社会主义新农村的建设和发展。农村土地流转有效地拓宽了农民的增收渠道，大大实现了双方的互利双赢，促进了新农村建设和农村社会的和谐发展。

（4）实现了土地的规模化经营　通过土地承包经营权流转的有形市场的创建，发展了一批受让土地的龙头企业、工商企业、专业大户、合作社、种养大户等专业化的经营组织，促进了农业生产向专业化分工、规模化生产、产业化经营的方向发展，为吸纳金融资本和社会资本创造了有利条件。龙头企业、合作社、种养大户等的发展空间得到进一步拓展，规模经营的层次和效益得到了大幅度的提高。受让土地的企业或种植大户，通过农村土地流转有形市场的运作和技术、资金的投入，可以间接获取租地成本外的更大收益，集约发展高效益的现代农业，从而实现其经营目的，转变了农业的增长方式，实现农村土地的规模经营。通过建立完善农村土地承包经营权流转市场化机制，有力促进了土地适度规模经营，加快了现代农业发展，推动了农村经济社会全面发展。通过农村土地流转，提高了农业规模效益，加快了农业产业结构调整步伐，改变了一家一户分散经营的状况。滕州市形成了优良的特色产业带，培植壮大了一批特色明显、类型多样、竞争力强的专业村、特色镇。

促进了农业产业化经营。大批的农业龙头企业和专业合作经济组织通过土地流转重新配置的土地资源获得了土地的经营权，企业将农业生产的各个环节联结成紧密的产业链条，有效地解决了农户小生产与社会大市场的矛盾，架起了传统农业通向现代农业的桥梁，促进了农业规模化生产、产业化经营，促进了农业生产水平的提高，带动了品牌农业的发展。通过农村土地流转形成规模经营的农户和企业，绝大多数采用了多种农业机具、优良品种和先进农业适用技术，促进了全市农业基础设施的进一步完善和农业生产水平的不断提高。近年来，滕州市龙珠大枣专业合作社不断投入资金对丘陵山地、涝洼地进行集中的复垦整治和水利整治，原来的一些难题顺利地得到了解决。

滕州市农村土地流转实现了农业增长方式和组织形式的转变，促进农业产业化经营和组织化程度的提高。通过龙头企业与基地经营业主签订合同，让涉农龙头企业建设标准化的生产基地，基地业主按合同的约定进行标准化的生产，形成了产业化、专业化的利益连接体，促进了土地的规模化、专业化的流转。农业产业化经营和农业专业合作社的带动，提升了农业产业化水平和组织化程度。

（5）促进了农村剩余劳动力的转移　由于传统观念和社会保障体系不健全，许多农民把耕地作为一种最基本的生活保障，不敢轻易放弃。合作社数量的增加和健康的运作，使得农民在思想上更加开放，更加放心把自家的土地交给合作社管理，自己从事其他行业的工作，这样就加快了农村人口向城镇的转移。通过农村土地流转有形市场的运作，使更多的农民离开土地，工作方向转变为二、三产业，大大促进了城市化和二、三产业的发展。土地承包经营权流转市场机制的建立和运行在劳动力转移过程中起到了重要的稳定作用，在保证农民土地承包经营权的基础上，通过农村土地承包经营权流转的方式，能够有效维护农民的农地承包权益，解除农民离土离乡的后顾之忧，有效地吸纳城市工商资本进入农村，从事农业产业化经营，促进农村劳动力的转移，加快社会结构的改变和城乡一体化的发展。据枣庄市统计，2014年全市累计转移劳动力为81万多人，占农村劳动力总数的51.6%，年均新增转移劳动力为 6.6 万余人。

（6）促进了农业现代化、产业化的发展　农业合作社、工商企业和农业龙头企业获得土地经营权后，能够把农业的诸环节联结成紧密的产业链条，更好地适应了我国市场化的竞争环境，有效解决了农户小生产带来的效率低下的问题，成功地实现了由传统农业向现代农业的转变。滕州市的坤达食品有限公司除了种植大蒜、辣根等经济作物外，还建立了肉牛养殖基地。该企业承包租赁经营了 1390 亩土地，建起了蔬菜脱水加工厂，带动开挖沼气池 300 余个，形成了生态农业的现代化产业链条，年销售收入达到了 6000 万元以上。

采用各种农业机具、优良品种和先进农业适用技术来生产，是规模经营的农户和企业为提高生产效率的通用手段，现代化的生产促进了全市农业基础设施的进一步完善和农业生产水平的不断提高。近年来，龙珠大枣专业合作社对涝洼地、丘陵山地累计投入资金 20 余万元进行集中配套整治，并对农田水利设施进行兼并修整，现代化的生产使原来小家小户无法解决的一些难题顺利得到解决。

（7）破解了农村土地融资的问题　在农村土地使用产权改革以前，农民不可能实现利用农地抵押从银行贷款，而现如今，农村土地使用权有了财产化权能，有了抵押贷款融资功能，农民可以凭借手中的产权证向银行抵押贷款，把土地变成了资本，解决农业规模经营的资金瓶颈难题，更好地配置了农村土地资源。滕州市龙珠大枣专业合作社从信用社贷款建设了一座 100t 的恒温库，以土地使用产权证作为抵押，找到了一条新的资金来源。利用贷款，合作社新上一条大枣加工的生产线，极大地推动了合作社的大规模发展，解决了农业规模经营的资金问题。

（8）保障了滕州的粮食安全　滕州的农村土地流转改革机制通过土地适度规模经营，由传统农业成功转为现代化农业，保障了滕州市的粮食安全。在流转改革中遵循"确保耕地的数量不减少、质量不下降，重点保护基本农田"的规定，在流转的过程中保证农业土地的用途不变更，任何组织不得因为经济效益擅自改变土地的性质和用途。从"滕州模式"的成功范例来看，农村土地流转后粮食产量没有减少反而有所增加，农村土地流转在一定程度上可以保障粮食安全。

3. 莱芜的龙头企业带动模式

（1）模式简介　莱芜市培养了一批龙头企业，带动农村土地承包经营权的流转，推动了土地向特色产业、重点区域集中。莱芜市在"农民自觉自愿，流转有偿依法"的前提下，积极探索土地向农业龙头企业流转的路子。

（2）主要做法　莱芜市在农村土地流转的过程中，以龙头企业为纽带，探索了三种有代表性的土地流转模式。

①"企业＋村级组织＋农户"的租赁合作模式。就是企业主动适应国际市场和现代农业发展的要求，通过镇村组织租赁农民土地，建设标准化生产基地，进行规模经营。土地流转后的农民除土地流转收益外，还可在基地打工赚取劳务收入。

②"企业＋合作社＋农户"的带地入社模式。就是企业吸收农民带地成立专业合作社，由合作社统一提供农资良种，统一进行技术指导，统一按保护价收购产品，既降低了农民生产的风险，企业又有了稳定优质的货源，提高了市场竞争力。

③企业带动下"农户＋农户"的转包经营模式。就是依托龙头企业的市场、技术等优势，农户通过互换转包等形式连片规模开发，提高农业比较效益。

（3）运行效果　截止到 2008 年底，莱芜市共流转土地 42.6 万亩。其中，耕地 12.4 万亩，占耕地总面积的 15%。土地向龙头企业、民营大户集中的态势明显。通过土地流转，莱芜近年来先后吸引 2.4 亿元社会资本参与农业规模经营，进行农业基础设施建设，农村生产条件明显改善。目前，莱城区具有一定规模的加工企业 226 家，年加工贮藏能力达到 80 多万 t。有 27 家企业获得自营进出口权，有 6 家企业被评为省级农业重点龙头企业，10 家企业被评为市级农业重点龙头企业。

4. 浙江平湖市农地入股模式

浙江嘉兴平湖市是全国 33 个农村土地承包经营权流转规范化管理和服务试点县之一，其在农地流转过程中的入股模式值得借鉴。平湖市拥有 95 个行政村、承包耕地农户 78981 户、承包面积 32.14 万亩，截止到 2013 年年底，其常年土地流转的总面积达 13 万亩，约占耕地总面积的 40%。平湖市的姚浜村是平湖市最先开展土地流转的试点之一，在 2008 年以前，姚浜村从事农业的劳动力严重缺乏，只有大概 5% 的村民，而田地的每亩年产出率也低于 1500 元，同时，该村的农业机械化程度很低，新农村建设进程也十分缓慢，为了尽快提高农民的收入，姚浜村村委在平湖市政府的扶持下开始了土地流转的试点。在先完成农户土地权属的确认工作之后，各农户签署农地流转协议并入股加入土地专业合作社。土地流转面积以 1998 年二轮承包权证为准确定，流转年限从 2009 年 11 月 15 日至 2028 年 11 月 14 日。当地农民用流转的土地入股，每亩为 1 股，每股配送 20 元股金，每年每股股金分红固定为 250kg 晚稻谷，也可根据社员要求，按当年当地粮食部门收购指导价折算现金支付。如果当年收购指导价低于每千克 2 元，就会由合作社按实物或现金补足。为了防范大宗农产品价格大幅波动、通货膨胀等潜在风险，平湖市政府指导流转双方采取实物定量货币结算机制，以合理确定土地流转价格。目前，平湖市一般按当年 250kg 晚稻谷的政府收购指导价折价支付每亩土地流转费。姚浜村的农村专业合作社主要从事果蔬园的种植，并且除了种植芦笋、韭菜、葡萄和草莓等经济作物外，该合作社正在向"旅游采摘"和"生态种植"的方向发展。在正常情况下，该合作社的纯利润在 50 万元以上，而姚浜村的农户凭借其农地承包权所入的股份，基本能达到每亩每年平均收入 7000 元的水平，远高于农户自己耕种土地时 500 元左右的每亩年纯收入。

5. 重庆长寿麒麟村的"股权 + 红利 + 工资"模式

2007 年 7 月重庆市工商行政管理局出台的《关于全面贯彻落实市第三次党代会精神服务重庆城乡统筹发展的实施意见》第 16 条就有如下规定："支持探索农村土地流转新模式。在农村土地承包期限内和不改变土地用途的前提下，允许以农村土地承包经营权出资入股设立农民专业合作社；经区县人民政府批准，在条件成熟的地区开展农村土地承包经营权出资入股设立有限责任公司和独资、合伙等企业的试点工作"。

重庆市长寿区石堰镇麒麟村一直以来均是传统农业生产区域，农业生产基本以单家独户经营方式种植水稻、玉米、小麦等。澳门恒河集团考察长寿的土地条件后，通过宣传发动拟在该村发展晚熟优质杂柑。但是传统的一家一户分散种植的生产经营模式根本不能适应现代生产的需要。面对产业发展与传统生产方式不可调和的矛盾，在区委、区政府的引导下，重庆宗胜果品有限公司（下称宗胜公司）应运而生。宗胜公司是长寿区石堰镇麒麟村五个村民小组共 508 家农户在自愿、平等、互利的原则下，在资金共筹、财产共有、决策共定、风险共担、盈利共分、充分自愿的前提下组织起来的股份制合作经济实体。2006 年 3 月成立时注册资本 362.03 万元，实收资本 278.42 万元，其中，农村土地承包经营权评估作价 253.42 万元（承包经营期 20 年 7 个月，每亩每年 250 元）。公司由农民推选股东代表 25 人，民主选举董事会 5 人，监事会 3 人。为了搞好公司的生产、经营和管理，公司开始运行就注意管理制度方面的建设，使公司的生产管理、经营活动等能做到有章可循。到目前为止，已经完成了 514 亩 28240 余株柑橘苗的定植，并完成果园内的蓄水系统、作业道路系统的配套建设。公司在筹备时还定下了统一经营的基调，成立后便统一购买了化肥、农药等物料以及各种种子。

"龙头 + 公司 + 农户"的经营管理模式，使龙头企业、果品公司和广大农户形成了紧密的经济利益共同体。果品公司完全按企业化管理，市场化运作，生产标准化果品，直供拥有市场网络的龙头企业；而龙头企业有了稳定的果品原料基地，克服了过去千家万户分散种植、分户管理、各自为政的传统"小农经济"的弊端，顺应了市场经济发展的需求，最大限度地降低和分散市场风险、自然风险，降低生产和交易成本。同时也更有利于加速农业科技成果的转化、先进农业技术的普及和优良品种的推广，从而实现规模化种植、标准化管理和企业化经营，保障农户通过股金分红和果园管理的工资酬劳稳定收入来源，不断增加收益。

麒麟村通过股份制合作经营管理模式运作，果园的柑橘长势明显超过分户管理的果园，广大果农触动很大，纷纷要求入股加入公司。这种柑橘产业的生产经营模式，由于家家是股东，有利于保障农民在土地增值收益分配中的主体地位。

第三节　农村集体建设用地的流转方式、案例及收益分配

农村集体建设用地流转收益分配涉及政府、集体土地所有者、集体建设用地使用者三者利益关系，是规范农村集体建设用地流转行为，改革农村集体建设用地制度的关键。

集体建设用地流转收益分配关系的主体为集体建设用地所有权人和使用

权人。政府作为非土地产权人，不应成为收益主体，其通过税收方式间接参与并调节流转收益分配，以协调各方利益，维护社会公平。农民集体内部收益分配通过制定合理分配比例范围及保证收益中农民社会保障基金比重提留，以保护农民利益，保障农民可持续生计。

农村土地流转、经营性集体用地入市，有利于削弱土地财政效应，打破土地财政的基础。以往政府通过征地等手段以较低价格获取农村土地并以招拍挂形式高价卖出，而农村经营性集体用地入市后，这些地块收入很大一部分将直接交由集体组织，在提高农民收入的同时，也一定程度上削弱了政府的土地财政收入。土地财政体制下，地方政府的土地供应行为基本上追求收入最大化，在经济高涨时积极卖地，在经济低谷时则囤积土地。而建立城乡统一建设用地市场则在打破土地财政的同时也能进一步释放土地以供建设。

健全农村集体建设用地流转收益分配制度，探索建立兼顾国家、集体、个人土地增值收益分配机制。①明确政府角色定位，构建合理的收益分配制度，合理确定政府参与流转收益分配的方式。对于初次流转，政府既可以税收方式参与分配，也可在直接投资前提下直接参与收益分配；对于再次流转发生的增值，应通过税收形式分配。但如何合理地对政府的贡献加以确定，并得到集体建设用地所有人的认可，是一个需要认真研究并妥善处理的问题。②总结农村集体建设用地流转试点经验，出台和试行农村集体建设用地流转收益分配办法，形成合理有序收入分配格局，妥善处理集体建设用地流转收益分配关系。

一、农村集体建设用地的流转方式

农村集体建设用地包括宅基地、公益性公共设施用地及经营性建设用地，其中集体经营性建设用地由于流转受限相对较少，其流转模式最受关注，推行速度也最为迅速，当前集体建设用地的流转方式主要有以下几种。

1．直接入市流转

广东、海南、安徽、深圳等地出台相应政策，明确集体建设用地可以直接入市交易，与国有土地"同地、同价、同权"。同时对土地性质和土地收益分配做出相应规定，确保农村集体及农民利益。现今农村建设用地直接入市的主要模式首先是由土地权利人向土地所在的县或市国土资源部门提出申请，其中由农村集体经济组织出让、转让、出租和抵押建设用地使用权的,在申请前应经依法召开的村民会议讨论同意。申请批准后向土地所在的县或市国土资源部门申请办理土地登记手续,确认建设用地使用权和土地他项权利,随后便可直接入市交易,自由出让、转让、出租及抵押,与国有土地同地、同价、同权。至于流转后所得的收入分配,各地也不尽相同,就目前的试点来看,50%左右将用于农民的社会保障安排,剩余的50%一部分留于集体发展村集体经济,而大部分将分配给农民。

从模式上来看,农地直接入市的一大优点是增进了农民收益。另一方面,农地直接入市还有利于降低中国工业化的成本。未来若农民可直接与工业企业谈判,或将比政府征用后再出让的价格更低,从而降低土地交易费用。

但农地直接入市仍存在一定问题。首先,因为农地入市,实际上对村干部和农民都构成激励,村集体可能会规避规划、谋求更改规划、违规违法流转等,谋求增加自己和集体的收益。因此,村民自治、村务公开制度以及土地税费体系和登记体系仍需进一步完善。其次,"农民的宅基地不能流转"以及"通过出让、转让、出租方式取得的集体建设用地不得用于商品房地产开发和住宅建设"等规定对直接入市的农地类型有着严格界定,存在一定局限性。

1987年,中国"土地拍卖第一槌"从深圳敲出,开创土地市场化交易先河。2012年,国土资源部、广东省政府宣布了对《深圳市土地管理制度改革总体方案》的联合批复,赋予深圳在土地管理制度上"先行先试"的权利,并围绕完善国有土地制度、深化土地资源市场化配置、创新土地资产资本运作机制、创新土地二次开发利用机制等方面开展试点,拉开深圳第三次土地改革序幕(图2-2)。

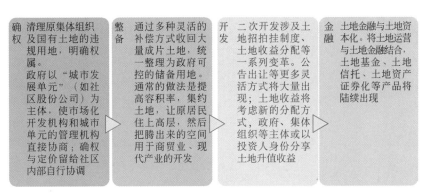

图2-2 深圳第三次"土改"总体步骤(资料来源:中国指数研究院综合整理)

2013年1月18日，深圳市政府举行优化资源配置促进产业转型升级"1+6"文件新闻发布会，会议宣布，获国土资源部特批，深圳原农村集体经济组织继受单位实际占用的符合城市规划的产业用地，在理清土地经济利益关系，完成青苗、建筑物及附着物的清理、补偿和拆除后，可申请以挂牌方式公开出（转）让土地使用权。此举实际上就是将原农村集体经济组织继受单位可用的产业发展用地，纳入全市统一的土地市场，从而有效拓展该市产业用地来源。而此前，按照相关法律和法规，原农村集体经济组织继受单位用地不能直接入市流通，只能先通过国土收储后才能入市流通。

目前针对实现挂牌交易的工业用地，有两种收益分配方式供选择，一种方式是所得收益50%纳入市国土基金，50%归原农村集体经济组织继受单位；第二种方式是所得收益70%纳入市国土基金，30%归原农村集体经济组织继受单位，并可持有不超过总建筑面积20%的物业用于产业配套。同时，深圳市政府规定市土地行政主管部门每季度在产业用地供需服务平台上公布产业用地区位、规模等，企业可利用此平台了解产业用地供应计划，提交用地申请，改变以往需向不同部门提交申请的局面。

2013年海南省政府审议《海南省农民集体建设用地管理办法》，办法规定对经批准纳入流转试点的农村集体建设用地，在经过2/3以上村民同意后，允许农村集体经济组织或者村民自主开发经营，或者由农村集体经济组织以转让、租赁、联营合作、作价入股等方式进行流转，用于旅游、农贸市场、标准厂房等非农业建设，发展集体经济，保障农民的发展权，但同时强调不能用于住宅建设，严禁商品性房地产项目建设。2013年11月，安徽省政府发布《关于深化农村综合改革示范试点工作的指导意见》（以下简称《意见》），决定在全省20个县（区）开展农村综合改革示范试点工作。试点工作主要包括农村集体建设用地流转、土地流转信托、农村集体土地确权全覆盖等与农村集体建设用地流转相关的内容。《意见》指出安徽省将探索土地流转新机制。允许集体建设用地通过出让、租赁、作价出资、转让、出租等方式依法进行流转，用于工业、商业、旅游和农民住宅小区建设等。未来还将依托国有建设用地交易市场，建立城乡统一的土地交易市场，推进城乡统一的土地交易市场门户网站和交易平台建设，逐步实现申请、竞价报名、网上挂牌、在线竞拍、中标公示等全流程在线交易。

2．城乡建设用地增减挂钩

城乡建设用地增减挂钩即城镇建设用地增加与农村建设用地减少相挂钩。包括以重庆、成都、广州为代表的"地票"模式和河南"人地挂钩"模式，实现了在远郊区县偏远地区进行拆迁安置、在近郊区县用地的效果。

2004年《国务院关于深化改革严格土地管理的决定》（国发〔2004〕28号）提出鼓励农村建设用地整理，城镇建设用地增加与农村建设用地减少相挂钩。2005年，国土资源部印发《关于规范城镇建设用地增加与农村建设用地减少相挂钩试点工作的意见》，并批准天津、山东、江苏、湖北、四川等省（市）率先开展试点工作。试点开展后，国土资源部又先后出台了《关于进一步规范城乡建设用地增减挂钩试点工作的通知》及《城乡建设用地增减挂钩试点管理办法》等政策文件，加强对试点工作的规划和引导。2008、2009年国土资源部又分别批准了辽宁省、吉林省、重庆市等19个省市加入增减挂钩试点，目前经获批的试点省份共24个。

城乡建设用地增减挂钩是指，依据土地利用总体规划，将若干拟整理复垦为耕地的农村建设用地地块（即拆旧地块）和拟用于城镇建设的地块（即建新地块）等共同组成建新拆旧项目区，通过建新拆旧和土地整理复垦等措施，在保证项目区内各类土地面积平衡的基础上，最终实现增加耕地有效面积，提高耕地质量，节约集约利用建设用地，城乡用地布局更合理的目标。其中，挂钩周转指标是指国家和省为了控制城乡建设用地增减挂钩规模和周期，批准并下达给有关县（市、区）一定时期内的一定数量的用地规模。指标应在规定时间内用拆旧地块复垦出来的耕地面积归还，并且要优先用于拆旧地块农村居民的安置（即安置建新区）和乡村基础设施建设，指标使用后确有节余的可用于城镇（项目）建新区的建设。

3．农村股份制合作改革

以广东南海为代表，将集体财产、土地和农民承包权折价入股，在股权设置、股利分配和股权管理上制定章程，成为"村宪法"。

广东土地改革实行较早，南海区从1992年下半年开始，尝试在罗村镇下柏管理区、里水镇沙涌管理区、平洲区洲表村三处试点，实行农村股份合作制改革。土地股份制基本的做法可归纳为两条：一是进行"三区"规划，把土地功能划分为农田保护区、经济发展区和商住区；二是将集体财产、土地和农民承包权折价入股，在股权设置、股利分配和股权管理上制定章程，成为"村宪法"。在此思路下，各村的股份制方式各有差异，但总体上遵循如下原则："人人有份"、年龄差异；允许股权在社区范围内流转、继承、赠送、抵押；同时把农民股权进一步划分为资源股（土地股）和物业股，资源股属于无偿配给，但不能继承、转让、赠送、抵押、抽资退股，物业股只对原有社区成员无偿配给，新增人口要以现金购入相应档次的物业股权；资源股和物业股分红比例相同。经过数年实践，农村股份合作制成效显著，但仍存在一定问题。由于股权均严格限制在社区范围之内，集体组织之外的个人和法人资本不能进入，组织之内的股权不能流出，使股权不具有流动性、资本性、社会性，从而影响人口与资本的流动，影响产业的集中与升级，影响农村城镇化的进程。

4．集体土地建公租房

对于商品住房价格较高、建设用地紧缺的直辖市和部分省会城市，可以利用农村集体建设用地建设公共租赁住房。2012年全国国土资源工作会议指出，将加强利用集体建设用地建设租赁住房试点管理。对于商品住房价格较高、建设用地紧缺的直辖市和少数省会城市，确需利用农村集体建设用地进行租赁住房建设试点的，由省级政府审核同意试点方案并报国土资源部审核批准后，可以开展试点工作，其中北京、上海已获批准。

北京市目前正在试点，在城乡接合部地区的存量集体土地上建设公租房或企业职工租赁房，区域集中在海淀唐家岭、北坞村、昌平北七家等地。主要方法是在城乡接合部改造腾退中，除了回迁房外，安排一定比例的产业用地，建设租赁房交还村集体经营。这批房屋由村集体组织自建、自管，由市场调节房租价格，收益归村集体所有，由村集体组织化成股份分配给农民以增加农民收入。村集体可将其作为外来人口公寓出租给周边企业员工，租金每年向村民分红，或由政府统一租用后，作为公租房低价出租给符合条件的低收入家庭。与小产权房不同，集体建设用地上建设的公租房，产权仍然为农村集体组织所有，不能出售给个人，只能配租给符合政府规定条件的家庭并纳入统一规范管理。此外，根据北京公租房政策，公租房的租期一般为3年，最长不超过5年，这也杜绝了以长期租赁的方式变相出售公租房，从而占用集体土地的做法。

上海市提出，综合利用农村集体建设用地，适当集中新建公租房，或由村集体利用农村集体建设用地，建设市场化租赁的单位租赁房，定向提供给产业园区、产业集聚区内员工租住。上海早期试点主要是在闵行区七宝镇、闵行区梅陇镇等，现在已涉及8个区，主要集中在外环线以外的郊区。其主要方法与北京类似，优先鼓励村集体利用农村闲置废弃的存量集体建设用地，特别是集体工业用地，由村民出资兴建，面向周边企业职工出租，租金由村集体每年向村民分红。

目前各地利用集体土地建设公租房或单位租赁房，都反复强调了"只租不售"的原则，有些还限制只能向企业或政府整体出租、租期不超过5年等。由于公租房收益率相对较低，许多村集体参与意愿并不强。但可以看到，各地的这些尝试是在现行法律的约束下，利用集体土地合法增加住宅供应、缓解大城市住房困难的一个重要方式。

二、农村集体建设用地流转案例收益分配

农村集体建设用地的流转由于涉及的主体较广，权属问题以及利益归属问题存在较大的争议，所以目前并没有在全国范围内推广，而只是在安徽芜湖、江苏苏州以及广东顺德、深圳等地试点，而这四地农村集体建设用地的流转又有各自的特点，且有它们各自的利益分配模式。

1．安徽芜湖模式

安徽芜湖是我国第一批农村建设用地流转试点城市，从1999年就开始试点，目前建设用地土地流转已经较为完善。由于经济的快速发展，对于建设用地的需求也水涨船高，安徽芜湖当地出现了很多把农业用地私下非法转为建设用地的事件，而在这些事例中，农民群体的利益再一次被损害。所以为了规范农村土地市场的秩序，也为了更好地保护耕地、保护农民利益，安徽芜湖通过了《芜湖市农民集体所有建设用地使用权流转管理办法（试行）》，该《办法》规定，在土地利用总体规划中列入农村集体建设用地，农村集体建设用地在规划内流转，采用总量控制、计划管理的原则。在芜湖模式中，农村建设用地的使用权在流转过程中并不发生改变，土地依然为农村集体所有。

安徽芜湖农村建设用地流转增值收益的分配中，在试点初期，市、县（区）、乡（镇）以及农村集体经济组织之间按照1∶2∶5∶2的比例对农村集体建设用地流转所带来的增值收益进行分配，可见，在流转初期，县、乡、镇政府作为政府机构获得了大量的增值收益，而作为农村集体土地所有者的农村集体才获得增值收益的20%，这样的分配方式导致农民利益受损，农村集体对于建设用地的合理流转热情不高，并不可取。所以，在2002年以后，当地政府本着增值收益分配向农民群体倾斜的原则，将农村集体建设用地流转收益分配的比例调整为市、县（区）、乡（镇）以及农村集体经济组织之间按照0∶1∶4∶5进行分配，市级政府不再参与分配，这一措施让更多的收益留在农村集体，促进了当地农村经济的发展。

2. 广东顺德模式

顺德农村集体建设用地的流转可以说是当地经济发展模式所推动的，顺德GDP中民营经济所贡献的份额达到60%以上，而一半以上的民营企业挂靠在农村集体经济组织名下使用集体建设用地。顺德的经济要发展需要依靠民营经济、民营企业的发展，而民营企业使用产权不够清晰的集体建设用地，造成企业的产权不清，使企业的资产处理发生困难，企业的长期发展也面临困境。为了解决这个困境，顺德开始了集体建设用地流转的试点，并对当时的流转模式进行了创新。顺德区参照国有建设用地流转的相关制度设计，结合集体建设用地特点做出了权属关系、流转范围、流转期限等一系列规定，并要求只有满足下列条件的农村集体建设用地才可进行流转：一是产权必须清晰界定，没有权属纠纷；二是符合土地规划和城镇建设规划；三是集体建设用地经批准使用或者取得；四是依法办理土地登记，获取土地权属证书。

并且流转的集体建设用地不能改变土地用途,也不能用于商品房建设。

顺德政府给农村集体建设用地流转增值收益的分配也作了较为详细的规定。首先,在初次流转时,农村集体建设用地的所有者、使用者需要把流转增值收益的 10% 交给地方政府作为政府的监督管理费用,再次流转时需要把流转增值收益的 20% 作为增值税缴纳给地方政府。其次,在农村集体经济组织获得流转增值收益中,收益额的 20% 必须应用于集体公共事业的建设,其他 80% 主要按照村民的股份比例分别分配给村民。在随后的调整当中,初次流转交于政府的比例降为 7%,农村集体经济组织获得增值收益中用于公共事业以及村民社会保障的比例提高到 50%,并将其余 50% 的大部分分配给村民,并鼓励村民把获得的收益继续入股,发展股份制集体经济。

3. 江苏苏州模式

江苏苏州是我国经济发展较为发达的一个城市,在 20 世纪 90 年代末经济结构开始调整的时期,经济结构的调整要求有更多的建设用地来吸引相关企业的投资,同时苏州众多的乡镇企业又有改制的要求,而农村集体建设用地的产权不清晰、农村集体建设用地不能流转的因素一方面限制了乡镇企业的改制,另一方面又制约着建设用地的供给。为了保持当地经济持续健康发展,苏州市政府对农村集体建设用地的流转进行相关制度的设计。苏州市通过《苏州市农村集体存量建设用地使用权流转管理暂行办法》规定,已办理相关手续的集体建设用地可以进行流转,但不包括农村的宅基地。并且明确乡、村办企业所使用的农村集体建设用地的所有权归乡、村农民集体;其他使用的集体建设用地,办理了非农建设用地相关手续的,村农民集体作为其所有者,未办理手续的,所有权归乡或组农民集体。苏州模式的特点是对于产权结构进行了清晰的界定,这也方便了后续的增值收益分配的展开。

苏州在其农村集体建设用地增值收益的分配中规定,属于初次流转的,流转方需要将苏州市政府规定最低流转价格的 30% 作为增值收益的一部分上缴给当地政府,如果以租金方式流转的,需要向政府缴纳租金的 30%;属于再次流转的,如果增值收益小于 20%,那么将不需要向政府支付费用,超过增值收益 20% 的部分将以 30% 的比例作为增值税上缴地方政府。可以看出,虽然政府以监督管理者的身份参与了农村集体建设用地增值收益的分配,但收益额的绝大部分还是留在了农村集体,也就是弱势的农民群体获得了增值收益的较大部分。

4. 深圳模式

2013年12月20日，深圳首宗入市的原农村集体土地在市土地房产交易中心成功出让，由深圳市方格精密器件有限公司（以下简称方格公司）以挂牌底价1.16亿元竞得。凤凰农地入市是在十八届三中全会提出"建立城乡统一的建设用地市场"后，深圳在土地制度改革创新方面的率先之举。此次出让是直接以村、社区的名义，直接通过招拍挂的方式交易。而之后的地价款也将直接付给村集体，使农民可以直接分配利益所得；交易价款相对比政府补偿要高得多，可更多地惠及农民。此次农地出让土地收益将采取"3∶7分成加20%物业"的收益模式，即70%的成交价款作为政府收益，由竞得人支付至市国土基金账户；30%的成交价款作为社区收益，由竞得人先支付至交易中心账户监管，待此次出让宗地签订出让合同手续完善后划转至凤凰股份合作公司账户。另外，项目建成后，按《出让合同》约定，该项目总建筑面积的20%由方格公司建成后无偿移交凤凰股份合作公司。

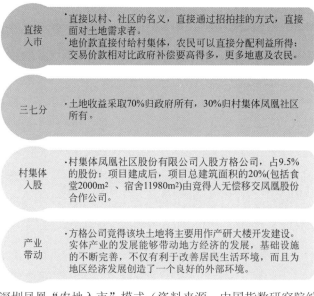

图2-3 深圳凤凰"农地入市"模式（资料来源：中国指数研究院综合整理）

深圳凤凰"农地入市"试点意在探索农村集体建设用地实行与国有土地同等入市，实现同权同价，纠正以往土地溢价收益主要归于政府的利益分割模式。虽然深圳目前对农村集体土地入市的收益分配方式相对较少，且尚未允许农民直接谈判选择自己的交易方式,但随着制度的不断改革,在未来的土地交易中,农民将有望为自己的利益直接和开发商进行谈判、博弈,从而维护自身的合法权益,在一定程度上减少征地所带来的社会纠纷。另一方面,农地入市将有利于盘活原农村集体土地,缓解产业空间不足,促进原农村社区发展转型、推动特区一体化发展,未来有望在深圳其他社区及全国各地进一步推广(图2-3)。

第四节　未利用土地的流转方式、收益分配及案例

科学合理开发未利用土地,可进一步优化区域土地资源结构,充分发挥土地效益,是统筹经济发展与耕地保护、破解土地供需两难的必然选择,是促进国土均衡开发、推进区域协调发展的有效途径。

一、未利用土地的类别

按照国土资源部《全国土地分类(试行)》的规定,未利用地分为未利用土地和其他土地。其中未利用土地包括荒草地、盐碱地、沼泽地、沙地、裸土地、裸岩石砾地、其他未利用土地,其他土地包括河流水面、湖泊水面、苇地、滩涂、冰川及永久积雪地等。所以,未利用地可理解为在目前国民经济各部门中尚未能直接利用和难以开发利用的土地。国家颁布的《土地管理法》第四条,从我国实际情况出发,同时借鉴一些发达国家土地用途管制等方面的经验,科学地将我国土地分为三大类,即农用地、建设用地和未利用地。其中农用地是指直接用于农业生产的土地,包括耕地、林地、草地、农田水利用地、养殖水面等;建设用地是指建造建筑物、构筑物的土地,包括城乡住宅和公共设施用地、工矿用地、交通水利设施用地、旅游用地、军事设施用地等。而未利用地是指除农用地与建设用地以外的土地,具体是指直接用于农业生产的耕地、园地、林地、牧草地、其他农用地以及商业、交通运输业、居民点和工矿、公共事业等建设用地以外的土地,包括荒草地、裸地、滩涂、沼泽地、盐碱地、沙地等,是耕地补充最重要的后备资源。

未利用地的开发利用是指对未利用的后备土地资源采取各种适宜的工程和生物等措施,使其投入经营和利用的活动。未利用地开发不仅可为农业、

林业和牧业等生产增加用地面积，也可为城市和工业建设增加建设用地来源。未利用地开发一般包括荒地资源、海洋资源、闲散土地和工矿废弃地四种类型的开发。荒地资源和海洋资源的开发是在土地适宜性评价基础上，决定其合理用途，根据不同用途制定不同的治理和保护措施；闲散土地的开发主要指田边角、田埂小路、林边、弯道等小片荒地以及农村废弃的坑塘和场院等；对工矿废弃地开发复垦应在农用地复垦、园艺复垦、林地复垦、海洋垦殖、建设用地复垦、水源复垦、旅游康乐地复垦中实事求是地选择复垦地的适宜用途。值得一提的是，未利用地开发为建设用地，不涉及农用地转用，也不需补充耕地，在当前耕地保护任务较重的情况下，开发利用未利用地，对于提高未利用地的利用效率，破解建设用地供需难题，缓解建设用地指标不足意义重大。在未利用地开发过程中，应该因地制宜，遵循生态、高效、集约以及可持续开发利用的原则，开发、利用和保护兼顾，实现社会、经济和生态的综合效益最大化。

通过评价，对土地的用途和质量进行分类定级，确定适宜于农、林、牧等各业生产以及适宜于建设的土地资源数量、质量及其分布，为区域土地利用结构和布局调整、土地利用规划分区等提供科学依据。在1993年出版的《土地利用规划指南》中指出，土地适宜性评价可称为"技术导向"的土地利用规划阶段，是土地规划利用的基础性工作。近年来，土地适宜性评价的应用领域一直在不断拓展，土地适宜性评价技术方法和技术手段也在不断推新。

二、我国未利用土地的现状

要实现"耕地总量动态平衡"的目标和"守住18亿亩耕地红线"的要求，未利用地资源的开发利用是实现这一目标的重要途径。如何科学合理地开发未利用地已成为资源科学研究的热点问题。未利用地开发利用也已成为地方政府进行土地利用结构调整时突破指标约束和资源瓶颈的重要手段，各地区的未利用开发研究逐渐兴起，其中未利用地开发利用的可持续性是首先需要解决的问题。

未利用地资源潜力研究是土地管理和土地利用的基础性工作，而适宜性评价是开发适宜度及其利用模式选择的基础。由于未利用地本身的自然属性和经济特征，开发时绝不能重复"边开发边破坏"的恶性循环之路。因此，在未利用地开发整理之前应本着科学、生态的原则对其进行潜力性评价和适宜性评价，以期产生最大的经济、社会和生态效益。

迄今为止，中国已开展了几次全国性的耕地后备资源的调查与评价，目前以开展区域小尺度的土地自然适宜性评价为多。从经济学原理的视角，开展未利用地的经济适宜性评价也成为一种新的尝试，将自然、社会、经济要素以及生态功能因素纳入评价体系是一种发展趋势。类淑霞等在大同市生态脆弱性评价分区的基础上进行了宜耕未利用土地的适宜性评价，提出微度脆弱区内的非常适宜级别的用地可以作为未利用土地开发为耕地的首选区域；微度脆弱区内的较适宜级别的土地可以作为开发的备选用地；对于中度和重度脆弱区内的非常适宜耕作的未利用土地，尽量不作为第一开发时序用地。

近年来的适宜性评价研究多基于 GIS（Geographic Information System，地理信息系统）技术为手段，并考虑了生态环境因子，建立评价指标体系，在不同地区，结合当地未利用地实际情况，开展了一系列评价。随着对未利用地资源开发利用的关注，关于未利用地开发利用模式的研究近年来也逐渐成为热点。自 20 世纪初期，国内外专家围绕未利用盐碱地的治理开展了大量理论和实践研究，并已形成两类主导技术：一是通过灌排技术改良土壤，二是发展耐盐植物利用盐碱土。通常两类技术配套使用，以其中一种为主导。朱成立等对江苏省宜农未利用地开垦土壤改良模式开展了研究，提出了荒草地和沿海滩涂 2 种主要宜农未利用地开垦的土壤改良模式，注重了各种改良措施的综合运用。韦仕川等研究了黄河三角洲未利用地适宜性评价的资源开发模式，从提高区域土地利用效率和注重生态环境建设的角度出发，经过适宜性评价，总结提出了适合黄河三角洲未利用地特点的生态农业开发利用、农林牧综合开发利用、林牧草综合开发利用、林牧生态用地保护、牧草生态用地保护、入海口生态保护和滨海水产养殖开发利用 7 种未利用地开发模式。未利用地转变为农用地的政策探讨起步较早，转为建设用地的政策出台较晚较少。在 1998 年颁布的《中华人民共和国土地管理法实施条例》第十七条规定了开发未确定土地使用权的国有荒山、荒地、荒滩从事种植业、林业、畜牧业、渔业生产的审批权限。在 1999 年出台的《国务院办公厅关于进一步做好治理开发农村"四荒"资源工作的通知》对未用地开发为农用地的土地权益确定、收益分配、投入机制、规划控制等方面又进行了详细规定，管理机制方面进一步完善。2006 年《国务院关于加强土地调控有关问题的通知》中首次将新增建设占用未利用地也纳入土地年度计划中进行指标控制，进行严格的审批和管理。2008 年批复的《全国土地利用总体规划纲要（2006—2020 年）》提出充分利用未利用地拓展建设用地空间以及充分发挥未利用地的生态功能，保护基础性生态用地。同年，国务院又发布《国务院关于促进节约集约用地的通知》，明确提出引导和鼓励将适宜建设的未利用地开发成建设用地，鼓励地方开展对未利用地开发为建设用地进行有益的尝试和探索。2009 年国土资源部《关于调整工业用地出让最低价标准实施政策的通知》总规定，对中西部地区使用国有未利用地的工业用地可按照所在地土地等别相对应《全国工业用地出让最低价标准》的 15% ~ 50% 出让。国土资源部也于 2011 年 8 月着手未利用地开发政策制定的顶层设计工作。目前，关于未利用地开发利用政策和管理机制方面的研究也逐渐得到了人们的关注。

三、未利用土地开发利用 SWOT 分析

SWOT 分析是一种态势分析法，即用系统的思想，对发展中 Strength（优势）、Weakness（弱点）、Opportunity（机遇）和 Threat（挑战）等四个因素加以分析，得出相应的结论，从而制定相应的发展战略。该方法是现代企业经营战略分析的常用方法，最早由 Steiner 于 20 世纪 80 年代初提出，目前被广泛应用于产业发展战略和土地利用战略研究等领域。通过 SWOT 分析，资源分析（OT）和外部环境分析（SW）构成 SWOT 分析矩阵，并由此得出四个发展战略方向：①利用自身优势，充分把握机会的优势机会方向；②在把握机会中克服自身劣势的劣势机会方向；③利用自身优势应对威胁的优势威胁方向；④在威胁中克服自身劣势的劣势威胁方向。实现战略目标的过程，事实上就是一个抓住机遇、迎接挑战、发挥优势、克服劣势的过程。

四、未利用土地开发利用类型

有效地利用未利用土地去发展农业、工业或恢复未利用土地的生态功能成为当今未利用土地面临的主要问题。未利用地开发总体原则是高效生态、集约节约、生态优先、合理定位。根据土地性质和区域特点，在确保生态建设和环境保护用地的前提下，合理确定开发功能和方向，宜农则农、宜牧则牧、宜渔则渔、宜建则建。未利用地具体开发类型与模式的选择必须以土地

类型的自然属性为基础，既要遵循土地固有的自然区域特征，又要结合社会经济条件和科学技术水平所能提供的实践模式，并以土地适宜性评价的结果作为指导未利用地的重要依据和基础，才能构建一个能维持良好生态环境的土地利用模式。

1. 农业用地

《土地管理法》第三十八条中鼓励开发未利用的土地，且适宜开发为农用地的，应当优先开发成农用地，发展农林牧生产。在农业生产地区，盐碱地等未利用土地经过工程、生物、农业等措施改良后进行农业建设是大多数地区的首选。

2. 生态用地

生态用地与侧重支撑人类生态系统的建设用地、农用地相对应，是以自然生态保护为主要目的，注重自然生态系统的保护及其功能发挥，保证人类社会生态安全以及人与自然的和谐。生态用地的具体类型应当包括各类自然生态系统保护用地、自然和人工水系以及各类湿地、重要生态功能区保护用地、自然保护区等等，科学地改良盐碱地、荒草地等未利用地转变为生态绿化用地是生态景观建设的重要手段。目前普遍的观点认为未利用土地就是生态用地，如匡耀求认为生态用地作为以发挥自然生态功能为主的土地类型，包括林地、园地、牧草地、水域和未利用土地；宗毅等指出具有重要生态功能的河湖、草地、湿地、苔原、荒漠、冰川及永久积雪等未利用地是具有宝贵生态价值的生态用地。

3. 建设用地

近年来我国迅速发展的工业化和城市化对建设用地需求不断增加，资源与环境的矛盾日趋严峻，导致了建设用地空间不足的普遍性难题。2008年出台的《国务院关于促进节约集约用地的通知》提出积极引导使用未利用地，引导和鼓励将适宜建设的未利用地开发成建设用地。这是突破各地指标约束和资源瓶颈的重要途径，也是破解耕地保护和发展难题的主要途径，可有效拓展建设用地空间，因地制宜地保障和促进工业化、城镇化和农村新居建设用地的供给。同时，此举可缓解用地供需矛盾，使经济社会发展与土地资源利用相协调。未利用地转变为建设用地主要可首先在土地资源严重匮乏、邻近城市的地区探索。如2005年黑龙江提出了建设哈大齐工业走廊的政策，为盐碱地的开发创造了一些优越的条件,因此目前大庆市是盐碱地等未利用土地转变为建设用地较为突出的城市。近年来,随着《黄河三角洲高效生态经济区发展规划》国家战略的实施,山东东营市的未利用地拓展建设用地新空间的探索研究也已经走在了全国的前列。

五、未利用土地生态机能营造的基本原则

1．保持生态稳定性和物种多样性

未利用地开发项目区的生态机能营造,必须按照不同生态类型区的结构和功能进行农用地、建设用地和生态用地的生态机能营造,构建适合不同区域类型自然资源保护、植树种草、生态农业、生态渔业、生态畜牧业、水土保持、生态修复、防治盐渍化和荒漠化、自然保护区建设等开发利用模式,为动植物和人类提供不同生境,不断增加物种的多样性和保持自然生态的稳定性。

2．构建共生的湿地生态系统

湿地是影响生态机能最根本的因素,但湿地分布不平衡、水分补给条件差、土壤有机质含量低、持水能力差、植物群落种群少、食物网结构简单,作为生态基质并不稳固。因此,未利用地项目开发利用需要根据不同的湿地生态系统类型,分别采取不同的湿地保持规划、设计和施工模式,使湿地与农田斑块、林地斑块、渔业斑块、畜牧业斑块和城镇斑块生态系统之间有良好的共生关系。

3．营造良好的景观生态系统

景观生态系统的斑块包括森林斑块、自然保护区斑块、未利用地斑块、水库斑块、农田斑块和城镇斑块等。要充分发挥不同景观斑块作为水源、娱乐地、消化污染物、生产食物和纤维、提供良好生存环境和美学价值、控制病虫害、为生物授粉传媒提供栖息地、维护生物多样性、保护人类少受太阳紫外线照射、局部小气候调节、缓和极端气温、减少自然灾害等多样功能,通过未利用地开发利用,有助于促进营造不同景观斑块的整体性、异质性、多样性和可持续性。

4．建设多种多样的生态廊道

生态廊道是连接景观生态系统中两个斑块或两个生态系统的通道,是物

种迁移的重要途径。城市规划中划定的"四线",是全市最重要的生态廊道。要严格执行蓝线控制,尤其是水系控制,包括河道宽度及护岸绿地宽度;绿线控制分城市绿地与生态防护绿地、道路油田生产廊道三种类型进行控制;黄线控制中的重大交通设施,包括高速公路、铁路、城际轨道、一般公路等,应严格执行《城市黄线管理办法》等划定用地控制界线;红线控制中主要有新建主干路、次干路、支路红线等。未利用地开发利用要有利于加强这些生态廊道建设,不能侵占全市重要的生态廊道用地。

5．形成纵横交错的生态网络

主次生态廊道之间纵横连接,形成了良好的生态网络。廊道网络内的交接点,可作为廊道"驿站",非常便于生物物种的多途径迁移。市内的自然保护区和湿地基质是良好的动植物生态系统,既可为各种斑块内提供生物资源,也可作为物种迁移的良好途径和生态斑块扩展的方向。在未利用地开发利用过程中,这些"基质"总体上只能增加不能减少。

6．建立多层次城乡生态空间格局

充分发挥农用地的生产、生态、景观和间隔的综合功能,拓展绿色生态空间。协调农用地与建设用地的布局,在较大规模建设用地组团之间保留连片、大面积的农地、水面、林地等绿色空间。对大片生态敏感区、自然风景名胜区、水源保护区、生态脆弱区进行严格保护,控制未利用地开发利用,促进生态功能完善和多层次城乡生态空间格局的形成。

7．农用地生态机能营造

采取以生态为基础、安全为导向的工程方法进行未利用地开发利用,可减少对自然环境的伤害,有利于提升农业生产、保育生态环境、维护生物多样性及营造良好的农村景观。

农用地生态机能营造,预先可做详细的背景环境、材料及生态调查,其调查方法可用文献调查及现场调查等方式,尊重当地特性,以因地制宜、就地取材为原则,充分考虑开发利用目标及本地物化特性和人文背景资料进行开发利用,将未利用地开发建设成为地方的文化资产。施工时注意工期安排、施工路线、栖地保护等,以减少施工对生态环境的影响,同时要制定保护动植物、地下水等应变措施。

在用地许可的前提下,灌排沟渠设置要有容纳小生物避难或隐藏的多孔隙空间，渠面应尽量采用缓坡设计，在不影响水路流况及不阻碍巡防道路的情况下，最高设计水位超高部分或渠顶宜适量覆土，以保障景观和生态功能。灌排分离之水路周边可设置绿地、河畔林或灌木丛，以提供水路多样性生态环境。灌溉、排水渠道采用生态工法设计，从亲水功能等方面进行考量，可增加休憩绿地居民生态需求功能。田间道则应调查是否存在珍稀动植物，尽可能沿着地形坡度整建，避免大量挖填土方，考量保护野生动植物。如空间许可，主要干道田间道两侧可种植行道树，树种的选择以原生种为原则，并纳入景观规划。蓄水池水域及其周边为鱼类、其他水生生物及鸟类的栖息空间，其周边灌木丛或林带为昆虫、鸟类及小动物之栖息空间，宜使其水域和陆地地形保持自然过渡，并配合规划生态观察便道及其自然生物保护区域，以防止人为活动干扰。

六、东营市未利用土地开发模式

2010年，东营市未利用地271836.32hm^2，其中河流水面面积为15607.50hm^2，占未利用地面积的5.74%；沿海滩涂面积为93693.32hm^2，占未利用地面积的34.47%；内陆滩涂面积为22626.89hm^2，占未利用地面积的8.32%；盐碱地面积为131007.79hm^2，占未利用地面积的48.19%；荒草地面积为8900.82hm^2，占未利用地面积的3.27%。

1．基本原则

一是分期融资、滚动开发。对于大规模未利用地开发项目，必须坚持分期融资、滚动开发的原则。所谓滚动开发，就是以前一期未利用地开发所产生的资金收益，作为项目后续阶段的开发资金，如此循环利用。对于开发过程中预计资金不足时，再进行新一轮的融资活动，直到大型项目的开发结束。二是按需融资，尽量筹集外部资金。根据初步财务分析的结果安排融资计划，按照项目开发实际资金需要的数量和进度，决定项目融资的数量和进度。从机会成本和规避风险的角度出发，尽量筹措外部资金，外部资金数量可占到2/3以上。三是融资渠道的多元化。大规模推进未利用地开发，只有通过投融资渠道的多元化，才能实现资金成本少、风险低的目标。随着未利用地开发产业化、市场化、规模化和专业化发展模式的形成，除了财政拨款型融资和银行贷款型融资以外,建立市场调节型融资机制。四是遵守相应的法律法规。投融资方案必须符合国家的有关法律和法规规定,资金来源、资金运用与管理、税收缴纳都必须严格遵守国家的财务及税收政策,按照"渠道不乱、用途不变、专账管理、统筹安排、节约使用"的原则,建立资金专项账户。

2. 未利用地开发经济收益分析

不同的经济发展阶段对土地的需求是不一样的,就数量来说,第一产业占最大比重的前工业化阶段,土地利用以农业用地为主,城镇和工矿、交通用地占地比重很小,随着工业化的加速发展,农业用地和农业劳动力不断向第二、三产业转移,对土地的需求越来越大,原有农用地数量将会逐渐减少,而城镇、工业和交通用地将会不断扩大,直至后工业化社会,工业用地的增长会稳定下来,但交通和居住、旅游用地的比重还会继续增加;另外,区域经济增长也影响着土地利用结构的形成。

东营市未利用地开发将被用于工矿与居民点、交通和水利设施建设。因此,对于未利用地开发为建设用地经济投入的计算,主要用全社会固定资产投资表示。东营市社会固定资产投资的持续增长是拉动东营市经济快速稳定增长的主要因素之一。2001—2006 年东营市全社会固定资产投资以年均 30%的速度稳步增长,2006 年已达到 609.86 亿元,在土地利用方面表现为建设用地的增加。

可以看出,随着东营市经济的发展,东营市对建设用地的需求逐年增加,带来了全社会固定资产投资的逐年增大,在 2010 年东营市建设用地利用规模达到 12.025 万 hm^2,需要全社会资产投资为 1240.22 亿元,比 2006 年增加 103.36%,平均每增加 1 万 hm^2 建设用地,需要 103.1368 亿元的全社会固定资产投资;2020 年建设用地规模达到 13.9512 万 hm^2,需要全社会资产投资为 3434.89 亿元,比 2006 年增加 463.23%,平均每增加 1 万 hm^2 建设用地,需要 246 亿元的全社会固定资产投资。投资增长较快的原因在于东营市进入"十一五"发展阶段,将大量的未利用地开发为建设用地以吸引工业项目落户东营,尤其是东营港经济开发区的投入开发与建设,更为东营市未来的发展带来强大的动力。另一方面,东营市未利用地以盐碱地、滩涂、苇地为主,开发难度相对较大,需要大量的投入才能完成开发区的基础设施和配套服务设施的建设(交通、水利、通信、供暖、供气等方面)。经济发展必然会带来工业化和城镇化的加速,而工业发展、城市化水平的提高、城镇的扩大都需要更多的土地来保障。2001年以来,东营市经济处在快速发展时期,建设用地需求量逐年增大,东营市将未利用地开发为建设用地,将为经济发展提供可靠保障。

3. 农地开发利用模式

《黄河三角洲高效生态经济区发展规划》提出,要按照高效、生态、创新的原则,大力发展现代农业和节水农业,建设全国重要的高效农业示范区。黄河三角洲是近百年来黄河淤积形成的新陆地,土地资源丰富,是有着雄厚发展潜力的地区,但区域地下水位较高,地下水质矿化度高,蒸发量大,地下盐分易升至地表,导致土壤盐渍化。从1997年以来的长时间的断流难以保证发展农业生产需要的淡水供应情况,虽然从2007年小浪底水库调蓄以来不再发生,但变化不定的气候条件,还是经常面临旱、涝,尤其是风暴灾害等等,严重的土地盐碱化、脆弱的生态,给黄河三角洲地区的农业发展带来巨大困难。在黄河三角洲地区长期劳作的人们,在长期的生产实践中,随着黄河三角洲地区区域经济开发的不断深入,经过多年的探索实践,盐碱未利用地开发利用摒弃了过去单纯追求经济利益的开发模式,形成了几种适合当地特点的未利用盐碱地生态农业开发利用模式。

(1)明沟改碱模式　明沟排水就是通过机械或人工挖掘深度低于地下水位的明沟,增加地下水埋深,减少地下水上升蒸发以及地表积盐,并将含盐水体排出农田的传统的大水排水方式,一般结合大水漫灌进行,现实中存在灌排一体、灌排分设两种情况。长期以来,黄河三角洲地区主要是黄河淡水资源"大水漫灌、明沟排碱、活水种稻"的改碱模式。实践证明,明沟排水,淋盐爽碱,施工方便,技术简单,对于洪涝灾害的治理是有效的、必不可少的,但经过多年的运行,这种粗放的大水漫灌淋洗与排水改碱方法的弊端越来越突出。一是由于明沟排碱使得排沟断面积较大,导致土地利用率低;由于近、现代黄河三角洲多为沙性土壤,土质疏松,开掘明沟时必须有足够宽度以加大边坡,这样明沟的建设占用了大量耕地,降低了土地利用率;据部分已经实施的项目成果统计,目前黄河三角洲地区各级排、灌沟渠及道路等占地可达农田总面积的35%左右,其出地率低于65%。二是因地面不平整,土层板结等原因,需要大量的淡水资源进行洗盐,还是存在费水、失肥、渗透慢的缺点；随着黄河水资源的日渐紧张，改碱成本逐步提高。三是由于黄河三角洲地区土壤结构中粉性颗粒比例高，排沟易坍塌，严重影响了明沟排水改土效果的稳定发挥，且导致后期排沟的清淤维护费用高，已有的一些防坍措施，用于骨干沟尚可，对于量大、面广的田间改良盐碱的排沟，则成本高昂，难以推行。四是明沟排水降低地下水位所需时间较长，排涝效果较差；明沟排盐效果不均一，离毛沟较远位置的土地排盐效果较差，不能从根本上治理土壤返盐问题。因上述缺陷，近年来在黄河三角洲地区明沟改碱有被暗管改碱替代的趋势（图2-4）。

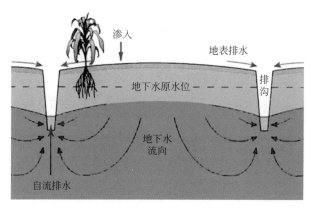

图 2-4 明沟改碱示意图

（2）竖井排水改良模式 "竖井排水"在排降地下水位、淡化地下水质、加速土壤脱盐以及防治作物渍害等方面效果比较显著，一直作为一项快速改良滨海盐土的优良技术。黄河三角洲地区传统的竖井排水改良技术，井深过大（30～40m），井距过远，由于井中汇集过多的咸度很高的深层水（表层潜水矿化度一般为5～10g/L，深度愈大矿化度愈高，30m深度可达40g/L以上），若地面排水或处理不当，可能增加区域总盐量，存在一定风险。另外，黄河三角洲地区土层中于10～20m经常出现厚度较大的黏土（重壤土）层，透水性极差，隔断了上下层的水力联系，竖井抽水过程中抽排了大量的高矿化水，但多来自深层而且由于黏土隔层的存在，下层地下水的排除并未促使上层矿化潜水的下降，因而由于灌溉和降雨入渗所形成的临时淡水层，在毛管蒸发的作用下迅速消耗，故不能促使潜水淡水层的形成。另外在建井方面，我国95%左右的管井为无砂混凝土滤水管管井，尽管设计滤水管的孔隙率达到20%左右，但其水流通道是曲折的，通径粗细不均，细颗粒进入后很难排入井中而使通道堵塞，造成几年内出水量即明显降低，使用年限少。

竖井排水也是降低地下水位排出盐碱的措施之一，但据山东水科院在黄河三角洲开展的实验表明，在本区水文地质条件下，进行竖井排水有改良土壤的作用，但作用范围较小。一般单井出水量小（10~20m^3/h），影响范围仅30~60m，且10m以下有2~7m厚的黏土隔层，对降低表层潜水位不够明显，脱盐较慢。为了提高竖井的改土效果，可采用浅而密的竖井布置，竖井的最大深度不宜超过黏土隔层的出现深度，竖井的间距不应大于120m，但这种布置必然要增加竖井的投资和管理费用，经济上可能是不合理的。可进一步试验采用大口井或真空插管井。当单井出水量太小时，可采用联井的办法，利用暗管将浅井连通起来。

（3）台田"上农下渔"综合开发模式　一个成功的土地生态利用农业生产模式，除了具有相当的经济效益之外，还应该对其所在区域的生态环境有一定的改进作用，同时改良不利的生态环境条件，获得土地利用和农业发展的可持续。在黄河三角洲实行的"上农下渔"的生态农业台田利用模式，就是建立在这个目的上的一个很好的范例（图2-5）。

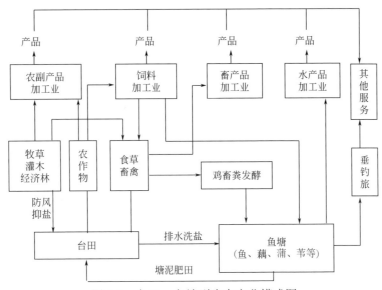

图2-5　台田-鱼塘型生态产业模式图

在黄河沿岸和其他有引黄条件的地面高程1.3~3m的低洼盐碱地带，土壤含盐量1%左右的重度盐渍土区域，可通过深挖池塘、高筑台田，实行水土分层治理,并在塘内养殖耐盐类、投饵型的当年养成的鱼苗,在台田上种植浅根性的粮食或者经济作物,以避免深根插入土壤,吸收盐分,也可用来发展优势特色产业,如种植枸杞、甘草、牧草等。"上农下渔"利用模式,有效改造了土地盐碱化,降低了地下水的水位,起到了淡水压盐的作用。鱼塘的存在,无异于一个小型的水库,有利于实现"旱能浇、涝能排",同时使附近空气的湿度也有所增加,温度也略低于不受蒸发水源影响的区域,使局部空气湿度有所增加,进而创造了良好的小气候环境。在黄河三角洲干旱炎热的夏季,由鱼塘而产生的这个温和的小环境,对于台田上的作物来说,无疑是十分有利的,因此是改造盐碱地和高效地利用低洼盐碱未利用地的成功途径之一,经济效益和生态环境效益明显。这种"台田-鱼塘"一般采用的是"四四二"的布局,即鱼塘占四分,台田占四分,道路沟渠占二分,鱼塘规格长 100m 左右、宽 30m 左右、深 3m 左右,台田高度一般都要达到 2m,若台田高度不够,超不过盐分随土壤毛细管上升的阈值,仍达不到有效改盐的目的。这种结构形式类似于珠江三角洲的基塘系统,但其田塘比例一般大于珠江三角洲的基塘比例。修筑台田的目的主要是降低地下水位和实施淡水压盐,一般在条状台田上连续种植 3 年作物后,通过淋雨和灌溉效应,土壤的盐分明显降低。在无引黄条件的情况下也可修筑台田,利用夏季雨水压盐,种植牧草,逐渐改良台田土壤。

塘内蓄水或引入黄河水养鱼,可利用台田作物、牧草、发酵的鸡粪和畜粪喂鱼。鱼塘内可采用不同鱼种分层喂养,并兼养莲藕等经济植物,可以定期挖出底泥作为台田的肥料,形成一种良性循环。有条件的鱼塘可以发展垂钓等休憩旅游活动,带动服务业发展。以台田-鱼塘为核心,构筑"上种下养"、以养促游的循环利用模式。带动发展农林产品、畜产品、水产品加工,粪肥、饲料等副产品加工业和服务业的发展。在无引黄条件下,可通过台田围堰聚集夏季雨水淋盐,种植耐盐牧草、灌木和乔木,实行周年覆盖、多年平茬和适当轮伐,逐渐改良利用台田土壤。但"上农下渔"的未利用地开发台田利用模式也存在一定的缺陷,如土地开发过程中由于水塘占用相当的面积,出地率较低,在土地开发整治工程中的出地率仅为 40% 左右;不能进行大面积机械化作业,灌溉不便;在深挖鱼塘修筑台田的过程中,把底层生土翻上地面,有机质的质量和恢复还需要一定的过程;台田完全由土壤堆成,并无任何支撑措施,在雨季或灌溉过量就容易导致台田塌方;由于台田水塘水质难以调控，若淡水缺乏，无法补充淡水，水塘水质变咸，难以发展淡水养殖；投入较大等。鉴于上述问题，在近年来的土地开发中已经逐渐放弃这种模式，已有大量台田开始被重新整治为普通灌排治理模式。但"上农下渔"模式还是能从根本上改造主要的限制因素，因此仍然具有一定的生存和发展空间。

（4）稻改模式　灌排种稻治理盐碱地的方法具有促进土壤脱盐、形成地下水淡水层（淡水灌溉）和低矿化度（微咸水灌溉）、滞蓄沥涝等作用，是世界上公认的适合于水源充足、排水条件良好地区的盐碱地改良与利用相结合的有效措施之一，也是当年投入当年见效的改碱措施。美国、匈牙利、罗马尼亚和泰国等国家都在大面积盐土上种水稻，取得良好的改碱增产效果。盐碱地种稻需经常进行灌水和排水，灌溉水需要量大，由于泡田洗碱和经常灌溉，土壤中的盐分则溶解在水中，一部分随水下渗到土壤深层，另一部分则随水排走，降低了土体中的盐分含量。结合农业技术措施（如耕作、施肥等）进一步调节了土壤的水、热、养分状况，因而提高了土壤肥力，起到了改良盐碱土的作用。在有足够水源的低洼盐碱地，通过改种水稻时泡田和长期淹灌，减少土体盐分并抑制盐分上升，通过连续几年种植水稻，土壤可得到良好的脱盐改良。

采用引黄种稻除能改良土壤之外，还可肥田。黄河水泥沙含量高，同时含有农作物需要的大量有机质和营养元素，每亩稻田年需水 1000m^3 左右，可淤厚 3cm 左右，相当于增施 3kg 氮、3kg 磷。通过种稻淤灌，使土壤中盐碱含量和有机质发生了明显变化。种植水稻改良盐碱地，作为一项成功的措施，随着生产实践的不断探索又提出了许多新模式，如稻田养鱼、鸭稻共作等。开发稻田养鱼是变平面生产为立体生产、变单一经营为综合经营，是充分而合理地利用盐碱未利用地资源发展生态农业生产的一条有效途径，具有节地、节水、节资、增产、增收的作用。稻改治理盐碱地也是我国人民治理盐碱的传统技术方法，早在三百多年前，原天津郊区塘沽地区农民就采用种稻的方法改良利用滨海盐渍土。黄河三角洲地区从 1958 年开始在打渔张灌区涝洼盐碱地放淤种稻，目前仅东营市种稻改良盐碱地 2.7 万多 hm^2。2013 年，水利部原部长杨振怀又提出要利用黄河水、沙资源，在黄河三角洲大力实施引黄淤改种稻改良盐碱地。

本模式一般适用于地势低洼、地下水位较高、水源充足、无排水出路、土质较黏、土壤含盐量 0.5%～0.8%的重度盐渍土区域发展。但长期连作，土壤易板结，肥力下降，所以在水肥不足的情况下，可采取水旱轮作，有计划种植绿肥，可提高地力，节省水量，又利于养分积累，也利于消灭田间杂草和减轻病虫害。同时应注意稻田要集中布置，不能水旱插花，稻区外围要有深 2.5～3.0m 的渗沟，否则会造成盐碱"搬家"，旱地盐化。特别是对土质黏重，地势低洼，种稻后排水不畅，土体下部积盐的稻田，不宜种植其他旱作物，否则会迅速返盐。近年来，随着三角洲地区黄河水资源的紧张，稻改利用面积有所下降。

（5）淤灌改良开发模式　放淤改良是把含有泥沙的河水，通过自流或机械抽水，引入低洼和有进、退水条件的盐碱地带，进行覆盖改良的一种措施。黄河素有"斗水七沙"之称，据统计每年进入黄河下游的泥沙多达 16 亿 t，其中约 4 亿 t 淤积在下游河道内，使河床以每年约 10cm 的速度抬高，现河道已高出两岸地面 3～7m，最高达 10m 以上，黄河下游河道的泥沙严重淤积。从黄河内挖土淤地，把黄河当作取土场，以其作为料源淤填堤沟河，无须去挖掘其他土地，造成拆东墙补西墙的问题，也不存在挖地的补偿问题，既可扩大土源，又可减少泥沙入海，进一步淤塞河口。黄河泥沙富有氮、磷、钾等有机元素，肥沃土质，可进入农田改良土壤，改善滩区群众生产生活。人们从长期的生产实践中已逐渐认识到，黄河泥沙是一项十分重要的生产资源，汛期洪水具有含沙量高、泥沙细的特点，而且所挟带的泥沙具有相当数量的农作物生长养分，对农作物生长十分有利。放淤集改碱、平整土地、改良土壤结构、增加土壤肥力等多种功能于一身，能起到一举多得的治理效果。因此利用泥沙淤改近堤洼地和盐碱地是黄河泥沙利用的一条重要途径。但要注意淤灌改良后应及时加强管理，通过完善排灌工程，控制地下水位，维持区域水盐平衡，防止土壤次生盐渍化。

20 世纪 50 年代中期，在黄河三角洲进行了 18 户流路放淤试验研究，在改良土壤的同时，还总结了放淤经验。60 年代末至 80 年代中期，针对沿黄地区存在大量盐碱涝洼地的情况，河务部门曾配合当地有关部门，利用当时洪水机遇较多、含沙量较高的条件，通过修建一定的工程设施，进行自流放淤改土，取得了巨大成功，效益十分显著，为黄河泥沙的处理和利用开辟了新的途径。虽然高含沙浓度的洪水发生的概率大大减小了，给实施自流放淤带来困难，但可以利用机械化的方式加以解决。利用简易式以及改进的绞吸式挖泥船或组合泥浆泵抽取黄河泥沙进行放淤固堤，在山东省黄河已有30多年的历史，现生产技术已非常成熟，完全可以用于堤、沟、河以及低洼盐碱地的淤填和治理。

（6）暗管改碱开发模式　暗管改碱是相对于传统明沟排碱而言的。采用暗管排水进行排碱与控渍是黄河三角洲地区近年来土地高效开发与利用的重要先进技术之一，主要用排水暗管替代部分明沟（渠），形成新的农田灌排体系，实现进一步提高土地利用率、增加耕地的目的。该技术在引进荷兰暗管排水技术的基础上，充分结合黄河三角洲地区土壤、自然环境等实际情况进行技术创新，是适合本地区的一种新的土地开发模式。这项技术通过机械化方式在盐碱土地下铺设带孔隙的管道，使融解于土壤水分中的盐分可以通过孔隙渗入管道排走，盐随水去，达到有效降低土壤含盐量的目的。暗管改碱模式施工机械化程度高，不仅能够大幅提高土地资源利用率，而且能够通过降低地下水位，控制地下盐分上升，洗盐效率高，并能充分利用降雨，从根本上防止土壤的返盐问题。

黄河三角洲地区从20世纪70年代就已经开展过暗管排碱研究，进入20世纪90年代进一步引进技术与荷兰装备，在渤海莱州湾西岸的荒碱地进行暗管改碱试验。该区属沿海低洼地带，地下水埋藏浅且含盐量高，加之蒸发量大，盐分易升至地表，作物耕层含盐量高达10～30g/kg。为确保较大幅度降低土壤含盐量，工程采用渠系排灌模式与暗管排水技术相结合的设计方案，即施工时先行开挖和修建"支""斗""农"各级排灌渠道，将土地开发工程区间隔为100～200亩为单元的条田，然后在每个条田中铺设暗管，一般与农沟平行铺设多条管道，将地下水引入斗沟排走。这一施工方法实际上是叠加了明沟排水和暗管排水两套排水脱盐模式。从土壤改良的效果看，在利用自然降水和黄河水及时灌溉洗盐的条件下，可在1～3年内使工程区土壤较快脱盐，耕作层含盐量可由10～30g/kg降至3～4g/kg，再配以其他培肥增收措施，可将大面积盐碱荒地改造为沃土和丰产田。如果是在原来已有渠系排灌工程而改碱效果较差的中低产田加施暗管改碱工程，施工内容就更为简单，只需在已有条田中加铺3～4条暗管通向农沟或斗沟就可完工。在后来的十几年暗管改碱土地整理项目中，均大体上沿用了以上模式。暗管改碱工程自引入以来，因为必须有全部排灌渠系与之配套，其出地率仍为65%左右，与传统的明沟排碱治理相比，出地率大约提高20个百分点，其余30%左右的耕地资源则被布局较密的明沟排水所冲蚀。

暗管排水系统一般由吸水管、集水管、检查井等组成。吸水管是管壁上有孔眼或缝隙,外包滤料的管道。土壤中过多的水通过管壁上的孔眼或缝隙进入管内。外包滤料的作用是防止泥沙进入吸水管内,并加大导水性,加大出水量。集水管一般是不透水管,汇集吸水管中的水,并输送至排水明沟排走。检查井用于观测暗管的水流情况,进行检修和清淤。吸水管长超过200m或集水管长超过300m应设一个检查井,以便检查、清淤和维修;吸水管与集水管的连接处也布置检查井。井距不宜小于50m,井径不宜小于80cm,井的上一级管底应高于下一级管顶10cm,井内应预留30~50cm的沉沙深度。

暗管管材和滤料是暗管排水的一个核心问题。黏土瓦管和混凝土管曾是许多国家普遍采用的排水管材,经过长期的研究和改进,生产技术、产品质量都有很大的提高和发展。20世纪40年代,英国发明的聚乙烯塑料已经获准在美国生产,美国工程师就开始研究使用"多孔塑料管"以解决机场的排水问题,随后发达国家排水材料的研究便集中于波纹塑料管。德国研制成功了生产波纹塑料管的连续压制成型的设备,这种新型管道用于地下排水很受欢迎。早期的滤料以沙砾为主,然而沙砾滤料在许多平原地区来源少,若长途转运,造价又高,所以不少国家和地区按照就地取材的原则,针对沙砾滤料缺乏地区的特点,研究出了以稻草、麦秆、锯末、棕皮等作为原料的排水管滤料,得到广泛应用。随着暗管埋设机械的出现,排水管外包料也发生了重大变化,多种化纤材料开始应用,生产工艺也逐渐向工厂化生产和管滤结合发展。我国从"七五"期间开始,引进了有关的先进技术和设备,同时也瞄准了国际上暗管排水的先进经验,水利部组织了十多个部属及地方的水利科研院所进行这方面的研究,取得了一批可喜成果。如在管材和备件上已制成了薄壁PVC管、内光波纹双壁聚氯乙烯管、石棉水泥管、改性PVC管以及相应的配套管件、保护装置等。暗管埋设机械的出现,大大加快了暗管排水技术的发展。

20世纪70年代初期,随着世界各国农田排水工程的推进与实施,各种形式的开沟机应运而生,其中以旋转盘式和刀链式的结构居多,但功能仅限于开沟,铺管作业仍为人工。20世纪70年代中期,随着塑料排水管的大量采用,荷兰开始研究制造了一种兼有埋管功能的开沟机,并经过不断的改进和应用,生产出了一系列的开沟铺管机。如今,发达国家的暗管埋设机械已经结合了激光自动控制装置,开沟、埋管、填滤料、覆土等实现了一体化,并由激光制导系统控制坡降,施工速度快、精度高。目前,埋管机械已经实现了国产化。

实践证明,暗管排碱技术改造盐碱地具有明显的优势。一是改碱效果显著。排碱工程实施后,通过控制地下水位,降低土壤的毛细水上升,抑制返碱,利用灌溉或降雨淋洗,在1~2年内使土壤迅速脱盐,从根本上解决了土壤的盐碱危害。二是运行成本低。排碱暗管埋于地下,维护简单,相对于明沟排碱每年都要投入大量资金清淤,维护费用大大降低。三是增加耕地。由于大量的排渠被暗管所代替,可增加耕地8%~11%。四是效益显著。实施暗管排碱的经济效益主要是土地改良后,每亩每年增收200~300元,同时产生良好的生态效益和社会效益。五是投入适中。由于实施暗管排碱全部是机械化作业,效率高,首次投入虽然略高于开挖明沟、明渠的费用,但一次投入,长期受用,一般三到四年即可收回(图2-6)。

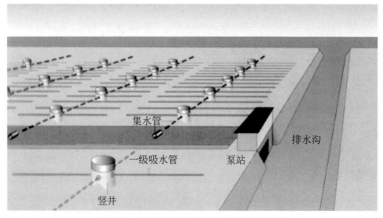

图2-6 系统的暗管改碱管网示意图

(7)综合治理模式 在常年的实践中,人们逐步认识到要防止土壤盐渍化,采取任何单项的措施其效果都是有限的,且不稳定,易反复发生,必须贯彻因地制宜和综合治理的原则。虽然各国自然条件差异性很大,盐碱土类型各异,但各国在研究和应用各项改良措施的同时,也都趋于强调综合改良措施。我国在研究防治盐渍化问题的过程中,也逐步确立了"因地制宜,综合防治"和"水利工程必须与农业生物措施紧密相结合"的原则和观点,将改土和治水有机联系起来。通过深松、深翻、深耕、晒垡和土地平整等物理改良措施以及有机培肥、生物培肥、秸秆还田和配方施肥等土壤养分平衡调控措施对实验地进行土壤综合改良，改善了土壤结构，提高了土壤养分含量。地面覆盖可以使土壤水分渗透增加125%；盐碱地通过堆肥基质覆盖后保持了水分，减少了钠的危害。随着耕种，有机覆盖基质逐年翻入耕层土壤，将进一步提升土壤有机质含量。石元亮等研究表明，施有机肥可减少潜水蒸发，抑制盐分表聚，同时可增加灌水和降水的入渗，有利于土壤脱盐。基于黄河三角洲当地丰富的有机物料，生产有机覆盖基质，可加速盐碱地改良，提升耕地质量，具有广阔的应用空间。

化学改良盐碱化土地是有别于传统改良的一种方法，在一定程度上能够松土、保湿、改良土壤理化性状，促进植物对养分和水分的吸收，一般作为工程和生物措施治理外的一项配套措施，同时要结合种绿肥，并以增施有机肥改良为基础，进行灌水冲洗以防盐害。采用石膏等化学改良剂改良盐碱土在国内外已经取得成功。随着工业技术的发展，越来越多的化学添加剂被应用到盐碱地改良中，其中从引用外源性钙质、酸性物质到高分子有机物的应用，其改良效果也有所不同。随着高分子有机物的合成，越来越多的人开始关注它与金属离子的螯合能力，尤其是与钠离子的结合能力。因此，不少人开始研究应用高分子有机物改良盐碱土。虽然高聚物改良剂可以通过改良土壤结构和土壤理化性质起到改良盐碱土的作用，但到2008年止，真正实际使用的高聚物改良剂并不多且应用量也不大，因为该方法成本较高。土壤盐碱改良剂种类较多，不同改良剂的组成、性质和作用机理的差别使得其在不同类型土壤上的改良效果相差较大。许多改良剂可能具有成本高，易造成二次污染，改土培肥效果不佳的缺点；某些现有的商品改良剂也存在作用机制不清、负面影响大和延续性差的缺点。因此，筛选环保型盐碱土改良化学材料，研制出新型的、适宜于黄河三角洲水土资源特点的微生物和化学盐碱改良剂，可为黄河三角洲盐渍化防治提供新的辅助手段。另外，改良剂对土壤盐碱的改良程度、改良效果的持续时间以及是否会对土壤造成污染，需进一步试验研究。

生物改良措施是近年来发展较快的新兴学科，它通常包括植物修复与微生物修复。国内外相关研究表明，生物措施是改良、开发和利用盐碱地的有效途径。通过生物措施改良的盐碱地具有脱盐持久、稳定且有利于水土保持以及生态平衡的效果。通过种植耐盐植物、绿肥来改良利用盐碱地，可以疏松土壤，减轻板结，增强土壤透水透气性。枝叶与死亡的根系进入土壤，分解后为土壤利用，增加土壤有机质含量，提高土壤肥力。一些树木具有吸盐能力，能够从土壤中吸收大量盐分，从而降低土壤盐分含量。施用微生物肥料可改善土壤物理性状，如降低土壤容重、增加土壤孔隙度等，这将对土壤水分和盐分运动产生重要影响。

黄河三角洲有广阔连片的草地，草可减少土壤水分蒸发与返盐，保持水土；林业方面，草是营林的先锋植物；农工副业方面，可加工草粉、饲料，进行草编；草还是造纸、制药的原料等；在渔业上，草则是鱼类的重要饵料。在近现代黄河三角洲滨海滩涂以上地带，黄河入海口、黄河故道两侧以及三角洲中部平原地区，草场广阔，土壤含盐量0.3%～0.6%，天然草场质量不佳。在开发方向上，重点封育、改良天然草场，逐步建立畜牧养护区，构筑起一种以草绿地、以草改土、以草养畜、以草养林、以草促副、以草养渔、以草促农的草业-牧业型生态农业发展模式。我国的耐盐牧草资源比较丰富，近年来随着盐碱土改良需要，人们对耐盐品种进行了广泛的筛选，筛选出了一批适宜不同区域的品种。澳大利亚为控制因地下水位抬高造成的土壤次生盐碱化，通过种植苜蓿等多年生牧草，降低地下水位，取得了不错的效果。另外加强防护林建设，可以在近地农田空间形成多层次屏障，降低风速、减少蒸发，促进近地空间的生态平衡，抑制地表返盐，确保作物正常生长发育。植树造林，树林不仅能改善农田小气候，减少蒸发，通过树木蒸腾作用，可降低地下水位，抑制土壤返盐，而且可以直接利用盐碱地生产林木果品，提高盐碱地的生产能力和经济效益，并且对生物质能源开发也有一定意义。造林治盐一般应结合渠、沟、岸、路等规划，营造防护林网来实现。

七、东营市未利用地开发利用保障机制

1. 设立"未利用地开发管理改革实验区"

在规划建设用地中划出部分土地作为"未利用地开发管理改革实验区"，按成片开发的方式，在符合国家产业政策、环境保护要求和土地节约集约利用标准的前提下，一次性出让给投资方。这对于保护耕地红线，增加土地有效供给，拓展建设用地新空间，缓解用地供需矛盾，促进城乡统筹发展具有重大战略意义。

2．建立未利用地开发激励机制

现行未利用地政策在总体上过于原则，激励强度不够，各类激励政策也不配套。在符合未利用地资源节约高效使用的前提下，对未利用地资源开发激励政策进行突破和创新，将广域未利用地视同未利用地进行开发利用，使未利用地资源发挥更好的规模效益。

3．建立基本农田集中连片保护机制

应该建立有利于促进基本农田集中保护的空间置换机制，在经过省政府主管部门严格审批的前提下，允许新开发的优质耕地与零星分布的基本农田进行等量空间置换，以达到基本农田数量不减少、质量有提高的国家要求。

4．建立广域未利用地视同机制

在开发实践中，这些与成片未利用地穿插分布的"农用地"，无法单独开发利用，必须与成片未利用地统一规划、统一开发、统一使用管理。为了促进未利用地开发的规模化、区域化和基地化，应当将这些与盐碱地本质上属于统一类型的"农用地"，在经过省政府主管部门严格审批的前提下，在政策上视同未利用地进行使用和管理。

5．建立事件驱动的规划动态机制

在市场经济条件下，未利用地开发控制面对着极为复杂多变的外部环境。因此，制定灵敏且具有弹性的调控机制是必要的。应强化规划的过程控制作用，控制方法从"时间驱动型"转向"事件驱动型"，不断促进未利用地的节约集约利用。对于特别项目用地，按"一事一议"办法解决用地指标。由市级国土资源行政主管部门提出修改或修编方案，并报省国土资源厅审批。

6．建立结果可控的滚动开发机制

强化未利用地开发严格控制和管理，防止未利用地资源的滥用与无序开发，做到"成熟一片，开发一片"，建立结果可控的滚动开发机制。参照韩国等国家的经验，以 $3\sim5km^2$ 为起步区，制定严格的绩效考核制度，健全社会参与和阳光公示机制。当已开发土地达到国家节约集约利用要求并通过绩效考核，而剩余用地不足 20% 时，启动下一个项目区的开发。

第三章　关于土地流转及农庄发展的相关政策解读

第一节　中国土地流转现状解读

　　伴随着经济的快速发展和国家改革开放，国家确定了以家庭承包联产责任制、统分相结合的农村土地体制。这种体制下，农民的生产积极性得到了有效提高，也为我国社会的经济发展做出了强大的贡献。但是，我国农村地区的发展依旧跟不上城市化、工业化、信息化的迅猛成长，不能满足规模效益农业的发展需求，以致"三农"问题成为国家以及各级政府急需解决的问题。同时，土地资源利用效率低下的问题也成为实现我国农业现代化的最大障碍。而在全国范围内展开的农村土地承包经营权流转试行活动，把农村土地流转的规范化和规模化推到了一个新的高潮。

　　土地流转是一项长久复杂的民生工程，是由传统农业生产模式向现代农业生产经营转变的重要途径，对建设农业现代化、城乡一体化有着不可或缺的作用。党的十七届三中全会于 2008 年 10 月 9 日至 12 日召开，会议审议通过的《中共中央关于推进农村改革发展若干重大问题的决定》中指出："加强土地承包经营权流转管理和服务，建立健全土地承包经营权流转市场，按照依法自愿有偿原则，允许农民以转包、出租、互换、转让、股份合作等形式流转土地承包经营权，发展多种形式的适度规模经营。有条件的地方可以发展专业大户、家庭农场、农民专业合作社等规模经营主体。土地承包经营权流转，不得改变土地集体所有性质，不得改变土地用途，不得损害农民土地承包权益。"同时我国《宪法》以及《土地管理法》都规定"土地使用权可以依法转让"，另外《农村土地承包法》针对农地承包经营权的流转也做出了相关规定。

　　农村土地经营权流转的这种方式，完成了小块耕地集中向种植能手和经营大户转移，实现了适度规模的土地改革，发挥了最大的土地经营效益，是实现新农业、高效农业的必经之路。政府对于加快推动农村土地流转有着至关重要的作用，尤其表现在相关政策、体系改革及配套服务的建立几个方面。政府部门通过引导方式保障农村土地流转顺利有效地进行，解决社会主义现代化农业建设过程中出现的土地经营权流转模式单一、土地流转机制不健全、信息不畅通等问题，保障农村土地流转健康有序地发展。

当前，农村土地经营权流转的最终目标就是建立集约化、组织化、社会化、专业化的高效农业生产经营体制。充分解放和发展农村生产力，发挥新型农村生产经营体制的高效性，实现农业生产体制大突破，是当下我国政府部门迫在眉睫的任务，是实现现代农业的必然要求。

一、土地流转

如果说中国的问题是农民问题，那么农民的问题就是土地问题。而土地问题的核心就是农村土地流转。

依照现行法，土地有两类用途和两种性质。依据土地的使用权归属，其用途可分为农用地和建设用地，《土地管理法》规定："国家实行土地用途管制制度。国家编制土地利用总体规划，规定土地用途，将土地分为农用地、建设用地和未利用地。"未利用地在利用时也必然归为农用地或建设用地。依据土地的所有权归属，可分为城市国有土地和农村集体土地，《宪法》规定："城市的土地属于国家所有。农村和城市郊区的土地，除由法律规定属于国家所有的以外，属于集体所有；宅基地和自留地、自留山，也属于集体所有。"综合用途性质，我国土地可分为三个类别：农村集体农用地、农村集体非农建设用地和城市国有建设用地。而土地的权利变动可划分为两个基本类型：一是所有权的变动，二是使用权的变动。

广义的"土地流转"，包括所有权、使用权的变动或性质、用途的变动，包括土地征收、土地出让和土地转让、土地与房屋的出租和农村集体建设用地流转、农村集体土地承包经营权的流转（转包、出租、互换、转让和股份合作）。土地征收是国家强行实现集体土地到国有土地的转变，土地出让是对国有土地使用权受让人的取得权利的设定，土地转让是国有土地使用权在不同主体之间的转移。依照我国现行法，将土地所有权从集体所有变为国家所有，政府征收是唯一改变土地性质的合法方式。土地供需双方之间的私人交易在我国是被严格禁止的。狭义的"土地流转"，是土地的用途即土地使用权的改变。在我国的土地公有制下，"征收"和"流转"构成了一对概念，都是使用权的变动。

土地流转的发生伴随着土地用途和土地开发强度的变更。土地流转的原因主要有两个方面，一是促进土地集中，实现土地生产（多为农业生产）的规模效益；二是实现土地经营方式的转型，提高土地生产效率。根据我国的实际情况，我国的土地流转主要是指农村集体土地流转。具体到农村土地，土地流转包括两种：一是农业用地的流转，二是农村集体建设用地的流转。

农民的承包地为农用地，农业经济主体在土地承包期限内，通过转让、转包、租赁、入股、合作、互换等方式出售承包权，以获得收益。农民将其承包的土地集中于农业生产大户、合作农场和农业园区，使后者达到农业规模生产。这种土地流转有利于农业用地由分散化、细碎化向集中化、规模化转变，是实现农业生产的规模效益、提高农民农业收入水平的有益方式。

农村集体经营性建设用地、宅基地等为非农建设用地。通过土地使用权的合作、入股、联营、转换等方式，鼓励集体建设用地向城镇和工业园区集中。其主要内容是，在不改变家庭承包经营基本制度的基础上，把股份制引入土地制度建设，建立以土地为主要内容的农村股份合作制，把农民承包的土地从实物形态变为价值形态，让一部分农民获得股权后安心从事二、三产业；另一部分农民可以扩大土地经营规模，实现市郊农业由传统向现代转型。

实践中，农村土地流转涉及土地用途和性质的改变，比如从农用地变为非农建设用地，或从农用地变为城市建设用地，即从集体土地变为国有土地。农用地和非农建设用地之间、城乡建设用地之间，经常发生相互转化。实践中，租赁、转包、入股、担保、抵押，甚至征收，都被笼统称为"土地流转"。

二、土地流转的影响因素

进行土地流转的农户，既有年纪较长、无依无靠的单身老人，也有未婚独居、自立门户的青年；既有受过高中以上教育、自主创业的新型农民，也有目不识丁、一辈子从事土地耕作的传统农民。农户家庭基本情况决定了家庭的发展，考察农户家庭基本情况的重要依据为家庭人口数、家庭劳动力数和家庭收入水平三项指标。家庭人口数是一个家庭的重要基础，并且决定着家庭劳动力的构成情况及家庭的消费水平与构成。家庭劳动力的数量和就业能力又决定着家庭的收入水平。家庭收入水平反过来影响家庭人口及劳动力的生活质量及各方面的发展。

影响农户土地流转行为的主要因素有农村非农产业发展水平、劳动力文化素质、人均纯收入水平、社会保障水平和农业生产结构。我国农地流转市场发展缓慢的重要原因在于，农户家庭保障水平低下和非农就业机会的限制。劳动力非农就业可以促进土地流转，非农就业成为土地租赁市场发育的一个重要驱动因素。具体到性别上还表现为，妇女留守务农与外出务工造成的家庭土地流转意愿差异明显。长期以来，农村社会保障制度缺失，使得农地承担起部分社会保障功能。倘若农村社会保障体系不建立，农民仍然把土地看作今后生活的唯一退路和保障，不会放弃土地。

20世纪80年代中期以来，中央政府颁布政策措施，引导和鼓励土地承包经营权流转，期望土地流转到种粮大户手中，促进农业规模经营。但事实上，农村土地流转率仍然较低：一是非农就业机会和水平的限制，二是满足非农就业需要的社会保障不到位，三是农村社会保障水平低。有的地方将土地流转作为农业结构调整和发展效益农业的战略措施，制定了土地流转和规模化经营的工作规划和具体指标，而农民的权益并未得到有效保护，而且在代际上，土地流转过度集中对后代农民生存权与发展权造成风险。

三、农村土地流转的新特点

现在的农村土地流转新特点有以下四个方面。

1. 土地流转方式趋于多元化

根据各地农业发展实际情况与特点，依靠广大农民和各级地方政府的实践经验，灵活安排土地流转的方式，政府很少采取行政指令式的统一推进。近几年，浙江农村土地流转方式呈现出多元化的特点。传统的土地流转方式有出租、互换和转让。新的土地流转方式有委托第三方经营、反租倒包和土地股份合作、土地信托和土地季节性流转等。浙江建德市的茶厂通过集中低产茶地夏秋茶的机械化采摘收获，实现了茶地的季节性流转。浙江龙游县的农民将早稻的耕地使用权流转给种粮大户，换得晚稻的耕种机、育秧机和收割机的使用优惠，双方实现了耕地的季节性流转，提高了土地经营的效益。

2. 土地流转过程趋于市场化

农村土地流转过程的市场化这一特点，符合农业现代化发展和土地流转

"效率"与"公平"协调统一的要求。通过运用价格机制、流转合约等市场机制，将农户分散经营的土地集中流转给以企业化、市场化运作方式为主导的工商企业和农业龙头企业，从而实现土地流转的市场化。企业通过市场机制参与土地流转，客观上解决了农户分散经营的缺陷。

3．土地流转工作趋于规范化

只有地方政府和农村集体提高土地流转项目的宣传、协调以及合同签订工作的规范化，才能适应土地流转过程的市场化。

4．土地流转价格趋于合理化

土地流转价格合理化得益于土地流转方式的多元化、过程的市场化以及工作的规范化。由于早期分散经营的农户认识水平和谈判能力不够，导致获得的土地流转价格偏低。伴随农民认识水平和地方政府、村集体协调能力的提高，土地流转价格趋于合理化。土地流转价格根据流入土地的企业经营效益和粮食价格的变化情况而确定，比一次性商定的固定流转价格更合理，保障农民获得长远的土地收益。不仅如此，有的流转合同中还规定，土地流转出去的部分农民可以就近到农业龙头企业工作，从而获取工资性收入，促进了农民收入的提高并且实现了农村劳动力的转移。

四、土地流转的第三条道路

当前中国农村土地制度变革的核心问题是土地流转机制。三十多年来，地方的土地流转除私人交易和公共征收外有极具中国特色的"中国模式"：以政府和集体的组织协调为基础，对土地供需各方的双重代表和双向协调，是其相对于"私易模式"和"公征模式"的比较优势。土地流转的中国模式，为经济增长和社会发展的中国道路奠定了重要基础。当代农村的土地流转机制，通过政府和集体在土地供需双方之间的组织协调，实现土地使用权以及所有权的顺畅流转。当代农村土地流转在单纯的市场化和行政化之外，走出了一条独特的第三条道路，对中国的经济增长、政治进步和社会发展产生了重要影响。

对于当代农村土地流转机制的惯常理解，往往局限于市场化还是行政化、私人交易还是公共征收，这样都误解了当代农村土地流转的独特机制。很多地方的土地流转，虽然名义上是依据法律的征收，实际上却是自愿谈判的结果。有些土地的流转经过政府和集体的居中协调，不是土地供需双方的直接谈判和自由交易，并非单纯的市场交易。政府和集体居中的土地流转，体现为土地所有权的行政征收（如事后签订征地协议）和土地使用权的市场交易（如事前达成租赁合同），构成了中国式行政征收或市场交易的重要基础。某种程度上，正是基于实践中典型的农村土地变动方式，既非单纯的行政征收亦非单纯的市场交易，人们才创造了"土地流转"这个中国概念。

五、土地流转的中国模式

回顾三十年来异彩纷呈的土地流转总结规律，一是基层政府和集体不可或缺，二是都采取了企业经营的方式。这两条规律，适用于土地所有权和使用权的流转。土地流转的中国模式，体现在政府和集体在农村土地流转中的组织协调作用。

当代农村的土地流转，体现为集体化的土地集中和企业化的土地经营。很多地方的土地流转，都有一个农民"私田"（使用权）收归为集体"公田"的过程。承包地的经营权和宅基地的使用权在收归集体后，就从私人的分散流转变为集体的规模流转。许多土地流转都是基于乡、村两级基层组织的通力合作：农村集体组织将原本分散零碎的农户土地集中起来，再与乡镇或更高级别的政府机构协调土地增值的分配方案。

土地流转的双重代表制，源自农村集体组织和各级政府机构的双重代表性。在农村土地流转中，各级政府机构既代表国家利益，也代表土地需求方的私人利益。政府是国家利益的法定代表。政权组织的双向协调，不仅是代表企业和农户供需双方的外部协调，而且是政府机构和集体组织的内部协调。只有政府机构和集体组织的内部协调能够统一起来，政权组织的外部协调，即对农户和企业的双重代表才能实现。乡、村两级基层组织的通力合作和相互协调，构成了政府机构和集体组织的连接点。而乡、村两级基层组织的合作基础，是党的统一领导和统筹协调。通过党的领导和协调，只要乡、村两级基层组织联系在一起，各级政府机构和农村集体组织就联系在一起，政府和基层就联系在一起，政府和农民就联系在一起。农村集体组织和各级政府机构的双重代表性，构成了作为统一人格的政权组织的双重代表性。这就是政权组织对企业和农户的"双重代表制"。

总之，当代农村土地流转的基本经验，是政府和集体特别是乡、村两级基层组织对土地的集中化和企业化运营。土地流转的中国模式，就是以政府和集体对土地供需双方的双重代表和双向协调为组织基础的土地流转机制。

当代农村土地流转的模式创新和制度改革，走了一条实验主义的渐进式改革之路。基于地方实验的渐进式改革，最大限度地确保了各方都能分享改革红利，也最大限度地避免了激进改革造成的社会断裂。只要因地制宜，从实际出发，尊重实践发展的自身规律，任何地方都可以提出具有普遍意义的制度创新和模式总结。

第二节　农村土地流转制度

一、土地流转存在的问题

虽然农村土地流转呈现出新的特点，但是现行的土地流转制度与政策仍存在许多不如意的地方，以致难以适应现代农业的发展要求。

1. 土地流转利益主体虚化

土地产权主体或其代理人模糊不清，使得土地流转的利益主体被虚化，进而难以适应现代农业市场化的发展要求。首先是农村土地的权属边界比较模糊。法律规定，目前农村的土地归社区"集体"所有，社区的居民按户承包土地，土地的经营权可以自由流转。由于"集体"所有的主体对象或其代理人不明确，导致社区经济合作组织、居民自治组织、党支部等都能成为土地的所有权主体，造成土地权属边界的模糊，从而产生权利的纷争。其次，即使土地权属边界明确，土地的权益边界受地方政府、社区集体组织、村民小组或地方家族势力的影响而变得模糊，又成为各方主体争夺利益的借口。

2. 土地流转形式分散

土地流转的主要目的是进行农业的规模化经营，是实现现代农业发展的重要途径。虽然土地流转方式已经呈现多元化特点，但农户由于土地经营效益低、家庭劳动力不足、太辛苦以及长期在外工作等原因，自发地将土地流转给亲戚、朋友或邻居，80%以上的土地流转都发生在这种小规模分散经营的农户之间。这种"散户－散户"的自发性土地流转速度慢、规模小，在适应农业规模化的发展要求方面并不具备优势。

3. 土地流转中介组织无序

土地流转供求信息的高效与准确提供是农业信息化的内在要求，对推进土地流转意义重大。一方面，分散经营的农户不会为了几亩土地的出租或转让主动寻找需要土地的陌生的大户；另一方面，大户对土地的需求数量通常较大且要求连接成片，他们也不可能主动与每个农户进行谈判。由于生产经营规模、效益和理念等方面的差异存在于散户和大户之间，导致土地需求与供给信息不对称，土地流转交易成本升高，使得"散户－大户"的土地流转路径难以成形。尽管不少地方政府在土地流转中介服务组织方面做了许多探索，但是由于运作过程缺乏秩序，导致成效不显著。土地供求双方信息流动受阻的重要原因是土地流转主体之间的信息不对称和土地流转中介服务组织的无序。

4. 社会保障体系落后

我国的社会保障体系尚未覆盖所有的农村地区，不能为土地流转出去的散户提供充分的社会保障。当土地流转费用（租金）低于农户预期时，深受传统观念"土地是养老保障"影响的农户，尤其是普通的小规模经营散户，就有可能放弃土地流转的计划。

二、土地流转制度改革的原因

农村土地流转制度改革的原因有经济因素、社会因素、观念和社会保障因素、政府推动与政策法规因素，多种因素决定了农村土地流转制度改革的最终形态。

1. 经济因素

农业规模化、集约化生产的发展以及农业经济结构调整的发展进程中对土地大规模集中的需求，与农民手中土地"闲置"或"消极经营"而形成的土地供给之间的供需市场是土地流转的最根本动力。在市场的发展过程中，由于采用的改革或发展方式不同而形成了各地颇具特色的土地流转模式。

（1）农地的需求因素　农村经济结构、产业结构调整，和农业产业化、规模化、集约化的发展而产生的对农村土地数量的需求和结构的改变是农村土地流转的需求源泉。

农业结构调整和农地规模经营促使农村土地流转。以市场为导向,以效益为原则,根据当地实际情况合理配置资源,因地制宜地形成具有地方优势、地方特色的规模农业是农村经济结构的调整要求。这就要求调整农业的生产结构方向,在确保土地农业用途不变的前提下,进行土地类型和土地功能的转变,根据本地的优势品种或产业类型进行规模生产,打破以前散户自主选择作物的做法,例如种植粮食作物的土地向种植经济作物和养殖类的转化。土地流转是在农业产业结构调整需求带动下迅速发展起来的,是产业结构调整的必由之路。企业或是将土地集中承租或是在村委会领导下将农户组织起来发展规模经营,没有农地的流转,就形成不了适度规模的生产基地,进而也就没有农业的规模化经营。

农业产业化、标准化经营需要农地流转。农业产业化是指农业与相关产业的一体化发展的过程,是实现农业现代化的根本途径。农业标准化是指以农业为对象的标准化活动,通过对农业经济、技术、科学、管理活动中需要统一、协调的各类对象制订并实施标准,使之实现统一的活动。一方面,农业产业化能够增加农业效益的需要,降低农业生产的边际成本;另一方面,农业生产必须采用统一标准的生产过程来保证稳定的市场和比较优势,满足国内外农产品市场对农产品质量和生产的要求,家庭承包制下的单家独户的经营模式显然达不到要求。

(2)农地的供给因素　农地的供给是指享有土地承包权的农民将土地的使用权进行流转,参与土地市场交易的行为。农民对土地的依赖程度决定了土地供给量的大小,即农民承担流转可能带来的风险,愿意将多少土地放置于流转市场上获取流转的收益。农民对土地的依赖程度受到自身农业收入在总收入中的比重、承包土地的面积大小以及对农业的依赖程度的影响。

可以采用非农就业率来分析农民对农业的依赖程度。非农就业率是指在一定农业生产区域里拥有土地使用权的农业生产者,脱离农业生产投入到第二、第三产业的人数和兼职投入非农产业的人数之和与土地拥有者的总人数的比例。国家统计局2000—2009年的统计公报显示,全国就业人口绝对量增加,农村就业人口的绝对量下降,其相对量更在下降,说明农民对农业和土地的依赖程度在下降。一个地区的非农就业率高,则该地区的闲置土地就相对较多,农民自身种植对土地的需求就小,农民土地使用权的流转量就大,流转率就大。

农民对农业的依赖程度同样能够体现在农民的农业收入占总收入的比重中，我国这方面的统计资料表明，农民的农业收入占总收入的比重呈现出了明显的下降趋势，农民土地流转的意愿在增强。

2．社会因素

影响农村土地流转制度改革的重要因素是社会因素，在诸多社会因素中，城市化影响权重很大。首先是农村人口向城市的流动，减少了农村从事农业生产的人口，一方面导致部分土地闲置起来，不能得到充分利用，另一方面要求提高农业生产效率。同时，城市化使农民在城镇中获得工作，具有非农收入，非农收入的增加减少了农民对土地的依赖，提高了农民土地流转的积极性，使更多的土地进入市场流转。

农民逐步从土地中脱离出来，向城镇集中从事非农业生产是城市化的一个重要特征。随着从事农业生产的农民的减少，农业生产对文化水平和技术能力要求逐渐提高，农民的生产技术和经营方式不断加强，农民通过土地规模经营，提高土地的生产率和经济效率。

3．观念和社会保障因素

自古以来，土地都是农民安身立命的根本，在影响土地流转的问题上，农村社会保障制度是否健全决定了农民观念转变的程度。在社会保障制度不健全时，土地是农民保障基本生活的命根子，农民对土地的依赖除了受农业收入的影响外，还受这种安身立命观念的影响，这是对未来生活风险的预期。目前，国家正探索农村社会保障制度，试点地区农村60岁以上农民可以享受养老保险，这为农村社会保障制度的建立和完善迈出了关键的一步，也为土地流转速度的加快、规模的扩大准备了制度条件。今后农村的社会保障制度将更加全面和深入，它会在客观上促进农村土地流转规模。

4．农业经营体制创新因素

十七届三中全会《中共中央关于推进农村改革发展若干重大问题的决定》（以下简称《决定》）在指出土地承包权长久不变的同时，又指出了农业经营体制创新的两个重要转变：一是家庭经营，提高集约化水平，要向采用先进的科技和生产手段这个方向转变；二是统一经营，能够有效弥补家庭经营势单力薄、缺乏竞争力的不足。《决定》要求："统一经营要向发展农户联合与合作，形成多元化、多层次、多形式经营服务体系的方向转变，发展集体经济、增强集体组织服务功能,培育农民新型合作组织,发展各种农业社会化服务组织,鼓励龙头企业与农民建立紧密型利益联结机制,着力提高组织化程度"。统一经营的核心问题就是提高农民组织化水平,发展农民专业合作社,发展农民多种形式的联合与合作。"服务农民、进退自由、权利平等、管理民主"这16字是《决定》勾画的农民专业合作组织发展的方向。其实,不管统一经营采取何种形式(合作社是目前国家扶持的主要形式),都涉及农业生产要素的配置与利用问题,农村土地流转就是其中的重要内容。农业经营体制的创新需要农村土地流转制度的改革。

5．政府行为因素

我国的土地流转一直遵循农民自愿、市场运作的规则,政府在农村土地流转中起着引导、鼓励和中介的作用。十七届三中全会《决定》出台以来,随着农村土地承包经营权流转的呼声越来越高,地方政府作为土地流转主体,利用公共政策资源尤其是财政资源,推进土地承包经营权统一、成片、长期流转,并提高土地规模经营效益等经济价值和农民市民化等社会价值。基层政府的农村经济管理局、管理站肩负起引导和支持土地流转的责任,设立土地流转交易中心或管理中心,为出租和承租农户、企业提供交易平台。

综上分析可以看出,土地流转受到了经济、社会、观念、政府政策因素的影响,但最主要的还是经济因素的作用,其他各项都是通过影响经济因素里的某一方面起作用。

三、农村土地流转制度设计

对现阶段农村土地流转现状、特点和问题的分析表明,只有对我国农村的土地流转制度与政策进行深入的改革与创新,才能加快现代农业的发展步伐。

1．尊重土地流转规律,坚持农民自愿原则

首先,要尊重土地流转的历史规律。尊重土地流转的规律最重要的就是坚持农民自愿的原则。我国家庭联产承包责任制的建立是一个历史的过程。家庭联产承包责任制下,农民以家庭为单位进行农业生产,虽然农业生产效率不高,但农民土地流转的积极性不高,随着农业税的取消和国家农业补贴力度的加大,农民种地的积极性有所回升,土地流转在短期内不会迅速发展。

其次，要尊重土地流转的经济规律。土地流转属于经济的范畴，其流转的程度和规模都要与国家的经济尤其是农业经济的发展水平相适应，与农业生产力的发展水平相协调。

2. 完善农村土地产权关系，明晰产权边界

土地承包经营权产权边界清晰是土地流转顺利进行的前提。目前，我国仍存在集体土地所有权性质不明、集体土地所有权行使主体混乱、集体土地所有权权能和土地承包经营权权能的不完整性等问题，这势必影响土地承包经营权顺利流转。农村土地"三权分离"的现状决定了农民拥有的土地承包权是一种具有物权属性的财产权利，而不是一种债权。中国应当按照"产权明晰"的要求完善集体土地所有权制度和"完善土地承包经营权权能，依法保障农民对承包土地的占有、使用、收益等权利"（十七届三中全会通过的《中共中央关于推进农村改革发展若干重大问题的决定》），为土地承包经营权顺利流转奠定基础。未来我国农村土地产权制度改革的基本点必须是"三权分离"，才能确保农民长期甚至永久的土地承包权，使广大农民成为真正的土地流转利益主体。

3. 完善农村土地治权结构

我国农村土地具有经济、资源、环境、生态、政治功能，在市场机制作用下，经济功能得到充分发挥，其他功能容易被忽视甚至恶意损害。土地治权结构能够为土地产权关系的实施和保护提供制度保障，形成以治理土地财产权利关系为核心内容的制度集合。因此，必须要以对"三权分离"的土地产权关系的维护与实现为出发点，以土地流转（让渡）的产权属性、功能属性、供求关系三个维度为土地治权结构建构的基础，建立"政府－中介组织－集体－农户"四位一体的农村土地治权结构，从而有效地处理农村土地流转中的各种权益关系，保障农民实现土地流转的合法权益。

4. 健全和完善土地承包经营权流转市场，完善土地流转中介组织

目前，我国土地承包经营权流转市场发育滞后，土地承包经营权流转的市场运行机制还未发育成熟，存在以下主要问题：①无土地承包经营权流转交易场所，存在"有地无市"现象；②土地承包经营权流转补偿制度和土地投资补偿制度尚未建立；③土地承包经营权流转供求信息传递在空间分布上极为分散，传递设施和手段相对落后；④未形成统一规范土地承包经营权流

转的交易市场，导致"有市无序"；⑤土地承包经营权流转的中介组织匮乏；⑥未建立和形成统一规范土地承包经营权流转的交易市场监管主体；⑦土地承包经营权流转的市场运行保障机制的相关制度没有建立。

我国农村土地在生产、经营方面的私人利益属性与资源、政治方面的公共利益属性，决定了国家宏观调控与微观市场运作相结合的土地流转机制。换言之，就是要充分发挥市场机制在现有的"三权分离"现状和与此相适应的土地治权结构下的作用。现阶段，各地初步建立的土地流转中介机构缺少完善的由上而下的网络状、多功能的体系和服务流程。供求双方信息不流畅、获取面狭窄，使得土地流转的交易成本居高不下、使用成本不断提升。因此，中介服务组织需要进一步完善，形成"土地流出－中介服务组织－土地流入"的土地流转机制。土地流转中介体系与服务网络要组织健全、运作高效、服务周全，为供求双方提供交易信息，为土地的规模经营提供快速、高效的土地流转与聚集机制。中国应当大力培育农村土地承包经营权流转市场，健全和完善土地承包经营权流转的市场运行机制，制定农村土地承包经营权流转市场交易规则，以实现土地承包经营权流转的市场交易符合"条件、自愿、规范、有序、依法"之客观要求的同时，还要根据实际情况，适时建立一些不以营利为目的的土地流转中介组织，实现土地流转的正规化、制度化。政府引导各中介机构和解决土地流转的供求矛盾具体有以下几种措施。

第一种，建立农村基层的民间中介机构。在基层政府引导和扶持的基础上，鼓励有需求的农户先组建范围不大的中介服务组织，进行有偿的土地流转中介服务。这是建立农村土地流转中介机构的第一步，是中介机构市场化的开端，待得到农民的支持后大力推广，建立更多、更大、更完善的基层民间中介机构。

第二种，由村集体或乡镇政府建立土地流转中介服务机构，登记本乡或本村的土地供需情况，为土地流转搭建平台。此外，鼓励有知识、有文化、拥有农业专业技能的人士加入中介服务机构中来，有利于推进农村土地流转中介组织的发展。

第三种，使中介服务机构参与到市场竞争中来。建立市场化的、以股份制为基础的中介服务机构，其收费标准由政府规定指导价和市场供需影响最终决定，其工作人员须经过特定的考核，保证员工的专业素质以及优良的服务意识，确保其为流转农户提供的服务效率与质量。

5．消除土地社会保障功能

现代农业的主要特征是土地的集中和规模经营，这也是农业发展的必然趋势。土地流转在促进土地规模经营的同时也使部分农民失去了土地的经营权。土地流转顺利进行的关键是能否对这些人进行合理的补偿和妥善安置。农民不愿意流转土地的原因在于市场环境和就业情况不断改变，农民希望土地的收益可以作为他们最后的依靠，所以不愿意把土地流转出去。我国的社会主义性质和国情与西方国家不同，导致政府制定的保障制度也不同于西方发达国家。西方资本主义国家的社会保障、福利等政策随着经济的发展已经比较完善。目前我们国家农村人口的社会保障没有完全覆盖，城乡的社会保障政策还存在差距，主要存在于城乡医疗卫生、就业、养老保险、失业救济等方面，现阶段加快完善农村的社会保障体系尤为重要。建立中央政府和地方政府相配合、覆盖全部农村地区的社会保障体制，制定全国统一的、覆盖全体公民的、能满足公民最基本需要的最低生活保障、医疗保障和养老保障等制度。地方政府根据当地实际情况，进一步建立和完善符合自身区域经济与社会发展条件的社会保障制度。健全的农村社会保障体系，可以让农户享受平等的社会福利和权利，对推进农村土地流转具有积极作用。

在解决农村居民基本社会保障的地区，通过经济发展的优势，加快推进土地流转制度的改革。对于还没有解决农村居民基本社会保障的地区，要继续探索"土地换社保"的具体方法与政策，逐步消除土地的社会保障功能，解除各方对土地完全自由流转的思想顾虑。政府要完善农村社会保障制度，可以从以下几个方面着手进行。

第一，健全农村社会保障项目。当前，农村社会保障仅能满足农民的基本生活问题，只涵盖医疗、养老和低保三个项目，还缺少城市社会保障项目的失业保险、工伤保险和生育保险，这使得农民的生活没有城镇人口的生活有保障。生活保障项目的不完整，生活基本资料的来源存在问题，势必会影响农民参与到农村土地流转的积极性，制约农村土地流转的高效持续运行。

第二，根据农村社会的实际需求，设立更利于社会保障落到实处的机构，使社会保障政策的执行职能落实到明确的"人"。政府机构不同，功能不同，管辖范围不同，政府应当设立专门的社会保障机构和咨询专窗，分类处理不同的社会保障问题。政府应当针对农民不同的社会保障要求，保证有相应的社会保障执行机构来实现农民的社会保障诉求。只有加强社会保障政策的执行力，才能让农民感受到"安全感"，保证农村土地流转持续不断地开展，加快实现城镇一体化。

第三，全面扩大农村社会保障的覆盖面，让农民享受到公平的对待。在发达的资本主义国家，其社会保障的范围和对象都很明确，基本上涵盖了全部需要保障的人群，其标准和条件也很明确。尽管我国农村社会保障制度在当前情况下难以做到这一点，但我们要尽量克服困难。政府部门要制定社会保障的具体实施标准、详细的操作流程，确保农民享受到社会的保障福利，这对开展农村土地流转意义重大。

6. 建立统一的农村土地价格管理系统

任何一宗土地的流转在理论上都要符合国家的相关规定，并受到法律的约束。如果土地流转没有国家的有效管理和合理规划，势必造成土地的兼并和资源的浪费、农民利益的损害。国家的介入使得土地流转实现了规范化，有利于土地的合理流动和高效利用。

当前各地农业大户以及农业合作社的发展需要大笔资金的支持，但农村金融业的发展处于相对低级的状态，导致土地经营权的抵押贷款遇到多重困难。政府可以通过统一的土地价格管理体系，解决农业大户和合作社资金难、贷款难的问题，这对农村土地流转的可持续发展有着巨大的作用。政府部门应当充分利用国家行政手段、宏微观经济政策对农村土地流转市场进行充分的引导和扶持。

首先，建立标准的农村土地价值评估体系。为确保农村土地流转积极有序地开展，政府部门先要建立一个标准的农村土地价值评估体系，这是统一农村土地价格管理系统的首要步骤。由于农村土地的流转价格受到土地本身自然条件的影响，在确立土地价格时，需要由具有评估资质的评估机构评定，并由有关土地管理部门审核通过。基层干部要确定农村土地流转的基准价格，并根据市场变化，及时做出相应浮动，使它成为农村土地流转交易的有效的参考价格。

其次，农村土地价格的公示制度。对已经登记流转农地的价值，基层土地管理部门要及时对外公布，以保证农村土地流转市场交易双方的公平、公开性。同时为农村土地流转交易提供一个合理的交易价格参考依据，避免土地价格的随意性和不合理性。

再次，实行土地价格限价制度。政府为了防止土地被贱卖，损害国家和农户的利益，可以施行土地限价制度。政府限定农村土地流转的最低价，有利于调动农户参与农村土地流转的积极性，也可以防止农户土地被恶意降价，损害农户的土地收益。政府部门在有需要的时候限定农村土地流转的最高价，防止农地价格的虚增，损害国家的利益，防止扰乱土地流转市场的事情发生。

最后，政府优先购买。对于农村地价明显低于市场标定地价的土地，政府或集体组织有权进行优先购买，在适当条件下再投放到市场，调节农村土地流转的供求价格。政府应当加强调控和监督农村土地流转的交易价格，逐步建立统一的农村土地价格管理系统。

7. 树立农业生产大户典型，加强宣传

培养典型农业生产大户对农村土地流转的宣传有积极作用。优秀的农业生产大户的土地流转经验以及生产经验宝贵又具有意义。他们的现身说法，能调动农户土地流转的积极性，能扩大政府农村土地流转的政策宣传，能加速推进农村土地流转持续有效地进行。

政府在引导农村土地流转过程中，以树立农业生产大户为切入点，加强政府扶持力度，发挥其表率作用，消除农户忧虑，调动农户土地流转积极性。

首先，寻找有意愿的农民进行引导。通过政府政策的宣传、引导，发现并选择有意愿的农民进行重点引导，鼓励他们在农业生产活动中不断创新，迎合市场开展农业生产活动。

其次，针对有意愿有资质的农民进行培训。目前，知识文化不足是我国农民普遍存在的问题，制约有潜质的规模经营主体的发展。专业课程的培训可以帮助他们提升文化素养，拓宽眼界，一步一步实现农业大户的目标。

再次，给农村注入高素质人才。目前我国农村劳动力流失严重，年轻人绝大部分到城市里从事各行各业，这严重影响了农业生产大户的发现和培养。政府应当从政策上鼓励、引进有文化、有素质的专业人才到农村去，帮助农民积极开展农村土地流转。政府应大力倡导、吸引外出人员回乡进行创业、创新。

最后，树立农业大户典型。政府各部门要把流转效益好、科技水平高的规模经营主体，作为农村土地流转的积极典范进行大力宣传，让农户知晓土

地流转的积极意义,通过其示范作用带动农民积极参与土地流转。

8. 完善农村土地流转激励机制

政府完善农村土地流转激励机制、增强土地流转积极性,可以从以下几个方面着手。

第一,政府出台政策,扶持农村土地流转。政府政策扶持、引导推动农村土地流转,对农村土地流转的开展影响重大。要改变农民靠土地生存的思想,政府就必须为农村土地流转者提供一个适宜的经济政策环境,才能真正消除流转农民的顾虑。

第二,政府应当加强财政扶持力度。政府财政支持的途径很多,可以设置农村土地流转的专项资金,加大财政扶持力度,解决农业大户、种植能手以及农业合作社的资金问题,鼓励农户进行高效合理的土地流转。

第三,建立金融信贷机构支持农村土地流转。农村的信贷制度和可实现的信贷渠道狭窄,信贷金额量少、体制不灵活,难以支撑农民进行规模化、专业化生产。土地承包主体的资金难、贷款难问题迫切需要解决。政府部门引导金融机构进入农村市场,设立农村土地流转专业咨询窗口、专业信贷资金账户,扩大信贷渠道,支持农村土地流转工作,满足规模经营主体的资金需求。政府根据农户的实际需求和自身情况,由政府担保信用良好的农户,给予较大的信贷金额,解决资金紧张的问题。对于本身经营状况好、农业收益率高的承包主体,简化贷款申请手续,加快资金到位时间。

9. 土地流转程序要规范严谨,要有健全的法律体系作保障

土地流转程序要规范严谨,要有健全的法律体系作保障,做到依法流转。我国现在土地流转的法律对流转的具体程序和步骤未作详细规定,只是原则性规定。今后我们要加大土地流转的立法工作,让我国土地流转有法可依。首先,通过立法明确土地流转中受益方的权利,实现国家、农民和第三方利益的公平;其次,通过法律保证土地流转不会造成国家耕地的减少,不会对国家粮食安全造成威胁;最后,通过法律来保证土地流转在农业内部进行,防止土地兼并和大量失地农民的产生。通过法律规范土地交易市场,保证土地流转的公平、合理。

第三节　农业补贴政策与家庭农场

一、农业补贴政策对土地流转的影响

进入 20 世纪 90 年代后，中国农户缴纳税费平均水平都有所增长，而且收入少地区（人群）的税费占其收入比例越来越高。为此，中央政府推行了农村税费改革以减轻农民负担。当前，我国实施的农业补贴政策在促进农业发展和农民增收方面发挥了重要作用。农业补贴政策完善面临着适应转变农业发展方式的压力，其与当前倡导推进农用地流转、促进农业规模经营和现代农业发展的政策存在冲突。随着土地流转规模的扩大，现行的农业补贴政策与土地流转之间的潜在不协调性逐渐显现。

1．农业补贴理论

（1）理论发展　政府通过财政对农业生产、流通和贸易进行的转移支付构成农业补贴，其实质是政府将纳税人的钱转移给另一部分人无偿使用，属于国民收入再分配。它是政府对农业支持和保护的政策工具。支持和保护以及补贴农业的主要依据有：市场失灵论、农业弱质论、国际贸易与比较优势。补贴类型与方式根据环节过程的不同、功能目标的不同、政策工具的不同，可分为：①投入补贴、产出补贴与直接补贴；②出口补贴、生产补贴、价格支持以及消费补贴；③生产补贴与收入补贴；④与生产直接挂钩、与生产不直接挂钩以及促进农业结构调整的农业补贴；⑤唯一性财政支农、主导性财政支农、导向性财政支农；⑥"绿箱支持"和"黄箱支持"。

在补贴效果与影响上，粮食补贴政策使农民直接受益，种粮积极性普遍提高，农民对粮食直接补贴政策的评价较高。总的来说，粮食直补政策对农户的种粮面积和农民收入的影响较小。原因在于，一是无论政府给予农户的补贴有多少，受土地资源的限制，粮食作物的产量难以大幅提高；二是种粮成本上升带来的抑制作用大于农业补贴对农户种粮积极性的促进作用，农业物资价格的上涨也抑制了农业补贴的促进作用。

（2）政策演变　入世前的价格补贴、农业生产用电补贴、贷款补贴和入世后的以粮食直接补贴为主的补贴方式是改革开放以来，我国农业补贴政策的演变过程。对农业生产进行直接补贴主要经历了以下几个阶段。

① 改革试点。2001年《国务院关于进一步深化粮食流通体制改革的意见》提出,对农村税费改革地区的一两个县进行补贴直接补给农民的试点。2002年粮食主产省调整粮食流通政策,改变粮食风险基金投向,实行多种形式的补贴办法来进行改革试点。从此,中国农业保护政策开启了改粮食保护价收购为直接补贴农民的重大调整。

② 全面推行。2004年《中共中央国务院关于促进农民增加收入若干政策的意见》(中央1号文件)提出,通过建立对农民的直接补贴制度来保护种粮农民利益。国家从粮食风险基金中拿出部分资金,对主产区种粮农民直接补贴。各省对本省(区、市)粮食主产县(市)的种粮农民也实行直接补贴。至此,中国形成了以粮食直接补贴、农资综合直接补贴为主的综合性收入补贴和以良种补贴、农机具购置补贴为主的专项生产性补贴以及粮食最低收购价相结合的财政补贴政策体系(表3-1)。

表3-1 财政补贴政策体系

补贴种类	补贴对象	补贴目标
粮食直接补贴	普惠制补贴种粮农民、粮食作物	减轻农产品价格波动对种粮农民收入的影响,确保粮食种植面积稳定
农资综合直接补贴	普惠制,涉及农药、化肥、柴油、农膜等农业生产资料	弥补农民因农业生产资料价格上涨而增加的支出,稳定种粮成本,保证农民的种粮收益
良种补贴	优质农作物品种,涉及水稻、小麦、大豆、玉米等主要粮食品种	引导农民采用新品种和新技术,提高粮食品质和产量
农机具购置补贴	符合补贴条件的农民和直接从事农业生产的农机服务组织	提高农业生产机械化水平,改善农业生产装备,提高劳动效率

③ 调整完善。2014年中央1号文件指出,农业补贴政策的完善要按照稳定存量、增加总量、完善方法、逐步调整的要求进行。2015年中央经济工作会议把完善农业补贴办法作为深化农村改革、加快转变农业发展方式的重要举措。2015年中央1号文件提出,对"绿箱"支持政策的实施规模和范围进行扩大,对"黄箱"支持政策进行调整改进,继续实施种粮农民直接补贴、良种补贴、农机具购置补贴、农资综合补贴等政策。

充分利用和加大"绿箱政策"范围内的政策保护措施力度,构建农村公共品补贴政策体系。对新型农业经营主体的补贴政策进行创新和完善,做好顶层设计,形成以农业补贴为重要内容的中国特色农业支持保护体系。在把中央粮食四项补贴及粮食最低收购价政策全面落实外,各地根据实际,设计出可以提高农户种粮收入的惠农政策，增强农户种粮意愿，从而维护国家粮食安全。

（3）发放方式和规模　粮食直接补贴方式如下。

按粮食售量补贴，有河北、新疆、湖北、浙江等省；按种植面积补贴，主要是山东等省；按照粮食订购量和应缴税额综合计算补贴，主要是河南等省；按农业税计税常产计算粮食直接补贴，有内蒙古、江西和安徽等地。

也可分为按农业计税面积补贴、按计税常产补贴、按粮食实际种植面积补贴和按种粮农民出售的商品粮食补贴。粮食直接补贴方式是国内最早实施和最受关注的一种补贴。

由于对粮食主产区补偿不足，各地粮食补贴方式和补贴标准不一，使得当前补贴政策的公平合理性受到质疑。各地的资源禀赋、经济发展水平、农业生产条件以及政策改革的渐进性造成当前补贴规模、补贴条件、补贴方式、补贴标准等的差异。因而，这些差异在现阶段有一定的合理性。

2001年以来，国家对农业生产者的补贴标准逐步提高，但相对水平仍然较低。与发达国家相比补贴规模小，目前美国农民收入的1/3、日本农民收入的60%来自政府补贴，而中国的4项粮食补贴在农民纯收入中所占比重不到3%。农业补贴对农民的增收作用不大，农业经营规模普遍较小是其重要原因。通过土地流转而扩大经营规模是农民增收的有效途径之一，而现行的粮食补贴政策未能充分考虑到土地流转和规模经营的长期目标。

2. 农业补贴政策对土地流转的影响

2004年以来一系列扶农、惠农、强农政策的实施，在粮食增产和农民增收目标的政策导向意义明显，也调动了农民的种粮积极性，并起到了明显的激励作用，对提高粮食产量、综合生产能力起到了积极的作用。农业补贴使得农民的土地经营预期收益改变，从而改变了农户经营土地的策略和方式，对土地流转产生了影响。

（1）收入分配效益影响土地流转　农业补贴具有收入效应和替代效应，能够相对改变各种要素的价格和收益，但在补贴较低无法改变农业生产和非农生产的比较收益时，补贴以收入效应为主，替代效应和产出效应不明显。由于农户资源的差距，同样的农业政策对不同的农户会产生不同的收入效应。农业税减免和粮食直接补贴政策的主要作用是提高地租。受补贴的影响，农户对未来农业收入预期的增加、"惜地情结"严重,不利于土地的流转。粮食补贴在耕地流转协商租金时,被作为租金的全部或其中的一部分,抬高了实际种粮农民的种粮成本,影响了土地流转市场的长期稳定,严重干扰了耕地流转价格体系的形成。农业补贴成为农地价格和地租上升的一部分,抑制了土地流转,影响了土地资源的配置效率。但是,粮食补贴政策在解决土地利用细碎化、闲置、撂荒问题及调动农民种粮积极性上具有明显作用。农村普遍存在的"熟人"之间无偿或近似无偿的土地流转,减少了外出务工导致的"抛荒"现象,就是价格支持政策有利于促进土地资源高效利用的有效证明。

(2)"人地固化"抑制土地流转　在农业补贴体系中,粮食直接补贴与土地流转的关系较大。种粮农民是粮食直补的对象,调动农民种粮积极性、促进粮食生产稳定发展是政策目标,"谁种粮谁受益"是粮食直接补贴政策的设计初衷。许多地区直接补贴的针对者为耕地的承包者,而不是土地的使用者。虽然农户将土地流转给其他农户,但其仍可获得粮食直补。这种"谁的土地谁受益"的现实与"谁种粮谁受益"的政策相悖。"如果把补贴款发放给土地流入方会提高土地的流转费用"是基层政府把补贴款发放给土地流出方而不是种粮大户的理由。粮食直接补贴政策补承包者、不补使用者,补流出者、不补流入者,并出现"人地固化",未体现对种粮大户的政策激励,不能适应土地大规模流转情况下农业发展的需要。

(3)引发土地流转纠纷　粮食补贴政策导致农业补贴利益调整和农地预期价值增加,不利于土地流转,乃至造成农村土地纠纷。同时,利益关系的调整吸引大量已经转移的劳动力回流,导致以前的土地流转合同中断,从而引发纠纷,不利于形成土地的规模经营。"谁种粮谁受益"的政策目标与"谁的土地谁受益"政策实践相背离,引起劳动力回流。农业补贴发放的实践过程中,受补贴利益主体调整和政策执行的偏差,使得农业补贴与土地流转之间产生了不协调。

农业补贴效果与土地流转有关,农业补贴对土地流转影响也是政策效应的一部分。粮食直接补贴政策具有收入分配效应,主要体现为粮食直接补贴与土地租金之间存在明显的影响效应。考虑到繁杂的利益因素,国家进行粮食补贴政策调整时需要将其与土地流转的协调放进去。通过粮食补贴向种粮大户倾斜,出台鼓励土地流转的补贴政策等途径对土地流转进行针对性的政策引导,不断完善粮食补贴政策,协同兼顾土地流转和规模经营的长远目标。

农业补贴的利益调整能够提高农民的种粮积极性，但这种激励效果被补贴所引发的问题抵消。农业补贴政策体系的不完善，不仅会影响到真正种粮农户的生产积极性和粮食补贴的政策效应，而且会通过内在关联性机制传导到土地流转，引起土地流转问题。农业补贴政策与土地流转不协调的问题根源在于"谁种粮谁受益"的政策目标与"谁的土地谁受益"政策实践相背离，同时，也改变了农村劳动力的流动。回流农民工对土地流转合同采取违约行为，而且补贴的对象错位与收入分配效应叠加在一起，进一步加剧人地固化、抑制土地流转、引发土地纠纷。当前部分农业补贴政策难以有效地推动和鼓励一般农户向种粮大户流转土地，制约着农村土地的健康有序流转和规模经营的发展。

二、办家庭农场的额外补贴

2016年一号文件提出后，农民纷纷发展休闲农业和乡村旅游，办家庭农场的农民通过享受额外补贴增加经济来源，目前很多家庭农场都做得有声有色。国家支持家庭农场的政策十分丰富，有的补贴适合所有的农庄，不同类型的休闲农庄关注项目的重点和补贴也不同，申报政策补贴可以从农庄的不同类型进行分析，申请补贴的标准不一。

家庭农场以农户家庭为基本经营单位，经营规模适度并保持稳定，不同类型的家庭农场参考标准如下。

① 种植业。要求经营流转期限在5年以上，土地集中连片的面积达到30亩以上。其中，种植粮油作物面积达到50亩以上，或者水果面积50亩以上，或茶园面积30亩以上，或蔬菜面积30亩以上，或食用菌面积达到1万m^2或10万袋以上。

② 畜禽业。要求生猪年出栏1000头以上，或肉牛年出栏100头以上，或肉羊年出栏500头以上，或家禽年出栏10000羽以上，或家兔年出栏2000只以上。

③ 水产业。要求经营流转期限在5年以上，且集中连片的养殖水面达到30亩以上（特种水产养殖面积达到10亩以上）。

④ 林业。要求山林经营面积500亩以上，或苗木花卉种植面积30亩以上，或油茶80亩以上，或中药材种植30亩以上。

⑤ 综合类。综合性农场，应含种植业、畜禽业、水产业、林业、烟叶类

型中的 2 种以上，并且每种类型达到相应规模的一半以上。旅游、特色种养、休闲观光为一体的综合性农场，要求面积 10 亩以上，餐饮住宿设施齐全。

⑥ 耕地的承包期为三十年。草地的承包期为三十年至五十年。林地的承包期为三十年至七十年；特殊林木的林地承包期，经国务院林业行政主管部门批准可以延长。

1. 申报建立家庭农场

家庭农场既能享受到国家政策，同时可以继承和发展，而且家庭农场涉及农业规划、财产、品牌建设、农场继承等一系列问题，必须进行"登记"。只有登记为家庭农场才能获得国家认可，便于认定识别、政府管理与政策支持。

申报建立家庭农场的程序参见第五章第一节内容。

2. 享受补贴的农庄类型

（1）所有农庄

① 基础设施方面。所有的农庄基础设施建设都向政府协商解决。在农庄建设之前与政府沟通，通过把农庄建设项目进行立项，向政府部门进行汇报，申请配套设施，减轻农庄资金压力。如果建好后再沟通和申请就很难拿到补贴。

② 休闲方面。农业局一二三产业融合项目重点支持发展休闲农业的园区。国家和各省每年都会评定休闲农业示范点、示范园区等经营好的农庄典范，农庄都可以进行申报，但要求园区面积达到 80 亩以上。

（2）产业类农庄　根据产业不同，可以分为蔬菜产业、水果产业、林业产业、水产养殖、畜禽养殖和加工产业等方面。

① 对于蔬菜种植、水果产业和茶叶产业等，可以申报农业农村部的园艺作物标准园建设项目，每个项目补贴 50 万～100 万元，要求设施 200 亩以上、露地 1000 亩以上。

② 林业产业。可以申报林业局的名优经济林示范项目，每个项目 200 万元以上；林业局林下经济项目，一般补贴在 10 万～30 万元。可以向林业局申报成为国家林下经济示范基地、国家绿色特色产业示范基地。

③ 加工产业。农业局农产品产地初加工项目、农业局开发性金融支持农产品加工业重点项目、工信局技术提升与改造工程项目。可以向农业局申报成为农产品加工创业基地、农产品加工示范单位。

（3）观光餐饮类农庄　观光类农庄可以向旅游局申请旅游专项资金、旅游扶贫资金等。在贫困村建设的项目，还可以申请旅游局贫困村旅游扶贫项目资金。自由基地发展餐饮的农庄还可以申请三品一标的认证及相关补贴，申请建设优质农产品生产基地。

（4）运动体验类农庄　运动体验类农庄是以优雅环境、运动拓展、活动体验、亲子教育等为特色。这类农庄多设置于市郊，方便都市白领等高收入人群自身与孩子参与体验，以及公司活动组织进行团队训练。可以申请教育部的教育基地、学生课外实践基地、儿童和青少年见学基地等。

（5）特色类农庄　特色文化类农庄是依托当地的特色文化、特色饮食、少数民族文化、服饰等特有的产品和文化所建设的休闲农庄。发展特色文化的农庄可以申请文化产业发展专项资金，向县委宣传部和文化局等单位申报。

（6）科教类农庄　科教类农庄主要是在农庄内利用现有的现代农业技术进行农业生产，并逐步将自主研发技术进行试验示范与推广，并将现代农业技术进行展示、展览与体验，让人们认识与体验现代农业的进步与技术发展。这类农庄主要涉及的是科技局的相关项目，农业科技成果转化、星火计划项目、科技推广与集成技术示范项目等。

其实农庄类型都会相互融合，都可以从多个角度进行资金申请，例如科技类农庄同时可以发展农业产业，运动体验类农庄可以发展观光餐饮。关键是庄主们要学会将自己的农庄从不同的角度进行分解，既可以享受产业类，又可以向科技类、旅游类和特色类靠拢，争取从多个部门申请到更多的资金。

3．补贴项目与补助金额

（1）扶持"菜篮子"产品生产项目

受理单位：农业农村部（各县农委、农业局）。

支持范围：重点扶持蔬菜（包括食用菌和西甜瓜等种类），适当兼顾果、茶，每个设施基地200亩以上（设施内面积，资金补助数额：5000元/亩，不超过300万元），每个露地基地1000亩以上。

资金补助数额：5000元/亩，不超过300万元。

申请申报时间：7～8月。

（2）种子工程植保工程储备项目

受理单位：农业农村部。

支持范围：从事蔬菜集约化育苗3年以上、已有年培育蔬菜优质适龄壮苗500万株以上，近3年内未出现假劣种苗问题。

资金补助数额：中央资金500万元以内。

申请申报时间：5～6月。

（3）龙头企业带动产业发展和"一县一特"产业发展试点项目

受理单位：财政部。

支持范围：农业基础设施、良种繁育、农业污染物防治、废弃物综合利用和社会化服务体系等公益性项目建设，以及新产品新技术推广应用、农产品精深加工等。

资金补助数额：500万～800万元。

申请申报时间：10月。

（4）农产品产地初加工补助项目

受理单位：农业农村部、财政部。

支持范围：重点扶持农户和农民专业合作社建设马铃薯贮藏窖、果蔬通风库、冷藏库和烘干房等产地初加工设施。

资金补助数额：先建后补，视具体情况。

申请申报时间：9月。

（5）扶贫项目

受理单位：扶贫办。

支持范围：带动农民增收性强的农产品加工产业。

资金补助数额：500万元。

申请申报时间：不定。

（6）中型灌区节水配套改造项目

受理单位：农业综合开发办公室。

支持范围：粮食主产区，灌区位于或跨越农业综合开发县（市、区），灌溉面积为5万～30万亩。

资金补助数额：单个项目的总费用不超过2000万元。

申请申报时间：8月。

（7）农业综合开发产业化经营项目

受理单位：农业综合开发办公室。

支持范围：种植、养殖基地和设施农业项目；棉花、果蔬、茶叶、食用菌、花卉、蚕桑、畜禽等农产品加工项目；储藏保鲜、产地批发市场等流通设施项目。

申请补助数额：300万元。

申请申报时间：6月底。

（8）农业综合开发专项－园艺类良种繁育及生产示范基地项目

受理单位：农业综合开发办公室。

支持范围：种植、养殖基地和设施农业项目；棉花、果蔬、茶叶、食用菌、花卉、蚕桑、畜禽等农产品加工项目；储藏保鲜、产地批发市场等流通设施项目。

申请补助数额：300万元。

申请申报时间：6～8月。

第四章　　有机农庄发展现状

第一节　有机农庄的概念

随着经济的不断发展和工业化步伐的加快，工业"三废"的超标排放和农用化学合成制剂的大量使用已对人类赖以生存的环境造成了严重危害，生态平衡遭到前所未有的破坏。于是我们的生活必需品包括蔬菜、粮食、畜牧产品等都不可避免地遭到污染并且无时无刻不在危害着消费者的健康。20世纪70年代以来，许多人开始注意到，以石油化工为基础的现代农业是有利有弊的，在使得人类社会生产力大幅提升、拥有越来越多的物质产品的同时，由于化肥、农药等化学制剂的广泛使用，土地生产能力不断下降，生态系统遭到破坏的副作用早已开始显现，环境和食品已经受到不同程度的污染，这是谁都无法回避的现实。进入21世纪以来，食品的量已经不再令人担忧，人们关注的目光开始聚焦到食品安全问题上。近年来，一些重大的食品安全事故屡屡曝光，消费者对于寻求安全、健康食品的呼声也越来越高，因此作为食品原材料的农产品来说，其质量的保证就被推到了风口浪尖。之前农业农村部发展无公害食品和绿色食品取得了一定的成绩，也积累了不少值得借鉴的宝贵经验。有了前期经验的铺垫，从2002年开始，将有机食品和绿色食品、无公害食品进行综合部署，全面推进其发展，将农产品的安全性、生态性上升到一个比较高的平台。有机农庄以产业化为主导，是一种高产、高效、优质、安全、生态的新型农业发展模式与体系，可以促进农业的可持续发展。

美国海洋生物学家蕾切尔·卡逊在1962年出版了《寂静的春天》一书，她在书中描写了生态环境遭到破坏后出现的种种情景。20世纪70年代以来，现代常规农业一方面给人类带来高产出率和极其丰富的物质财富，然而在另一方面又由于大量施用化肥、农药等农用化学品，使环境和食品受到不同程度的污染，自然生态系统遭到严重破坏，土地持续生产能力持续下降，造成了现代农业体系内在的不稳定性和不可持续性,人类社会正面临着《寂静的春天》中所描述的种种威胁,越来越多的人正在关注这些情况。为了探索农业发展的新途径,各种形式的新型农业模式应运而生,其目的都是为了保护生态环境,合理利用自然资源,实现农业的可持续发展,有机农庄正是其中的典型代表之一。

那么有机农庄的定义是什么呢?它是在有机农业的基础上所进行的一种农业生产体系。因此我们首先要知道什么是有机农业,通常情况下人们认为不使用农药和化肥的农业可以称之为有机农业。但这只是有机农业必须要满足的基本条件,并不是有机农业的实际内涵。自1924年奥地利哲学家鲁道夫·斯坦纳提出生物动力学农业和1940年英国植物病理学家霍华德提出有机农业以来,有机农业就有了很多的定义,这些定义的描述不尽相同,但是意义相近。为了使大家更好地理解什么是有机农业,以下介绍几个比较为人们普遍接受的有机农业的概念。国际有机农业运动联合会给有机农业的定义是:有机农业包括所有能促进环境、社会和经济良性发展的农业生产系统。这些系统将当地土壤肥力作为成功生产的关键,通过尊重植物、动物和景观的自然能力,达到使农业和环境各方面质量都最完善的目标。有机农业通过禁止使用化学合成的肥料、农药和药品来极大地减少外部物质投入,强调利用强有力的自然规律来增加农业产量和抗病能力。有机农业坚持世界普遍可接受的原则,并依据当地的社会经济、地理气候和文化背景具体实施。从这个定义里我们可以看出,发展有机农业的根本目的是达到社会、经济和环境三大效益的协调发展。有机农业在生产过程中非常注重系统内营养物质的循环,遵循自然规律并强调因地制宜的原则和土壤的质量。

通过分析以上几种对有机农业定义的描述,我们可以认为有机农业生产是一种强调以生物学和生态学为理论基础并杜绝使用农用化学品制剂的农业生产模式。有机农业的特点可以简单归纳为以下几点:通过建立循环再生的农业生产方式来保持土壤的长效肥力;土壤、植物、动物应该得到人们的同等关心和尊重,并把人类看成是有机整体中的环节;按照自然规律从事农业活动,在生态环境与土地效力可以承受的范围之内进行耕作。

综合以上国外有机农业的定义与有机农业的相关特征,国家环境保护总局有机食品发展中心将有机农业定义为,有机农业是指在作物种植与畜禽养殖的过程中不使用化学合成的农药、化肥、生长调节剂、饲料添加剂等物质和基因工程生物及其产物，而是遵循自然规律和生态学原理，协调种植业和养殖业的平衡，采取一系列可持续发展的农业技术，维持持续稳定的农业生产过程。有机农业的核心是建立良好的农业生产体系，而有机农业生产体系的建立需要有一个过渡或有机转换的过程。

相对应的，有机农庄即指遵照一定的有机农业生产标准，在生产中不采用基因工程获得的生物及其产物，不使用化学合成的农药、化肥、生长调节剂、饲料添加剂等物质，遵循自然规律和生态学原理，协调种植业和养殖业的平衡，采用一系列可持续发展的农业技术以维持稳定持续的农业生产体系的一种农庄。

第二节　各地有机农庄发展的典型实例及经验

1. 江苏句容市茅山丘陵腹地有机农庄

2006年，刘伟忠以江苏句容市茅山丘陵腹地为研究区域，以有机农业产业发展状况为研究对象，并对该地区有机水稻种植和有机水果种植进行了详细的实地调查研究，调查评估最终转化为经济效益、社会效益和生态效益的数据指标。通过数据分析得出，发展有机水稻、水果种植有利于提高当地农民经济收入，提高土壤有机质含量，增加生物多样性，具有明显的经济、社会和生态效益。同时指出了句容市有机农业产业中资金投入不足、有机农业用地流转调整不规范、对农民进行有机农业生产相关培训等问题亟待解决。此外，还提出了建立有机粮油、有机林果、有机蔬菜和有机畜禽的有机链网的产业模式，并通过发展地方的有机农业合作社，将有机农产品的加工、流通与农业旅游相结合，以延长有机农业产业链，促进有机农业的快速稳定健康发展，给我国有机农业产业发展以新的启示。

2. 君源有机农场

河南君源有机农场目前有新郑观沟、济源王屋山竹泉、济源王屋山五里桥、海南海口澄迈4个基地，4个基地占地4500余亩，以生产高标准有机蔬菜及生态养殖为主。君源有机农场依托原生无污染的土壤和良好的自然地理环境，建立了一整套严格的生产种植、严密的品质控制、快捷的流通控制等七大体系，种植方式还原蔬菜原始生长状态，做到无农药、无化肥、无激素、无残留、无转基因。君源有机农场使用的有机肥以牲畜粪便、绿肥及其他植物残体为原料，用EM菌进行发酵以增加供植物吸收的各类营养物质，不存在化学农药残留问题。防治虫害则采用物理方法，比如使用黑光灯诱虫，用不同颜色的板粘住昆虫等。灌溉用水取自深层地下水，纯净无污染。种子采用荷兰、比利时、以色列等农业发达国家及中国农科院优质种源。在种植的各个方面，遵循农作物的自然生长成熟规律，真正做到有机种植。君源有机私家农场集有机耕种、培育采摘、休闲娱乐为一体，是都市观光休闲农业新的发展模式。

3．大连田祖现代示范农庄

位于大连庄河市大郑镇葛炉村的大连田祖现代示范农庄占地3200亩，投资2800万元。整个农庄按照有机食品的标准进行生产，主要产品有茼蒿、油菜、苦菊、水萝卜等10个品种的蔬菜，随季节变化还会增加其他品种，多达30种。大连田祖现代示范农庄采取会员制模式，收取会员费。会员每年交纳3万元会费，农庄给会员配送全年蔬菜。2011年五一试运行之后，在2个月内会员达到了1000多人，实现销售收入3000万元。

大连田祖现代示范农庄面对的销售对象主要是市内的富裕阶层，由于农场离大连市区有120多公里，向大连市区配送成本较高，目前主要会员都是庄河城区的用户，庄河城区人口约50万，这也反映出该农庄发展空间的局限性。

大连田祖现代示范农庄建立了自己的物流配送体系，每周为客户配送蔬菜。还建有高清远程视频监控系统，会员可以通过互联网，在家监看蔬菜种植情况。但是由于受到气候影响，冬季时间较长，并且在冬季生产的蔬菜品种较少，故而可能会影响会员对农庄的满意度。

4．上海多利农庄

多利农庄，2005年成立于上海，在上海和北京两个城市进行有机蔬菜销售，是中国最大的专业从事有机蔬菜种植和销售的企业之一。该农庄在黑龙江、宁夏、浙江、福建、四川、云南和海南等区域有有机农业生产基地共计10余个。多利农庄采用"从田间到餐桌"直供会员的服务模式，在上海地区共拥有个人及家庭会员1万个，企业会员50多个。多利农庄在土壤改良、有机肥、有机植保、农产品包装、全程冷链配送等各个环节均有严格的管理和把控。运用先进的物联网和云平台等技术建设"智慧农庄"，实现有机食品质量追溯和现代农业系统综合管理。其定位为都市农业，盈利对象是上海市的中高端人群，目标人群每年会拿出1万元左右用于蔬菜购买，4000元的会员卡享有的是每周配送一次蔬菜。多利农庄在经历了有机转换期之后，其盈利模式的定位是高端定位，即与奢侈品联合做活动。运用多种利润杠杆解决了雇佣基层农民、"卖不掉"、配送等难题，消除了利润屏障之后，实现了多利农庄的盈利目标。

5．北京爱农商务服务有限公司

北京爱农商务服务有限公司，依托北京农委在北京各区县建立的有机农场，通过发展会员的模式，销售有机蔬菜的礼品卡。爱农卡就是其主要的产品形态，按照其功能和使用方式分为以下四个种类：通用卡、提货券、提货卡和定期配送卡。会员通过购买爱农卡取得会员资格，可以通过电话和网络订购有机农产品。目前发卡量超过15万张，会员人数超过10万人。同时爱农卡也在着力发展集团用户，目前的集团用户涵盖了医院、部队、学校、公司、政府、行政事业单位等。持卡会员除了能享有有机农产品订购的权利，还可以在爱农卡签约的京郊几百家商户进行消费，并享有一定的优惠。这些特约商户包含农家乐、旅游景点、民俗村、餐饮娱乐等，农庄也会定期举办一些京郊民俗旅游推荐会等活动。改革开放40多年来，北京"菜篮子"发展经历了起步阶段、数量型发展阶段、规模化发展阶段和品牌建设阶段，初步形成了投资主体多元化、经营业态多样化、经营方式连锁化、品牌建设特色化、市场需求大众化、从传统产业向现代产业转型的发展新格局。2009年，受金融危机影响，我国餐饮行业出现了大规模的结构调整，连锁企业、配送中心、社区早餐服务网点、主食厨房等在大众化餐饮服务企业蓬勃发展，更多趋向于本色化经营，而且更加注重饮食本身的健康、营养和搭配。

大连田祖现代示范农庄、上海多利以及北京爱农三个有机农庄对比，大连田祖现代示范农庄主要的收入方式为会员会费收入，盈利点单一，抗风险能力较弱。多利农庄收入方式较多样，既有会员会费收入，也有非会员零售收入、集团用户团购收入，盈利点组合较均衡，抗风险能力较强。爱农卡主要通过储值方式形成收入,用户购买爱农卡主要是用来送礼,所以容易形成收入的季节性,现金流不稳定。对比分析后可以清楚地看到,多利农庄的盈利点多,形成交叉组合,盈利点最合理。这三家企业盈利对象都定位于城市中的中高端消费人群,符合有机农产品的消费人群定位。三家企业也略有差异,大连田祖现代示范农庄由于所处县级城市,所在城市人口较少,会影响其发展空间。多利农庄主要服务于北京、上海两个特大型城市,高知和高收入人群众多,为发展赢得广阔空间。爱农卡储值形式是由于它最初的市场定位就是礼品市场,容易造成消费者忠诚度不高的问题。多利农庄地理优势明显,同时又是定位于会员家庭日常消费,用户定位更精准,用户需求更稳定。

在食品安全问题备受关注的今天,有机食品有着巨大的市场潜力,人们对有机蔬菜、有机农产品、有机农场的关注度越来越高,显然这是有机农场的发展机遇。但同时,随着社会对"有机"这一概念逐渐地明确起来,这也是对有机农场发展的挑战。与此同时,个性化定制的销售模式正在走红,许多社会中层以上的消费群体需要并乐意为健康生活买单,会员制有机农场应运而生。有机农场行业发展空间广阔。国家政策也大力鼓励发展有机农业,尤其是十八大以后,国家更是明确鼓励家庭农场,建设生态农业。一个成功的有机农庄的建立需要高知识水平的人才、地理优势及有机农产品销售群体。中国有机农业起步较晚,还有很大的发展空间。

第三节 国外有机农庄发展经验及比较

近年来,有机农业发展迅速,其生产方式在 100 多个国家得到了推广,有机农业的面积和种植者数目逐年增加。全世界进行有机农业管理的土地面积已超过 2200 万 hm^2。此外,被各种认证机构认证为"野生收获植物"的面积有 1070 万 hm^2。有机产品市场不但在欧洲和北美(全球最大的有机市场)拓展,在其他一些国家包括发展中国家也持续扩大,其中西欧和美国大约 1% 的农民在从事有机农业的生产,在美国,有机农场遍布全国各地。相比较而言,亚洲的有机农业有着较大的发展潜力。

1. 大洋洲有机农业发展现状

大洋洲有机农业发展较好的国家为澳大利亚。报告显示,截至 2009 年,澳大利亚的有机农田面积为 120 万 hm^2,约占世界有机农田总量的 32%,有机农业从业人员为 2129 人,有机产品的销售额达 5 亿欧元。其中,畜牧业所占比重较大,其次为粮食作物和蔬菜等园艺产品。同时,截至 2009 年,澳大利亚有机认证企业已达到 2986 个,其中约 3/4 是从事农牧业生产,占澳大利亚农牧业生产者的 1.6%。

澳大利亚有机食品种类庞杂,包括肉类、蔬菜、水果和乳品等。从其产品结构分析,有机肉类约占澳大利亚有机农场总价值的 44%,其中牛肉是规模最大的有机产品,约占畜牧业的 20%;有机蔬菜、水果占有机农庄总价值的 35%;有机乳品占有机农庄总价值的 6%。

从其市场消费区分析,澳大利亚有机食品出口到世界近 30 个国家和地区。其中,最大的消费地是日本,约占总出口量的 33%;其次为英国占 17%,法国占 11%,新西兰占 10%,美国占 6%。从长远来看,中国和韩国也将是其重要的出口市场。澳大利亚有机农业的快速发展,是因为其有众多致力于研究有机食品的机构、充足的资金支持以及完善的认证管理和法规体系。

2. 北美洲有机农业发展现状

在北美洲,美国有机农业的发展速度相对较快,其组织经营也相对较为完善。据报告显示,截至 2009 年,美国的有机农田面积为 194 万 hm^2,约占其国内农田面积总量 0.6%;有机农业从业人员为 12941 人;有机产品的销售额达 200 亿欧元。另据美国农业部(USDA)的统计数据,美国 2007 年有机农场数量为 20437 个。目前全美 50 个州均存在有机农业的生产活动,其中加州为美国最大和最发达的农业州,其有机农业面积占全美的 14.4%。

近年来,美国有机食品销量增长较快的产品分别为肉类、乳制品、水果和蔬菜、面包和谷物制品。由于美国有机食品生产的标准严、过程要求高,生产成本随之增加,造成了美国有机食品的市场价格普遍高于同类产品。这种状况一方面是对有机食品生产者的激励,另一方面也成为限制消费者购买有机食品的重要因素。然而,随着公众对食品安全与健康生活日益关注,有机食品依然有着广阔市场。目前,美国约有 80% 的有机产品依靠进口,而本土生产的有机产品多数在国内销售,只有 5%~7% 销往国外。

已有研究表明,美国有机农业以家庭经营的农场为基本生产单位,同时还存在着大量农业合作组织，其主要职责为维护农民的共同利益和宣传推销农副产品。美国政府一直将农业科研和推广视为其重要职责，其有机农业的相关科研活动也直接面向生产。政府通过各州的大学在当地设立农技推广办公室，使农业科研直接服务于生产，生产中面临的问题也直接反馈给科研机构，使研究成果迅速转化为生产力，真正做到生产、教学、科研的"三位一体"。

3．欧洲有机农业发展现状

欧洲有机农业发展中，德国的有机农业发展较快。据报告显示，截至2010年，德国的有机农业面积为99万hm^2，约占其国内农田面积总量的5.93%，有机农业的从业人员为21942人，有机产品销售额为60亿欧元。

英国的有机农业从业人员相对较少，但有机产品的销售额很高，这主要得益于其有机产业链的不断完善以及有机农业理念的不断普及。报告显示，截至2010年，英国的有机农田面积为69万hm^2，约占其国内农田总面积的4.34%，有机农业的从业人员数为4949人，有机产品的销售额达20亿欧元。

根据Soil Association（土地联盟）的《Organic Market Report 2012》（《有机产品市场报告2012》），2010—2011年英国有机产品市场中所占份额上升的营销方式分别是箱子计划、送货上门、邮购和餐饮服务。同时，有机产品市场中所占份额上升的产品为婴儿食品和新鲜家禽制品。资料显示，83%的英国家庭会购买有机产品，消费者平均一年购买有机产品的次数为13次，而且消费者中年轻人的比重不断上升，这说明有机产品的消费理念在英国已经较为普及。

4．亚洲的有机农业发展现状

亚洲有机农业起步相对较晚，目前发展状况较好的国家为日本，中国近年也取得了较大的进步。报告显示，截至2009年，日本的有机农田面积为9067hm^2，约占其国内农田总面积的0.23%，有机农业从业人员数为2137人，有机产品的销售额为10亿欧元。

在日本，有机方式、生态生活和慢食主义成为了新一代日本青年中最为流行的生活方式。日本国内有机产品产量较高的是蔬菜和大米。日本主要本着提高农产品自给率与环境保护并举的原则发展有机农业，其有机农产品流通的主要形式有 6 类：通过建立产销联合组织，实行直销；由专业流通配送组织实行宅配化；由生协组织配送；大型连锁超市、大卖场与有机农产品生产基地实行订单销售；设立连锁专卖店进行销售；外食加工企业与日本国内外有机农产品基地实行订单直销。日本农业可持续经营重视组织管理机构及相关法律法规、认证程序、经营情况、运行机制，主要支持生产者－消费者"提携"系统：生产者与消费者通过直接对话与接触，加深相互了解，双方都要提供人员及资金去支持本身的运输系统，设立运输站，3～10 个家庭的消费者可直接取得已运抵的产品。

5. 国外有机农庄发展对中国的启示

中国有机农业起步于 20 世纪 90 年代。据《2013—2017 年中国有机农业深度调研与投资战略规划分析报告》数据显示，目前，中国有机产品以植物类产品为主，动物性产品相对缺乏，野生采集产品增长较快。植物类产品中，茶叶、豆类和粮食作物比重很大；有机茶、有机大豆和有机大米等已经成为中国有机产品的主要出口品种。而作为日常消费量很大的果蔬类有机产品的发展则跟不上国内外的需求。2003 年后，随着《中华人民共和国认证认可条例》的颁布实施，有机食品认证工作划归认监委统一管理以及有机认证工作的市场化，极大地促进了有机食品的发展。截至 2010 年底，全国从事有机产品认证的认证机构共有 26 家，发放有机产品认证证书 4800 张，获得有机产品认证的企业 4000 多家，有机产品认证面积达到 260 万 hm^2。

中国有机食品不仅在国际市场有较大的发展空间，在国内市场发展潜力更大。针对我国目前有机农庄发展现状，国外有机农庄的发展对我们有很大的启示和指导作用，具体如下。

（1）加大政府对有机农业的扶持力度　在有机农业市场发育不够健全阶段，政府必须对其进行必要的扶持和引导，有机农业才能实现持续、健康发展。首先要完善有机食品认证与监管体系，制定有机农业与有机食品的法律法规，普及标准化生产方式，对有机产品生产、加工、包装、运输、销售各个环节实行全程质量监控。其次要对有机食品的生产进行补贴，在生态环境建设、商品基地建设、农业综合开发和技术推广等项目中，资金向有机农业开发倾斜，保护和提高有机食品生产者的积极性。最后要建立、培育和完善有机农业的社会服务机构，加强行业管理，提高行业组织化水平，把农民、企业、科技人员、市场等各个环节紧密结合起来，逐步形成完善的服务体系。

（2）加强有机农业市场化建设　中国应建立各级有机农产品管理中心与运销组织，充分协调各方力量，实行地区间的相互配合，采取产销联合、定点销售、开设专卖店等办法，建立便捷而完善的多元化流通体系，可重点建立和完善"销售龙头企业带动式"和"产销直挂式"相结合的流通模式，同时要开拓灵活多样的有机食品零售渠道，重点加强消费者服务策略、品牌形象策略和销售保证策略的建设。

（3）加快有机农业技术的研究、示范和推广　有机生产基地禁用化学合成物质，势必要求较高的生产技术与之配套，只有通过先进的科学技术来解决生产中遇到的问题，有机农业基地才能健康稳定发展。因此要加快有机农业生产关键技术、病虫害防治、有机食品加工、包装、运输、储存技术等方面的研究，将农业科研、教学、生产紧密结合，形成"三位一体"模式，为有机农业的发展提供技术支撑。

（4）加大有机农业的宣传培训力度　充分利用大众媒体，加大有机农产品的宣传，快速、便捷地传播有机理念和有机农产品信息。一方面使农业经营者思考自然资源的有限性，适应形势发展的需要，调整经营理念，提高实施有机农业的积极性；另一方面通过大力推介和推广有机农产品，树立安全优质农产品的品牌形象，扩大消费需求，从而拉动有机农产品的生产、贸易和流通。同时，要加大有机农业培训力度，依托农业科研院校与科研机构，有针对性地对有机农业推广人员、有机农业种植者与经营者等不同群体开展相关培训。

（5）完善有机农业信息化网络建设　由于信息闭塞，许多有机生产者不知其产品的市场定位，造成了产品"优质不优价"的局面。政府主管部门应该建设国家层次的有机农业信息交流平台，协同民间的各类组织和机构，为有机食品生产企业提供切实有效的市场信息服务。有机农业经营者应高度注重农业信息的有效利用，通过网络及时获知有用的市场信息，有条件的地区可以实行有机农产品网上订购与邮购，准确把握市场和商机，利用多渠道解决有机生产产前、产中和产后过程中出现的困难。

第五章　有机农庄的创办和经营

有机农庄的根本实质是农场农产品的有机，农庄的有机植物要求在其生产、加工、储存、运输整个过程中不能使用含有化学农药、饲料添加剂的投入品，没有引进基因工程生物及其产物的农产品。有机农庄的产品需要得到有机产品的认证后，生产的产品才称得上是有机，才能成为名副其实的有机农庄。由于有机农庄的创办和经营需要很长的运行周期以及持续不断的大量资金投入，所以想要经营好一个有机农庄，农庄庄主就必须对自己的农庄有一个全盘的谋划和打算，因地制宜规划好农庄未来的经营和发展模式，并结合农庄自身特色，打造属于自己的品牌，寻找到最适合自身的盈利模式。

第一节　有机农庄的认定和创办

一、农庄的认定

1. 农庄认定标准

2013年，国家中央一号文件大力提倡发展家庭农场，农庄的认定也已经明确，具体有三方面的要求：一是家庭经营，具有农村户籍，以农户家庭为基本的经营单位，雇员只承担辅助作用；二是要求农庄必须进行专业的务农操作，具有较高的管理经营水平，可以起到带头示范的作用；三是农业规模要在一定范围内。通过土地流转，农庄都有很大的种植及养殖规模。但是对于具体规模标准，各地文件要求不同。

农庄认定标准如下。

① 土地流转以双方自愿为原则，并依法签订土地流转合同。

② 土地经营规模：土地经营相对集中连片；水田、蔬菜和经济作物经营面积 $30hm^2$ 以上，其他大田作物经营面积 $50hm^2$ 以上。

③ 土地流转时间：10年以上（包括10年）。

④ 资金投入规模：投资总额（包括土地流转费、农机具投入等）要达到50万元以上。

⑤ 有符合创办专业农场发展的规划或章程。

2．申报准备材料

① 专业农场申报人身份证明原件及复印件。

② 专业农场认定申请及审批意见表。

③ 土地承包合同或土地流转合同（包括土地承包、流转等情况）。

④ 专业农场成员出资清单。

⑤ 专业农场发展规划或章程。

⑥ 其他需要出具的证明材料。

各地乡（镇）政府对辖区内企业申报材料进行初审，初审合格后报县（市）农经部门复审。经复审通过的，报县（市）农业行政主管部门批准后，由县（市）农经部门认定其专业农场资格，做出批复，并推荐到县（市）工商行政管理部门注册登记。

3．农庄的登记注册

根据国家《关于充分发挥工商注册登记职能　做好家庭农场登记工作的意见》规定，农庄主是否到地方工商管理局办理注册登记，取得相应的市场主体资格可依照自愿原则自主选择。办理农庄登记不但能够享受国家优惠补贴政策，而且还可以进一步对农场未来进行规划，建立品牌，得到政府更好支持，使农庄发展更好。其次，必须到工商部门申请登记，拥有营业执照后，才能够获得市场主体资格，才能够进行农产品的销售营销，通过直销、媒体网络等方式进行营销策划，打响名号，建立注册自己的品牌。

二、农庄的创办条件

1．创办有机农庄的好处

前几年，我国大量农民工纷纷进城寻找工作，导致农村耕地无人耕作，出现荒废闲置的状况。为此，国家在2013年的一号文件中鼓励和支持发展家庭农场、农业合作社等多种形式，提出农民可将土地的承包经营权出让，让土地进行有序的流转。各地政府也纷纷根据中央一号文件细化农业文件方案，并予以各种农业补助及技术支持，很多农民工又回到了农村，土地闲置情况得到了一定的改善。发展有机农庄，主要有以下几方面的好处。

① 通过土地流转、承包经营等形式，许多闲置、荒废的田地获得充分利用。

② 国家对农业具有大量的补助政策，地方政府根据国家政策设立具体补助方式，并积极提供科技培训，使农庄能够得到充足的资金补充，不断扩大养殖或种植规模，提高农庄的经济效益。

③ 有机农庄生产出的产品是完全安全、卫生、无农残、环保的，严格按照《有机产品》（GB/T 19630）里的技术要求进行生产、加工和销售，对各个环节进行严格的质量安全体系设置，并进行质量跟踪。有机农庄整合了先进的生产技术，虽前期投入较大，但后期能够得到很好的经济效益。

2. 创办农庄前提条件

（1）土地集中，形成规模　家庭农场发展过程中最急需解决的事情就是土地流转的问题。因为土地承包经营权分散在各家各户，要连片流转非常困难。有的农户不愿租赁；有的农民觉得土地经过流转后或者承包后获得的金额太少，对长期签订流转协议持疑虑态度；还有的农户可能随时觉得自己的利益得不到保证，临时毁约。分析其原因主要是因为土地是农民手里最大的资产，流转之后自己的利益能不能够得到充分的保证，在自己的基本生存问题（子女、养老、住房等）没有得到解决之前，必定不会贸然将自己手中的土地流转出去。因此，农庄主想通过土地流转形成集中、具有一定规模的地域具有很大难度。只有保障拥有土地的农民的利益，才有可供农庄发展的土地。

（2）资金投入　有机农庄建立前期需要较多的资金投入，首先需要提出的就是土地租金成本，以100亩地的土地规模为例，至少需要支付土地租金费用10万元以上，并且金额逐年增加；其次是基建成本，加上生产成本，若无足够的启动资金，农场的后期运营将会很难持续下去。对此，农庄应多向政府农业部门咨询帮助，获得国家最新关于农业方面的优惠政策，根据农庄自身情况寻求补贴，获得政府资金、技术培训、融资贷款等多方面的支持，积极解决建设农庄中遇到的资金问题。

（3）专业工作人员　有机农庄的建立涉及大量的农业专业知识、有机认证知识，必须需要专业的技术人才，但是遇到专业人才，如何将其留下来才是更重要的事情。想要真正留住有能力的人才必须实现两点：一是体面的收入，不求大富大贵，至少可以依靠农庄过上中产阶级生活；二是尊严的生活，能够得到主流社会的认可，得到社会的尊重。

（4）销售渠道通畅　有机产品本身无论有多安全无害，只要不能到达消费者那里，就不能算是展示了自身的价值，产品必须要通过销售渠道销售出去，获得盈利才是最终目的。有机农庄的建立初衷就是将农产品市场化，如何能够将农产品销售出去，销售渠道是否顺畅稳定也是农场主需要提前考虑的事情。目前我国农产品渠道是阻碍农产品流通的一个突出问题，若不能够及时将农产品销售出去，资金的周转就会产生问题，造成农庄再生产无法顺利进行。目前最好的销售办法就是想办法用最低的费用将农产品保质保量地送到消费者的手中。因此，农庄主应在传统营销方式的基础上，积极利用网络媒体、手机淘宝、微信购物等网络商城，结合现代物流，积极与消费者形成互动，打造品牌，提高产品的知名度。

三、有机产品的认证

农庄认定成功后，并不能直接使用"有机"的名称，必须先对土地进行转换，达到有机标准后通过认证机构进行有机产品的申请，受理审核认证成功后，才能够使用有机的名称和标志，才能够称得上是真正的有机农庄。

1．认证领域

（1）中国《有机产品》国家标准认证　依据 GB/T 19630《有机产品》国家标准实施有机认证，认证的有机产品可以在中国境内销售，有机认证类别可以分为植物、畜牧、水产、加工。

（2）OFDC 有机标准认证　OFDC 获得了国际有机农业运动联盟（IFOAM）的认可，依据《OFDC 有机认证标准》认证的有机产品可以直接或通过互认的形式进入多个国际市场。

（3）加拿大国家有机标准认证　依据加拿大有机标准实施有机认证，认证的有机产品可直接出口到加拿大，并通过加－美有机等效协议进入美国市场，同时在有机产品包装上可使用加拿大和/或美国的有机标志。

（4）日本有机农业标准（JAS）认证　依据日本有机农业标准进行认证，认证的有机产品可直接出口到日本。

（5）良好农业规范（China-GAP）认证　依据 GB/T 20014《良好农业规范》和适用的法律法规实施作物类 GAP 认证服务。

（6）美国有机标准认证　依据美国有机标准（NOP）实施有机认证，获得认证的有机产品可直接出口到美国以及其他认可 NOP 的国家和地区。

2. 国内有机认证机构

在我国，国内的有机认证机构必须要取得国家认监委（CNCA）的许可，才可以对申请有机认证的企业或单位进行有机的认证。国家认监委的官网也会及时对能够进行有机认证的机构进行公示，可在其网站查询到能够进行有机认证的所有机构，截止到 2018 年共有 23 家机构可以对有机产品进行认证。同时，所有获得有机认证的企业和产品也都可以在国家认监委的网站上获取。

3. 有机认证的基本要求及流程

有机产品需要符合以下条件。

① 在有机产品整个生产体系中，包括生产、加工、包装、运输、销售过程，所有投入的原料都不能够受到污染。

② 农庄必须建立完备的质量控制体系和完善的产品质量跟踪追查体系；有机农产品的生产过程要保证对于环境、空气、土壤、水分及其他生态的破坏和污染降到最低。

③ 分别邀请专业的有机领域老师对产品的生产、加工、销售及运输进行专门指导。

④ 企业或单位的有机产品认证是由国家认监委认可的认证机构审核通过的。

有机认证的流程包括：有机产品认证的申请、受理、缴费、实地检查的准备及实施、COFCC 综合审核、认证后监督和管理等主要流程，具体流程如图 5-1。

四、有机产品认证的申请与受理

有机产品认证是指认证机构按照《有机产品》国家标准和《有机产品认证管理办法》以及《有机产品认证实施规则》（CNCA-N-009：2014）的规定对有机产品的生产、加工和销售活动符合中国有机产品国家标准进行的

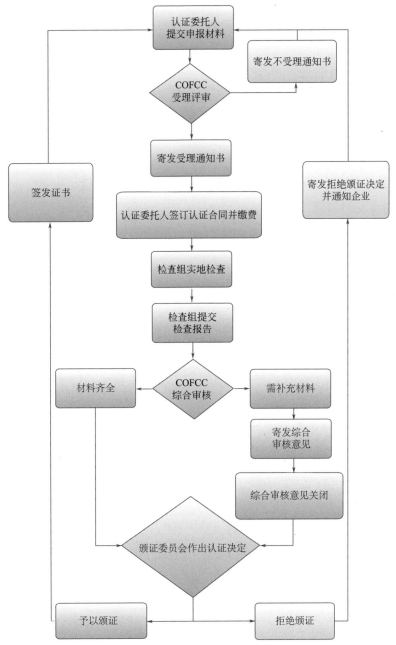

图 5-1 中绿华夏有机食品认证中心（COFCC）流程图

合格评定活动。有机产品在国内进行销售前，必须经过国内认证机构的认证许可，方可在有机食品上粘贴有机标签，进行销售。

1. 认证申请

申请人必须具备以下条件。

① 取得国家工商行政管理部门或有关机构注册登记的法人资格。

② 已取得相关法规规定的行政许可（适用时）。

③ 按照国家相关法律、法规、安全卫生标准和有关规范的要求生产、加工产品。

④ 能够有效运行3个月及以上的文件化有机管理体系。

⑤ 申请的产品是《有机产品认证目录》内的种类。

⑥ 没有因认证实施规则中的原因被认证机构撤销认证证书的。

申请提交材料如下。

① 申请人合法经营资质文件复印件：营业执照副本、组织机构代码证、土地使用权证明及合同等。

② 申请人及其有机产品生产、加工、经营的基本情况：申请人基本信息；生产单元或加工场所概况；申请认证产品基本信息，包括名称、品种及其生产规模等；同一生产场所非有机生产或加工产品的基本信息；近三年植物生产的病虫草害防治、投入物使用及收获等农事活动描述；野生植物采集情况的描述；动物、水产养殖的饲养方法、疾病防治、投入物使用、动物运输和屠宰等情况的描述；申请和获得其他认证的情况。

③ 有机生产基地区域描述：地理位置、地块分布、缓冲带及产地周围临近地块的使用情况等；加工场所周边环境描述、厂区平面图、工艺流程图等。

④ 有机产品生产、加工规划：包括对生产、加工环境适宜性的评价，对生产方式、加工工艺和流程的说明及证明材料，投入物质的管理制度以及质量保证、标识与追溯体系建立、有机生产加工风险控制措施等。

⑤ 上一年度销售情况和本年度进行有机食品生产的生产和加工计划。

⑥ 保证承诺提供材料真实性、完全按照有机产品标准技术生产、接受相关部门监督检查的申明。

⑦ 有机生产、加工的管理体系文件。

⑧ 有机转换计划（适用时）。

⑨ 申请人与有机产品生产、加工者签订的书面合同复印件（申请人非加工、生产者时）。

⑩ 其他相关材料。

2．认证受理

申请材料提交以后，经过认证机构对初步审核符合要求的，在10个工作日内对资料进行评审并保存记录，对是否受理认证申请作出决定。

3．现场检查准备与实施

（1）检查人员　根据所申请认证范围及产品，认证部门会派遣具有相应资质和能力的检查人员形成检查组对委托部门进行认定，每一个检查组至少有一名具有专业注册资质的专业检查员。同一个检查员不能连续3年对同一申请人同一环节进行检查。

（2）检查任务　现场检查前，认证机构向检查组下达检查任务书，内容包括但不限于以下几点。

① 申请人的基本信息，如联系方式、地址等。

② 检查依据，包括认证标准、认证实施规则和其他规范性文件。

③ 检查范围，包括检查的产品种类、生产加工过程和生产加工基地等。

④ 检查组成员，检查的时间要求。

⑤ 检查要点，包括管理体系、追踪体系、投入物的使用和包装标识等。

⑥ 上年度认证机构提出的不符合项（适用时）。

（3）文件评审　在现场检查前，应对申请人的管理体系文件进行评审，确定其适宜性、充分性及与认证要求的符合性，并保存评审记录。

（4）检查计划

① 检查组应提前制定检查计划并与申请人进行协商。对于制定计划有异议的，至少在现场检查前2d提出，双方协调一致后实施现场检查。

② 现场检查时间最好在产品容易受到污染、危险系数高的阶段。初次检查没有认证覆盖完全的，需在证书有效期内及时补充检查。

③ 应对所有的生产、加工、农户范围均实施检查。

（5）检查实施　检查组根据认证依据对申请人管理体系进行评审，确认其生产、加工过程与认证依据的符合性。检查过程至少应包括以下几点。

① 对生产场所及加工场所进行检查，当该场所存在非有机生产或加工时也对非有机产品进行检查。

② 对生产和加工管理人员、内部检查员、操作者的访谈。

③ 对企业内部管理体系文件和记录进行审核。

④ 认证产品产量及销量核算。

⑤ 有机产品追踪体系评价及验证。

⑥ 对内部检查和持续改进的评估。

⑦ 生产基地及加工环境认定,并评估风险。

⑧ 样品采集。

⑨ 对去年不符项的纠正措施进行验证。

检查结束前,检查组对整体检查情况进行总结并告知申请人,确认不符合项,针对具体情况进行说明。

(6)样品检测 检查组根据风险评估确定采集样品的检测项目,并委托具有法定资质的检测机构对样品进行检测,检测结果应符合相关法律、标准的规定。在证书发放前无法采集的样品,应在证书有效期内完成检测。

(7)产地环境质量状况 申请人应提供有相关检测资质的机构对产地环境检测报告的说明,且检测报告符合 GB/T 19630《有机产品》对于土地环境质量的要求。

(8)投入品 有机生产或加工过程中投入的材料应符合国家有机标准列出的物质。申请人需在使用前对未列入国家有机标准内的投入品进行详细说明,经认证机构评估,国家认监委批准后使用。

4. 认证决定

检查组完成认证后,认证机构会对申请人作出认证决定,当申请人符合下列条件之一,予以批准认证:①申请人生产、加工等各项审核符合规则和认证标准要求的;②申请人生产、加工等各项不完全符合规则和认证标准要求的,但能够在规定期限内完成不符合项的整改并通过认证的。

申请人存在以下情况之一,不予批准认证:①申请资料信息为虚假的;②管理体系不能有效实施运行的;③有机产品添加了严禁使用物质或受到其污染的;④采集样品检测发现存在违禁物的或产品指标不符合国家标准的;⑤有机产品在有机认证场所范围外再次进行加工的;⑥一年内出现过重大产品质量安全事故或被撤销有机证书的;⑦不能在规定日期内完成纠正措施报告无法通过认证的;⑧产地环境不能达到国家有机标准的;⑨其他不符合国家有机标准的。

认证结束后,申请人对结果有异议的,需在 10 个工作日内向认证机构提供材料进行申诉，认证机构在 30 个工作日内处理完成并书面告知申请人处理结果。

5．认证后管理

① 认证机构每年对获得认证的组织进行至少一次的现场检查，且每年对 5% 的获证组织进行一次不通知检查。

② 当获证机构组织信息发生变更时，认证机构应及时获知并进行有效管理。

③ 申请人在组织、场所等信息发生变更或重大疫情、严重安全质量等问题时，需及时通知认证机构。

第二节　如何当好一个有机农庄主

想要当好一个有机农庄主，首先要拥有正确的态度，足够重视自己现在所从事的事业，然后组建管理高效、技术全面的技术团队，积极了解国家政策、现代经济新常态，以此作为后期规划方案和目标，在投资运营、种植品种布局、专业人员技术支撑、产品质量控制、产品营销定位、内部管理制度等方面进行合理规划，这样才能成为一个称职的有机农庄主。

一、思想观念的转变

身为一名有机农庄主，首先要充分认识清楚自己的角色，从骨子里摒弃员工式的思维方式和处世观念，拥有一种老板意识，从幕后掌控全局，实现思想观念的转换。对一些刚刚开始创业或者从事农业的庄主而言，这种转变对他们的综合素质、人格魅力及管理能力都提出了挑战，需要尽快实现角色转换。其次要意识到身为庄主不能总是沉浸于细碎烦琐的具体事务中，必须从这些琐碎日常事务中抽身而出，重点要站在庄主的高度考虑农庄后期的发展方向、人才培养、农庄品牌打造、质量控制管理体系的建设。最后，有机农庄的管理理念转变、生产管理技术提升、农庄的经营管理策略也都是农庄主需要重点考虑的事情。

二、当好农庄主

1．学会取舍，抓大放小

有机农庄建设初期，有机农庄主在对事务的管理上大部分都是里里外外一把抓，从种植开发到管理、营销策略、活动体验等，凡事亲力亲为，这种方式直接有效，对农庄的创建起着重要作用。有机农庄到中后期时，农庄老板就需要从之前的管理模式转变为幕后人员，合理安排管理人员权限，及时授权管理层，把握农庄未来发展方式、打造核心团队、建设农庄文化、培养人才、建设研发团队、优化经营模式等一系列事物，成为真正的掌舵者，把握农庄的发展方向，一步一步打造有机农庄的模式、口碑及品牌。

2．学会用人

有机农庄是个急需专业人才的地方，好的人才都具有高度的责任心及工作热情，有担当，有工作能力。首先要学会从各类人中鉴别出优秀人才，以德服人；其次要讲信誉，定岗定责，知人善用，将合适的人才安排在合适的岗位，尊重和关心工作人员。在用人上要荣辱与共，用人不疑，疑人不用。

三、掌握政府相关政策

1．认清形势，把握趋势

我国是农业大国，国家对于农业相当重视，每年都会颁布与农业相关的文件，对我国的三农问题进行解决优化。每年的中央一号文件都会指明当年农业发展政策，提供农业发展方向，具有一定的指导作用。因此，有机农庄主必须积极主动学习中央相关文件，适时调整发展方向，响应国家号召。目前国家政策是家庭联产承包责任制，通过建立农民专业合作社、土地流转等形式进行集约化生产，就是现在土地的一大流行趋势。

在经济及数字化、物联网发展飞速的今天，中国的各行各业都在突飞猛进，高铁、网络、物流、扫描支付等方面更是首屈一指，引领风骚。有机农业发展也不能落后，要及时跟进国际农业有机标准，及时了解有机最新信息，使我国有机产品无论是在技术上，还是在产品质量上都能够达到国际最高水准，引导国际、国内有机产品同标、同线、同质量，把握潮流，顺应趋势，才能将有机农庄发展得更好，成为行业中的佼佼者。

2. 寻求政府扶持

在农业大国，国家对于农业的重视、大力发展农业的决心是绝对不会动摇的。因此每年国家都是拿出大量的资金扶持农业发展，具体到当地政府来实施这些政策的施行，所以农场主必须留心国家农业政策、当地政府的农业相关发文，及时获取最新的农业信息，积极寻求流转土地的获取、水利设施建设、项目补贴、技术帮扶等政府扶持，对于有机农庄的开展建设有着极其重要的意义。

3. 政府对有机农业的扶持

近几年，农业得到国家以及各地政府的大力支持，而有机产品因其环保、安全、无害引起消费者的重视。国家对有机产品的扶持力度也越来越大，无论是在农资补助上，还是在技术培训上都给予了极大的支持。例如：吉林省出资 5000 万元用于"三品一标"产品认证、创建品牌等方面的补贴和奖励；安徽省投资 220 万元用于有机食品、绿色食品的基地建设和发展；上海、黑龙江等针对认证有机的企业，对其认证费用、环境检测费用进行补贴。

四、熟悉相关行业知识

有机种植是个专业性很强的工作，首先必须要具备全面的农业理论及经验，其次要了解有机产品种植与常规种植的区别并能够严格按照有机标准要求进行有机生产，最后是要了解食品相关法律法规，按规办事，按章行动。农庄主在经营建设有机农庄时，一定要懂行，一定要熟悉所投资的行业和产品，懂些有机种植的技术，需要及时了解有机行业的最新进展、相关标准及法律法规的变动，规避市场风险，主动对有机产品质控体系不合理的地方进行修改。

身为有机农庄老板，不仅要清楚自己的一亩三分地的情况，更需要了解自己的有机产品在市场上的情况。有机市场目前的形势、后期发展趋势，各个企业所占的市场份额有多大，哪些企业具有品牌竞争力，剖析自己及对手具体情况，及时根据市场情况对产品进行调控，要知道自己的目标和方向在哪。

五、善于经营管理

1. 组建专业的技术人员团队

对有机农庄而言，大量的资金投入是关键，而是否具备过硬的有机技术则是农庄能否发展下去的又一指标。经营风险存在于各个环节，自然条件的不确定性、市场环境及需求的多变性都是不定时的风险。只有得到足够的技术支持，农庄才能够积极应对各种风险。因此，应对有机相关工作人员进行定期培训，邀请资深专家学者举办讲座及提供技术支撑，了解相关有机知识，保证员工可以按照有机相关的标准进行种植。

此外，如何留住农庄里的优秀员工，对于农庄主而言也是一大挑战，若是不断出现跳槽离职现象，对于农庄而言也是一大难题。在创业初期，农庄老板对待员工最好是可以像亲人一样关爱呵护，成为工作、生活上的良师益友，发自内心地站在员工的角度考虑问题，那么就可以建立一个牢不可破的团队。农庄发展中后期，农庄主需要严格按照规章制度办事，度量好"人情"两个字，不能因人情而放松对职工的管束，要严格要求员工，正确引导，激发他们的潜能，帮他们培养良好的职业习惯。农庄主在性格要中庸，完整成熟，站在一个制高点的角度去管理整个产业，只有这样才能在管理下属时游刃有余，得心应手。

2. 财务管理

有机农庄建设过程中需要大量且持续的资金投入，见效慢，因此农庄老板一定要懂得一些财务知识，对农庄资金进行投资理财，能够对农庄资产流向及时掌控，了解负债情况。对每年的工作需要进行财务分析，了解农庄的资金优势和劣势都在哪里，盈亏在何处，保证资金链的衔接，对于农庄老板及时调整农庄的发展方向有一定的指导意义。

3. 组建高效的管理架构

根据农庄情况，组建领导团队，合理配备中高层管理人员及工人数量，确定部门划分与部门职责，让每一个部门及各位员工可以各司其职，工作划分有序，避免人浮于事，形成一个高效运转的团队。

4. 加强制度建设，出台内部管理制度

管理才能出效益，身为农庄主，需要考虑到怎样调动员工的工作积极性，提高员工的责任心，避免人浮于事，造成资金及材料的浪费等现象。农庄发展初期，合理利用亲情化对农庄进行管理，可以积极调动团队热情，迅速发展。但是从长远看，仍然潜在多种不利因素，如当内部人员矛盾无法调和时，团队内部就会出现不合甚至分裂，部分亲戚员工的过分干涉也可能会对农庄的经营谋划和未来走向造成困扰和阻碍。所以必须要做好制度建设，除了有机农庄的内部质量控制之外，还应出台内部的相关管理制度，规范农庄的整体运作情况，并且根据实际情况不断修订和完善。

5．有机农业风险

（1）资金链问题　经营有机农庄必须要有足够的经济实力，需要长期持续不断的投资，且收益慢，除了取得一块够大的土地外，生产资料、基础设施投入、大型机器投入、人工成本、土地转换、认证认可费用、设施维护、市场开发等初期成本投入也是非常巨额的。首先，种植基地的选址就有严格的要求，周围必须没有可见的污染及污染源，其用水也需要达到一定的指标才可用于灌溉；其次，土地拿到手后，先要按照国家有机标准规定进行有机转换，转换期间必须要严格按照有机标准生产，禁用农药、化肥、含转基因成分的材料等化学物质，将土壤残留的农药与化肥等物质去除掉；再次，除基本基础设施投入外，员工工资也比普通基地高，有机产品不能使用农药，除草都是员工们手动拔掉的；最后是认证费用，有机产品每年都需要进行认证，然后才可以使用有机的标志，这个费用高达数万元。结合整个情况看，有机食品本身产出成本就很高，待其销售到市场后，其价格也很难达到消费者的心理指数，比普通蔬菜高2～3倍都是普遍现象，更有高价者可达到8倍之多，虽然安全质量诱人，但是昂贵的价格却常常令消费者望而却步。

（2）社会信用问题　目前有机行业在国内具有很大的潜力，但是尚需时日，也存在着一定的风险和不确定性。随着外界对有机食品行业越来越了解，网络、媒体对食品安全的大力宣传，消费者的安全意识逐渐提升，有机行业的竞争必然会加剧。当前，国际上有机蔬菜的发展较为快速普遍，有机蔬菜为普通蔬菜的1.2～1.5倍，而国内有机行业处在起步阶段，投资大产出小，有机蔬菜和常规蔬菜价格悬殊，至少是3倍的价格，最高可达8倍之多，行业的进入者必将越来越多。过度的竞争必然会导致有机蔬菜的价格下跌，这会对整个产业造成巨大的压力。此外，由于宣传不到位，大部分消费者分辨不清"绿色""有机""无公害"之间的差别和意义，标志让消费者难以分辨，且个别企业为了利润而降低成本，没有严格按照有机食品的生产标准生产有机食品，甚至有的企业存在将有机标签贴在无公害食品或者绿色食品上的可能，都会导致整个有机产业的信用风险。

（3）自然风险　由于天气、环境的不可控性，有机农业可能会遭受气象灾害、病害和虫害三个方面的风险。近些年，我国干旱、洪涝、台风、严寒、酷暑等灾害频发，会对有机农庄的生产造成威胁。

6．挖掘销售渠道

传统的销售渠道是将农产品送到批发市场或通过配送中心送到连锁店和超市供给消费者消费。随着互联网的飞速发展，对有机产品进行网络销售是一种时髦的方法。网络销售一要定位好关键词，方便消费者搜索；二要邀请专业摄影师拍摄有机产品图片，使色彩光鲜亮丽，让消费者有购买欲望；三要及时回复买家信息，简单干脆，换位思考，从买家的角度进行衡量；四要打造品牌，形成特色，扩大知名度。

第三节　有机农庄的管理体系和标准

一、有机农庄的管理体系

目前，发达国家和地区的有机农业管理和认证体系的发展趋势是朝向质量标准化发展。我国在2011年12月发布实施的国家标准《有机产品》（GB/T 19630），其中《有机产品　第4部分：管理体系》（GB/T 19630.4—2011）就对有机产品管理体系进行了明确，从种植生产到加工经营整个环节都有严格的规定。全面理解有机生产质量管理体系的规范和要求，对于有机农庄有机产品管理体系的建设和检查认证具有极其重要的意义。

1．有机农庄产品的外部质量控制

有机农庄产品的外部质量控制就是通过有机认证认可机构的有机审核，当农庄主申请认证后，认证机构会根据情况组织检查组对农庄进行现场审核，有时也会进行不通知检查。主要针对以下几方面进行检查：①农庄农产品生产、加工过程中是否严格按照有机产品规范进行生产；②农庄生态环境是否符合环境质量标准；③内部质量控制体系是否能够有效运行；④加工、生产过程中是否受到违禁品的污染或是投入违禁物为原料；⑤对产品质量追溯体系进行审查。认证本身也是质量控制的重要部分，对符合标准和认证要求的，颁发有机生产、加工证书并发放标志允许使用证明，在销售过程中通过销售证的发放控制产品销售量,保证销售与生产的量相吻合。如果消费者发现贴有有机标签的产品有质量问题,就可以从产品的有机标准查询到产品的具体认证机构,认证机构可以根据产品批号及相关资料查出问题的源头。

2. 有机农庄产品的内部质量控制

有机农庄的正常运行离不开其内部的质量控制,整个生产、加工、经营环节都是严格按照其内部质量控制的要求来运行的。有机农庄想要获得有机认证,就必须要做好内部质量控制,形成规范的内部体系文件。农庄要设立专门的质量控制部门对管理体系文件(管理手册及操作规程)进行编写,并有专门负责人负责质控工作,熟悉整个质量控制的环节并对具体实施进行监督管理。管理体系文件编写要严格按照有机产品的标准、要求,并结合农庄自身实际情况进行编写,形成系列文件并且能够有效运行。

(1)质量管理体系文件的管理及控制 质量管理体系文件的编写要符合国家标准,要注意手册的适用性和可操作性。制定的方针要体现本组织特点和组织战略;目标要合理,能够有具体指标来衡量;各部门的职责要明确,定岗定责。控制措施要明确每一环节做什么、由谁做、在什么时间做、用什么做、在何地做、依据什么做,留下什么记录。体系文件在编制完成后,质量控制负责人对体系文件先进行审核,针对不合理的地方进行修改,完善后交与单位负责人审批签发。对于体系文件要统一编码管理,文件档案的管理要有专人负责。文件受控、发放、回收、作废都应保持做相应记录。

质量管理体系文件主要包括四个部分:①生产单元或加工、经营等场所的位置图;②有机生产、加工、经营的管理手册;③有机生产、加工、经营的操作规程;④有机生产、加工、经营的系统记录。

(2)资源管理 有机农业必须具备与之相匹配的资源,单位负责人及内部检查员都应对国家有机相关法律、法规、政策有进一步的了解,并及时关注与有机相关的最新文件及政策,具有有机生产、加工和管理的技术和经营模式,熟悉整个有机质量控制体系的运行。对于《有机产品》(GB/T 19630)的相关要求,单位负责人要熟悉,内部检查员要完全掌握并且能够根据标准内容对内部质量控制运行进行检查。内部检查员要经常对内部检查相关知识进行深造培训,进行本单位内部检查时要做到客观、合理、实事求是。

（3）内部检查　内部检查是针对本单位有机体系的运行情况进行内部审核，一般在有机认证前需要先进行一次内部检查，针对不符合项提出纠正或预防措施，也是在认证前对单位内部质控体系的一次查漏补缺。内部检查由内部检查员组成检查组，所有的内部检查员必须经过专业培训并成绩合格，其任务就是针对本单位体系文件及有机生产、加工过程进行检查记录，提出不符合项，单位需对不符合项施行纠正措施或预防措施。在有机认证机构实施有机认证检查时，内部检查员应积极给予配合。

　　（4）可追溯体系与产品召回　有机产品必须完善建立可追溯体系与产品召回制度，这是对消费者权利的一种保障。当产品发生问题时，可以通过追溯体系追查问题源头，确认具体出问题环节，实施产品召回。可追溯体系是对有机产品生产、加工、运输、储藏、销售每一个过程都进行详细的记录，建立可追溯的生产批号系统。产品召回制度应包括产品召回的条件、召回产品的处理、采取的纠正措施、产品召回的演练等，对每一个召回的过程都应记录翔实，确保资料真实、有效、完整。

　　（5）投诉　单位应建立有效客户投诉制度，针对客户进行服务满意度调查。当有客户投诉时，保留投诉全过程的记录，包括客户基本信息、投诉事件、事件确认、调查核实、问题处理、后续跟踪反馈等。

　　（6）改进　按照标准规定，有机管理体系必须时刻都在有效运行。针对每一次内部检查和有机认证提出的不符合项，都应积极改进管理体系，消除不符合情况或潜在的不符合因素，以保证管理体系的有序进行。针对提出的不符合项，单位应首先找出出现不符合项的具体原因，然后根据实际情况提出纠正或预防措施，保证不符合项不再发生；其次在实施纠正和预防措施后，如实记录采取措施后的结；最后对所采取的纠正或预防措施进行综合评定审核，确定其有效性。

二、有机标准

　　标准是对重复性事物和概念所做的统一规定，它以科学、技术和实践经验的综合为基础，经过有关方面协商一致，由主管机构批准，以特定的形式发布，作为共同遵守的准则和依据。由于标准的出现，产品的判定、优劣、好坏、等级便可依标准而定，人们便拥有了一个统一的规则。有机标准是统一有机生产和认证的依据，对有机产品各个环节都进行了明确的要求和规定，对农业种植业、畜牧养殖、水产等的有机产品都起了一个标准化和指导的作用，有机生产者必须按照有机标准的要求进行运营。

1. 有机标准简介

有机产品标准化的起源与其他行业不同，最初始于民间组织。1946年，英国土壤协会被一群关心农业循环发展的人们成立起来，是一个独立于政府而自行运作的慈善机构，他们在1967年制定的协会标准可以称得上是世界上最早的有机标准。国际有机农业运动联盟（IFOAM）于1972年11月在法国成立，属于民间联盟，最开始只有5个国家参与，其在1978年制定和发布的有机标准对国际有机农业标准后期的制定起了极大的推动作用，对于其他国家标准的制定发挥了重要影响。国际上有机标准影响比较大的、具有代表性的为IFOAM有机生产与加工基本标准（IBS）和联合国食品法典委员会标准《有机食品生产、加工、标识和销售指南》（CAC/GL 32）。

我国有机标准的制定相对于其他国家起步晚，将我国产品质量和标准都与国际接轨，有助于增强我国产品竞争力，提高经济效益。想要提高产品的质量，首先必须建立一个高水平的标准，标准和质量是打开国际市场的关键。我国从20世纪末才开始有机产品的发展，欧盟有机产品进口商欲寻求进军国内有机市场，打开空白，才开启了我国有机产品的开发。在2003年以前，我国还没有制定出有机产品认证标准，各个认证机构执行的标准也有所不同，导致认证在实际过程中比较混乱无序，标准不一。国家认证认可监督管理委员会（CNCA）在负责有机认证后，随即开展了有机标准的制定，于2003年发布了《有机产品生产与加工认证规范》，2005年发布有机标准《有机产品》（GB/T 19630—2005），共分为四个部分，分别对有机产品的生产、加工、标志与销售及管理体系作出了明确要求，成为我国有机事业发展历程中的一个标志性事件。2012年3月1日，新修订的标准《有机产品》（GB/T 19630—2011）发布实施，与旧的有机标准相比，新标准对有机产品中允许使用的物质作出了更明确的规定。

近几年，无论国内还是国际，有机事业都发生了重大的变革，进入法制化轨道。随着国际贸易增多、世贸组织全球化趋势，高标准的产品质量与标准才是打破国际非贸易壁垒的法宝，将进一步推动各国标准的制定与修改进程。

2．有机标准解析（种植篇）

（1）通则

① 生产单元范围。有机生产单元申请人应有明确的所有权和经营权，即营业执照、土地流转或租赁合同等，并按照国家《有机标准》（GB/T 19630.4）要求建立并实施有效的有机生产管理体系。土地边界清晰明确，地块的分布信息图也必须详细准确，否则会影响到有机认证检查时的效果。当初次申请中提供的土地分布信息不够准确时，检查员需在现场及时指出不符合部分，当场进行核对和纠正。

② 有机转换期。转换期是指农业田地在进行有机生产前，田地作物必须按照有机生产的方式进行耕作，其间的作物不能算作有机作物，这一转换过程称为有机转换期。不同的田地其转换期的时限不同，只有转换期后的产品才能作为有机产品出售。如果在转换期内投入使用了禁用物品，则需要重新开始有机转换。

③ 基因工程生物/转基因生物。基因工程生物或转基因生物对人类是否会产生影响一直是国际社会争论的焦点，目前市场上拥有大量的转基因食品、种苗、作物，但从长远来讲，谁也无法预测转基因食品对人类安全的影响如何。有机农业顺应自然、尊重自然，反对转基因技术的产品，拒绝使用基因工程生物或转基因生物。按照标准，不得在同一生产单位种植转基因或非转基因作物，可能造成花粉传播污染；同一个单位内同时种植有机产品和非有机产品时，非有机产品区域内也不得使用基因工程生物。检查员在检查认证时会明确了解使用种子的来源，当无法判定时，检查组会将种子和包装带回，由认证机构组织专家进行认证或委托具有相关检测资质的检测机构进行转基因检测。

④ 辐照。辐照指通过放射性核素高能量的放射，改变食品的分子结构，以控制食品中的微生物、病菌、寄生虫和害虫，达到保存食品或抑制诸如发芽或成熟等生理过程。辐照食品虽不会将农药残留在食品中，但不同时间、不同辐照、不同产品产生的效果也不同，其安全性还有待考证，辐照过程中是否会产生有害物质，产品营养成分会不会受到破坏，有没有产生致癌物质等。目前，国际上认为经过 10kGy 以下剂量处理的产品不存在安全问题，但是有机产品尊重自然，严格规定在其加工、生产过程中不能使用辐照技术。

⑤ 投入品。有机产品的投入品指在有机生产、加工或销售过程中所投入

使用的材料和物质，此过程中所有添加材料都必须符合有机标准。优先通过栽培管理措施来维持或者改善土壤的理化和生物性状。当栽培管理不足以维持时，可按照规定使用《有机产品　第 1 部分：生产》(GB/T 19630.1—2011) 附录 A、附录 B 所列出的投入品。若还不能满足需求，则需要按照附录 C 对将要投入的产品（附录 A、附录 B 外的）进行评估，此时的投入品必须对人体、环境、土壤、生态无不良影响，有利于保护或者促进使用对象的生长，且不得为转基因产品或者转基因原料加工的产品。有机产品投入品还禁止使用化学合成的植物保护产品、肥料及城市污水污泥，严禁在已经获得认证认可的产品中检测出违禁物质。

（2）植物生产

① 转换期。有机转换期一般从提交认证申请开始计算，转换的意义在于两方面，一方面是为了使土壤的污染物质进行降解、改善土壤结构和土壤内的微生物成分，另一方面是为了更好地使有机质量管理体系建立并实施起来。按照标准，所有的地块都至少要求进行为期 12 个月的转换，一年生植物的转换期至少为播种前的 24 个月，草场和多年生饲料作物的转换期至少为有机饲料收获前的 24 个月，饲料作物以外的其他多年生植物的转换期至少为收获前的 36 个月。如果转换期内土地受到违禁物的污染，则需要重新进行转换，延长转换期。如果当地政府机构为了避免某种病虫害扩大发展时而强制要求有机企业使用禁用物质时，可以根据情况适当地调整或者缩短农田转换期，但在转换期结束之前必须保证所投入的禁用物质已降解，对人体、土壤以及生态环境无害。野生采集、食用菌栽培（土培和覆土栽培除外）、芽苗菜生产可以免除转换期。生产单位的有机转换期必须做好相关转换记录，保证信息真实有效，才能在认证时经得起检查组的推敲审核和对整个转换期的跟踪调查。

② 平行生产。标准规定在同一个生产单元中可同时生产易于区分的有机植物和非有机植物，但该单元的有机生产和非有机生产部分（包括地块、生产设施和工具）应能够完全分开，并能够采取适当措施避免有机产品与非有机产品混杂和被禁用物质污染。管理者必须投入大量精力管理好平行生产中的植物并予以严格区分，对其所有的地块做好记录，严格区分农作过程中的生产设施、工具，收获后的作物，严禁产品混合，并做好整个生产过程的管理记录。一般而言，同时进行平行生产的一般是有机土地和转换期的土地，

都是需要按照有机标准进行生产的，所以重点应放在是否在收获、运输、储存过程中对两种产品进行严格区分，防止混杂。

此外，标准对平行生产的植物进行了进一步明确：对于一年生植物，在同一生产单元内不应存在平行生产；对于多年生植物，在同一生产单元内也不应存在平行生产，除非生产者承诺在最短时间内（该时间最多不能超过5年）完成有机转换并且能够将从有机生产区域和非有机生产区域收获的产品严格分离。

③ 产地环境要求。有机生产对于环境的要求很严格，主要需要了解判断生产基地周围有没有明显的污染源，其土壤、水质、环境空气质量是否达标。标准规定产地土壤环境质量要符合《土壤环境质量标准》（GB 15618）中的二级标准，农田灌溉用水水质要符合《农田灌溉水质标准》（GB 5084）的规定，环境空气质量要符合GB 3095中的二级标准和GB 9137的规定。这几个规定都没有给出具体的年限，都要以最新实施的版本为主，认证申请时必须保证这些文件是最新版本的，并将标准下载保存受控，随时能够提供给相关人员查阅。

④ 缓冲带。缓冲带的作用是为了能够有效防止其他非有机区域带来的污染。缓冲带应根据污染源强弱、天气状况等多种因素确定是需要物理屏障隔离还是设置有效缓冲带。缓冲带可以为耕地、树林、草地，也可以为墙、大棚、建筑物等，只要能够起到防止污染物的影响就可以。一般多数会选择种植高秆作物作为缓冲带来防止其他常规土地漂移，但是这些作物一定要按照有机标准生产且不能够作为有机产品出售。

⑤ 种子和植物繁殖材料。标准要求有机生产过程中应首先因地制宜选择具有抗性品种的有机种子和种苗，当市场上无法获取时，要制定获取有机种子和有机植物繁殖材料的计划。完全使用有机种子和有机繁殖材料也是国际有机生产的一种趋势，专门的有机种子、种苗生产公司也已经出现，越早使用有机种子及有机繁殖材料就能够尽早地和国际有机生产站在同一水平线上。对于抗性品种的来源也应确定其是否是通过转基因方式研制出来的，目前市场上有很多经过转基因产生的抗性作物种子、种苗，挑选时应进行有效甄别，了解品种。

按照标准规定，植物的种苗或者繁殖材料最好是通过有机的方式进行育苗，且禁止使用经过禁用物质处理过的种苗或者繁殖材料。一般检查员会通过搜索公司仓库、观察仓库环境、查看剩余种子和种苗、喷洒设施装备等方式进行检查,以保证植物种苗或者繁殖材料没有使用过含禁用物质的投入品。

⑥ 栽培。作物轮作是最重要的有机农业种植方法,能够改良土壤、防治病虫害,提高产品质量。有机生产者应该掌握轮作的知识,对农场轮作作物进行评估,最大化地有效利用和改良土壤。标准规定一年生植物进行三种以上作物轮作,一年种植多季水稻的地区可以采取两种作物轮作,冬季休耕地区不进行轮作。轮作过程中可以采用间作、套作等方式增加生物多样性及植株抗病能力。对有机作物进行合理灌溉(滴灌、喷灌、渗灌等),可以提高水资源利用率,减少养分流失,降低病虫害的发生,提高作物产量。

⑦ 土肥管理。有机农业肥料首先应通过合理轮作与栽培措施来维持土壤肥力,当该措施无法满足时,优先使用本单元或其他单元的有机肥。从市面购买的肥料必须要先通过有机认证,经许可后才可以在有机生产上投入使用。

没有充分腐熟的人粪尿含有对健康不利的物质,就算使用,也该在人粪尿充分腐熟之后,也不得和食用部分接触,一般情况下应避免使用人粪尿。

有机农业可以使用溶解性小的天然矿物肥料,矿物肥料是天然矿石经过化学处理后发生化学变化,溶解性提高变成化肥,所有有机农业允许使用,但是有机系统以自身的能力循环为主,尽量减少外来物品的引入,因此对于天然矿物肥料的使用还是有限制的。

生物肥料堆肥时常利用天然微生物来促进肥料的分解,但要注意此过程中使用的微生物制剂是天然的、非转基因的。

⑧ 病虫草害防治。病虫草害的防治是有机农业可否坚持下去的关键因素,检查组一般在检查时会重点查看生产单元是否知道和实施具体的病虫草害的防治计划。在防治病虫草害时应优先考虑通过农作、生物和物理方面的措施,保持有机系统内部的生态平衡和生物多样性。

在无法有效控制病虫草害时才使用的方法,检查组一般会对这些物质的使用数量和频率进行评估。另外,标准附录中所列的物质会随时间不断发生变化,生产者应该及时关注变化,留意认证机构发出的相关通知。

⑨ 其他植物生产。设施栽培不允许使用营养水栽培方式进行生产,应选用土壤和基质,其栽培容器也要求未使用禁用物质处理。有机质栽培为植物的生产提供了良好的环境,提高植物抗性,成本低。标准要求在设施栽培中,可以用加热气体和水的方式取得辅助热源,也可以使用辅助光源;可以通过

控制温度和光照或使用天然植物生长调节剂调节生长和发育；使用动物粪肥作为养分的来源时应堆制；可使用火焰、发酵、制作堆肥和使用压缩气体提高二氧化碳浓度。应采用嫁接栽培、耕翻晒坐、施用植物覆盖物来使土壤再生，代替轮作，也可部分或全部更换温室土壤。尽量对栽培容器进行循环使用，维持生态环境的可持续发展。

⑩ 分选、清洗及其他收获后处理。有机产品收获后所有过程都要采用物理和生物方法，仪器设备在处理有机产品前必须清理干净，使用规定的清洁剂对设施进行清理消毒，避免对有机产品造成污染。

⑪ 污染控制。常规农田与有机农田的排灌系统应进行有效隔离，若不能合理布置，即使很远也会对有机田地造成污染。有机农业要求普通农业系统中的器械设备必须经过完全清理干净后，才可以进行有机产品生产的使用，如果条件允许，有机农业工具和普通农业工具最好分开使用，避免造成污染。有机农业中使用的覆盖物、防虫网等都应该是对环境不产生有害影响的无毒无害材料。

首次认证的生产者都应对生产单元的土壤进行采样并送到具有检测资质的单位进行检测，全面了解生产土壤的质量标准及禁用物质残留情况，避免污染风险。

⑫ 水土保持和生物多样性保护。有机农业生态环境的可持续发展，以维持自身的循环系统为主，对可能因农事活动造成的污染及破坏都应该制定切实可行的计划，如秸秆覆盖、作物间作等方式是为了避免土地裸露，防止水土流失，保持土壤水分及肥力；保护天敌并为其设立栖息地和保护带，利用天敌来对抗植物病虫害，减少外来投入品对于环境的危害，同时也能够增加生物的多样性，有利于提高整个生态系统的抗性。

秸秆焚烧也是有机农业禁止的，秸秆在有机农业中具有很大的用处，可以用来覆盖土地保持水土，还可用来增加土壤肥力。将秸秆进行烧毁不但是一种极大的奢侈浪费，还会对周围环境产生危害。但若是由于病虫害的原因必须要对秸秆焚烧处理时，也要集中在田地外处理。

3. 野生植物采集

野生植物采集区必须是一个可持续生态系统，应制定提交可持续生产的管理方案，保证环境、经济的协调发展。采集区一般面积较大，要求边界清晰，在采集前的36个月内没有受到禁用物质的污染。若是边界存在污染的可能性，需要设置缓冲带来避免污染。

4．食用菌栽培

食用菌是特殊植物类型，多数在大棚内种植。食用菌对于水质需要更高的要求，必须满足《生活饮用水卫生标准》（GB 5749）。菌种同样要求优先使用有机菌种，没有有机菌种来源时，也可以使用非有机菌种，但必须是没有使用过禁用物质的。食用菌的培养基质要求都是来自天然有机的材料，其接种部位必须使用食品级的涂料，避免有毒涂料带来的污染。在食用菌的栽培管理中，应及时清理食用菌菌区的环境卫生，保证空气质量，非栽培期间进行严格消毒，将杂菌问题控制在发生之前。

一般土培或者覆土栽培的食用菌较少，这种土地有机转换期应至少为24个月。

5．有机材料的包装、储藏及运输

（1）有机产品的包装　有机产品的包装材料必须按照国家有关要求规定，简单、实用，尽可能使用可循环使用和可降解的材料对有机产品进行包装。产品的包装可以添加二氧化碳或者氮气作为填充剂，有机包装产品储存时应注意不与其他农用物资放置在一起，检查组在对农场检查时会对家用仓库实施检查。

（2）有机产品的储藏　有机产品的储藏仓库必须保持清洁，不得受到其他物质的污染，条件允许的情况下应建立单独专用仓库，进行明确标识，与常规产品隔离开来。一般通过降低储藏室温度或湿度、充入氮气等方式进行储藏。

（3）有机产品的运输　有机产品在装载运输前首先要确认装载工具是否干净整洁，如果有杂物必须进行完全的清理，否则容易被常规生产时残留的农药、杂草、病虫害等污染。若是有机产品专用的运输工具，则必须进行标识，以免人为混用，在装载运输过程中，要注意保证产品包装标签干净、无破损，保证其完整性。

三、有机标志使用

根据国家标准《有机产品　第3部分：标识与销售》（GB/T 19630.3—

2011）有关规定，有机产品必须按照国家的法律法规要求来进行标识。目前我国已颁布实施了《商标法》《农产品包装和标识管理办法》等多种相关法律，这些法律法规对于有机食品标志的规范和监督起了重要的作用。

有机产品的标志具有严格的使用标准，必须是获得有机认证的产品，对于其他以有机生产方式生产，但没有认证过的产品或者转换期生产的产品都不可以在其标志上显示"有机"两个字或者暗示是有机产品。在加工的产品中，有机配料不得少于95%的产品才能够被有机认证机构确认为有机产品，才能够在产品上粘贴或者标识"有机"，以有机产品名义在市场上进行售卖。高于70%的不能成为有机产品，只能标识"有机配料生产"字样，以区别于有机产品。

有机产品标志图样的图案都要按照规范使用，其颜色、字体、大小均为固定标志，不得随意改动。在提供给外界媒体及销售者的产品说明书或者促销材料中，可以等比例将有机标志进行放大或者缩小，但是对于图案的形状、颜色均不可以做任何变化。同时，产品的包装上也应该标识认证组织名称和证书编号，两者不可或缺。2012年7月1日起，国家认监委规定有机产品必须加贴有机码，由17位数字组成的唯一编码，可在"中国食品农产品认证信息系统"网站进行查询。当对有机产品产生疑问时，人们可以通过进入网站输入产品唯一性编码进行查询，会直接显示该产品对应的名称、企业、认证机构等信息。

第六章　有机农庄的种植规划

第一节　有机农庄的布局谋篇

1．有机农庄的建立

有机农庄的选址是建立的前提，所以有机生态农场的选址应充分考虑周围各种环境对农场产生的影响，要求交通便利、地势平坦、水源清洁、电力充足，远离明显的工、农业及人类污染源，一般远离工矿及城镇20～30km较为合适。有机生态农场的选址必须在水质、土壤、大气等环境指标上符合国际或国内有机认证要求，即水环境质量不低于《地表水环境质量标准》（GHZB1—1999）Ⅳ类标准；土质要求按照国家《土壤环境质量标准 GB 15618—1995》，土壤至少要达到二级以上标准；大气环境质量不低于《环境空气质量标准》（GB 3095—1996）二级标准。总之，有机生态农场的各项建设，应以有机认证标准为原则，遵循有机生态循环理念，合理布局，环境整齐优美，使有机生态农场既是高品质有机农产品的工厂，又是人们休闲娱乐的世外桃源。

例如，甘肃省民乐县充分利用戈壁荒地资源，合理高效利用水土光热条件，提高土地综合产出效益，大力发展日光温室、钢架大棚、食用菌为主的现代设施农业。又或者英国的Huntstile有机农场，属于英国西部美丽的萨默塞特（Somerset），坐落在英格兰第一个自然风景区Quantocks山脚，它四周环绕着绿色田野，各种鲜花盛开。温和的气候环境，丰沛的雨水资源，让这里拥有了天然的生态优势。因此，农场内不仅种植着各种有机蔬菜、药材、花卉等作物，还可以看到农场里自己喂养的猪和山羊等畜牧动物。

2．有机农庄的设计

规划有机农庄时，要发挥创造力，把每一块土地变为赏心悦目的园地，在空地上尽量栽植香草或香花植物，既可以观赏又可以改善生活环境。在设计有机农场时应该充分考虑农场的自然特性，事先调查土壤的质地、地形、生态等方面，随后绘制平面图并且合理布局，并考虑生活起居和机械操作的方便性。有些时候，需要对这些先天的自然条件加以改变，以改善农场的经营效率，但不应破坏生态的多样性。

有机农场的设计以提高生态农庄土地的经济效益、高效利用资源、能源为目的，抓住土地资源、水资源和生产生活废弃物这三个关键要素，建立养殖区、种植区、餐饮区、娱乐区、住宿区等不同的功能模块，形成物质循环、能量逐级利用的良性生态循环系统。例如，北京市的锦会有机农庄，现已经达到80%自给自足，农场中有育苗室、蔬菜大棚，室外有果树、牲畜养殖，自制的马粪堆肥有机肥，采用地下矿泉水，形成一种可持续的生态循环。

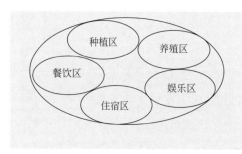

有机农场的布局

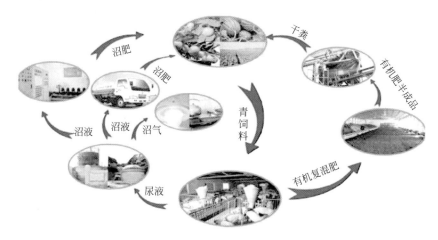

农庄的循环系统

（1）种植区

① 种植区作物布局的原则：需求原则，生态适应性，经济效益与可行性。

② 种植区的设计：多采用大棚，可以是单栋或连栋，为了保证温室采光良好，大棚应南北走向，温室以东西走向为佳。栽培槽、排水沟、灌溉系统是实现水肥一体化栽培的主要设施，应根据灌溉面积及远近合理使用管径适

当的管道，由主到次合理布置，使每株蔬菜获得相等的水肥。

（2）养殖区　建造现代化的畜禽养殖场可以为有机生态循环农业中的有机农作物提供肥料。同时建造大型的沼气池接纳畜禽排泄物，既解决了养殖区排放的污染，又为有机种植提供了安全的肥料。为了使畜禽粪便利用重力作用顺利排放到沼气发酵池中，可将养殖畜舍建成二层楼结构，同时也拓展了养殖空间。

传统工厂化养猪场往往用添加了各种添加剂特别是抗生素的全价配方饲料喂养，有的添加剂有一定的毒性，造成排泄物有害残留，以这样的原料无法配制出合格的有机肥。而且全价配方饲料价格高，工厂化养猪由于出栏太快，肉质较差。有机种植化提供优质、低成本的无有害物质残留的合格有机肥，生产出安全健康的有机肉，拟建立一个封闭式的有机养猪场。可以用以精粮组成的蘑菇下脚料为主料饲养，配以菜园的废弃水果和蔬菜进行有机养殖，这种方式既省时又省力。

（3）餐饮区　与畜禽养殖区要有一定的距离以实现空间隔离。建造休闲餐饮园区是与观光农业、农业科普、采摘农业及有机种养殖的有机结合，主要设施有餐厅和休闲园等。建立环境优美、富有特色的餐饮及休闲园区，既为游客提供了假日休闲及观光、采摘的休憩场所，又可以最大限度地提高有机生态农场的附加值，促进有机农产品的现场销售，提高经济效益。

（4）娱乐区　娱乐区包括娱乐设施用地、部分林地和部分景观水域。娱乐区应靠近主出入口，可选在地形多变、周围自然环境较好的地方，使游人身临其境，感受田园风光和自然生机。对于人流量大的观光娱乐活动，要合理地组织游览空间，设置充足的活动场地、快捷的交通和服务设施。

3．因时因地制宜，选用合适的作物品种

农作物品种的选择是提升农产品质量的关键，农作物品种的选择要坚持绿色环保的原则，安排相关的技术人员做好现场的勘察工作。从地区的季节特点出发，加强对早播以及晚播农作物品种的选择，将地区的自然条件进行整合，结合生长期的长短选择适宜的品种进行播种。在农作物品种的选择上，要从农作物茬口的衔接程度出发，注重对耐寒性农作物品种的选择，保证农作物顺利生长。

比如在选择蔬菜的过程中需要高度重视气候因素，若光照量不足就需

要选择弱光的蔬菜品种来栽培,其中可以选择的蔬菜包括黄瓜等。在种植蔬菜的过程中,需要充分分析蔬菜的特点和结实率等问题。不仅如此,要想保障栽培的产量和质量,应尽量选择早熟的品种,从而提升植物的抗寒能力。

如果在某地区进行种植,首先要对当选的农作物品种有一个全面的了解和认识,对适宜种植地区、产量水平、生育时期、主要性状表现和适宜种植密度等要心中有数。结合当地的自然条件、生产水平、种植方式和密度等,科学、合理地选准良种,并进行良种良法、配套种植,避免因选错良种造成经济损失。科学地选择适合自己的农作物品种,应遵循以下原则:第一,要选用正规厂家出产的品种;第二,要选用经过省审(认)定或经过全国审定并准许在当地推广的达到标准的品种;第三,要选用适合自己的种植目标和用途的品种;第四,要选用适宜当地的自然条件、符合当地种植方式和生产水平的品种。

以下是几种常见作物品种的选择。

(1)玉米品种　在光热和水资源丰富、土壤肥沃、生产水平较高的地区,应选用耐肥水的中晚熟品种。在丘陵、山区、肥水条件较差的地区,应选用适应性广、稳产性好的中晚熟玉米杂交种。土壤瘠薄、春旱比较严重,适合选用适应性广、稳产性好的中晚熟玉米杂交种。

(2)大豆品种　根据当地活动积温选择能正常成熟的品种,不要越区种植。晚熟区可以种植晚熟和中熟品种,中熟区可以种植中熟和中早熟品种,但晚熟区不宜种植早熟和中早熟品种,避免因熟期过早产量降低而造成损失。根据土壤肥力情况选择品种,山坡地、丘陵、漫岗地等土壤肥力低的地块要选择耐瘠薄品种及植株高大繁茂品种。平原及肥沃地块要选择耐肥抗倒伏品种。水田改旱田种大豆要选择比当地生育期早5~7d的品种。选择产量高的品种,提倡要一年一换种子,实现优良品种及时更新换代,尽量不种自留种子以保持品种增产潜力。

(3)水稻品种　选用新审定的具有较强抗性的品种,如面积较多时应避免单一品种的大面积种植,应主推2~3个品种,搭配种植。若来年气候条件不是十分有利,那么应选择成熟期稍早一点的品种。

附部分作物信息,见表6-1。

表 6-1 有机农庄部分适种作物

作物种类	作物名称	拉丁学名	生长习性
农作物	大豆	Glycine max	喜暖，短日照植物，水分要求较多
	玉米	Zea mays	喜温，短日照植物，土壤要求不苛刻
	水稻	Oryza sativa	喜高温，多湿，短日照，土壤要求不严，但是水稻土最好
	花生	Arachis hypogaea Linn.	喜热，干燥，砂质壤土，要求积温在3000℃以上，不耐霜
	油菜	Brassica campestris L.	喜温暖气候，肥沃土壤
	甘蔗	Saccharum officinarum	喜高温，需水肥量大，生长期长的热带、亚热带地区
	茶叶	Camellia sinensis（L.）O.Kuntze	喜高温多雨，酸性土壤，怕涝
	芝麻	Sesamum indicum Linn.	喜温耐旱，要求积温在3000℃以上，不耐霜，不耐涝
	胡麻	Pedaliaceae	耐寒、耐旱、耐贫瘠，对热量要求不高，生长期短
果树	草莓	Fragaria ananassa Duch.	喜温凉，不耐涝，易生长于肥沃疏松的中性或微酸性土壤
	苹果	Malus pumila	温暖，湿润，喜光，较耐寒
	柑橘	Citrus reticulata Blanco.	喜温润，怕寒冷
观赏作物	向日葵	Helianthus annuus	喜温，耐寒
	格桑花	Cosmos bipinnatus Cav.	耐干旱，耐贫瘠土壤，不耐涝
	玫瑰	Rosa rugosa	喜阳，耐寒，耐旱

4．栽培管理技术

一系列的栽培管理技术措施，同样也是保证一个良好的有机农庄的重要一步。可以通过选育良种、培育壮苗、嫁接换根、起垄栽培、地膜覆盖、病虫杂草的防除、合理密植、植株调整、轮作换茬和清洁田园等技术，充分利用光、热、气等条件，创造一个有利于植物生长的环境，以达到高产高效的目的。

（1）肥水管理

① 有机肥料的使用。在种植过程中会涉及肥料的使用，正确选择肥料，确保施肥量在合理的范围内，能够显著改善种植产品的质量和产品品质。农户需要按照生产需求和作物的品种来选择肥料，之后参考土壤的实际情况来

控制施肥量，确保正确配制微量元素。在种植中会施用有机肥料来增加土壤中的养分含量。有机肥料包括动植物的粪便及残体，植物沤制肥、绿肥、草木灰、饼肥等。矿物质肥包括钾矿粉、磷矿粉、氯化钙等物质。另外还包括有机认证机构认证的有机专用肥和部分微生物肥料。在实践中合理使用肥料，施足底肥，巧施追肥可以给植物提供适宜的养分，更有利于植物的生长繁殖。

有机肥料要求如下。

a. 有机种植不能施用化肥，但不是不施用肥料，要采取相应措施来补充因植物收获而从土壤带走的有机质和养分。

b. 通过种植豆科植物、免耕或土地休闲等措施进行土壤肥力的恢复。

c. 可施用农家肥，但需要进行腐熟，不能使用"生粪"，即使是农家肥也不能过度使用，避免造成环境污染。

d. 叶菜类、块茎类和块根类植物不能施用人粪尿。

e. 其他植物上施用人粪尿需进行充分腐熟和无害化处理，且不得与植物食用部分接触。

f. 可施用天然矿物肥料，但不能施用化学提纯的矿物肥。

g. 肥料中不能使用和含有转基因生物及其产品。

② 水量的控制。水是农作物生长不可缺少的部分，作物生长离不开水。水是光合作用固定CO_2、形成糖的原料，使养分溶于水输送到作物周身。作物的生长依赖于水，并依靠水分的蒸腾作用来调节自身的温度。因此水是农作物生长的重要条件之一，也是农业增产增收的重要条件之一。合理控制水分是农作物正常生长和发育的重要保证，当水分不足以补偿农作物因蒸腾作用和代谢活动消耗的水量时，嫩枝和叶片就会出现萎蔫现象，影响其正常的生长和发育。反之，如果水分供应过多不仅会引起植株徒长，还会导致作物根部缺氧、呼吸作用降低、难以吸收养分，造成作物枯萎甚至死亡。只有土壤水分适宜，根系吸水和叶片蒸腾才能达到平衡状态。

（2）大棚管理　农户在使用温室大棚技术的过程中，需要选择无毒无害的材料，防止在光照之后产生有毒的物质，这样不仅会影响到蔬菜的正常生长，而且人们在食用蔬菜后会严重影响身体健康。合理的大棚棚膜能够有效地保护蔬菜，而且可以帮助农户落实栽培绿色蔬菜的需求。在冬季，棚膜也可以有效地隔绝冷空气，防止蔬菜在冬季受到影响。要想增强对于蔬菜栽培成本的控制，应选择防老化性较强的棚膜，增加棚膜的使用时间。最后，在使用棚膜的过程中需要增强对于光照的重视，按照蔬菜的实际情况来进行选择，使其发挥一个良好的作用。

① 控制光照。蔬菜的健康生长离不开光照，其主要是借助光合作用获取能量，所以合理地控制光照是比较重要的。温室大棚技术有着比较显著的优势，如今在农户种植时得到了广泛使用。由于温室大棚技术的使用主要是在春季和冬季，这两个季节的阳光比较温和，能够进入大棚的光照仅仅是露地光照的 60% 左右，若遇到雨季，棚内的光照会更差。要想保障温室大棚中的光照量能够满足蔬菜的生长需求，就需要选择合理的方法来保障大棚的光照量。

影响作物生长的光照因素有光照时间和光照强度，两者缺一不可。根据农作物对于光周期的反应不同，可以分为长日照作物和短日照作物以及中间性作物。长日照作物对于每天光照时间要求较多，一般超过 14 ~ 17h 才会形成花芽，日照愈长，发育愈快，如小麦、马铃薯、油菜等；而短日照作物每天需要的日照时间一般不超过 12h，日照愈短，发育愈快，如水稻、玉米、大豆等；中间性作物对日照长短不敏感，没有要求，如荞麦、茄子等。

② 控制温室大棚通风情况。夏季光照比较充足，容易出现棚内温度较高的情况，要想保障蔬菜的正常生长，农户就需要正确进行通风散热工作。其中温室大棚应选择遮阳网和通风的方法来进行散热，使用遮阳网可以有效地降低大棚中的温度，但是难以调整棚内的湿度，因此应借助通风散热的措施有效地控制棚内湿度，防止产生病虫害。另外，通风口需要设置在避风处，防止大风破坏大棚。

（3）病虫草的防除

由于有机蔬菜在生产过程中禁止使用所有化学合成的农药，禁止使用由基因工程技术生产的产品，所以有机蔬菜的病虫草害要坚持"预防为主，防治结合"的原则。通过选用抗病的品种、高温消毒、合理的肥水管理、轮作、多样化间作套种、保护天敌等农业措施和物理措施综合防治病虫草害。

（4）轮作换茬。农作物的轮作技术是农作物栽培技术中的重要组成部分，在实际应用中，要坚持因地制宜的原则，合理优化农作物的轮作年限。为了防止出现病虫害，要注重轮作物的选择，尽量选用与该地实际情况相符合的轮作物，这在一定程度上有利于提升土地的利用率。在实际的轮作过程中，要注重土壤的疏松工作，以此保证农作物顺利出苗。为了保证农作物轮作技术的顺利实施，要对该地区的气候、水文特点进行分析，根据土壤的实际情况制定完善的农作物轮作技术方案。

合理轮作和间作不仅可以充分利用土壤养分和光热资源，提高产量，还可以在切断有害生物的食物或寄主供应，抑制有害生物数量积累的同时，有利作物间天敌种群的相互转移，增强生态系统对有害生物的自然控制能力。因此，间作套种也可能成为一项非常有效的防虫技术。小麦或越冬绿肥与棉花的间作、套作，可以较好地控制棉花苗期蚜虫的为害。

另外，可以根据作物之间的互作高效的栽培模式。比如，"小麦－西瓜－萝卜"一年内3种3收的粮瓜菜高效互作栽培模式，有利于提高土地利用率，解决农作物连作障碍，改良土壤，促进农业增产，提高经济效益。或向日葵与大豆间作种植，可增加大豆的种植面积，有效利用土地，以达到增产增效目的。

第二节　有机农庄种植种类选择

有机食品主要包括一般的有机农产品（例如有机杂粮、有机水果、有机蔬菜等）、有机茶产品、有机食用菌产品、有机畜禽产品、有机水产品、有机蜂产品、有机奶粉、采集的野生产品以及用上述产品为原料的加工产品。国内市场销售的有机食品主要是大米、茶叶、蜂蜜、羊奶粉、杂粮、水果、蔬菜等。

1. 有机蔬菜

有机蔬菜的种植讲究的是安全、自然的生产方式，具有无化学残留、远离污染、品质高、口感佳的特点,而且已被证明比普通蔬菜更具营养。虽然用功量大、产量低,但有机蔬菜具有自然本色。并且由于人们对安全食品的需求日益强烈,且有机蔬菜生产基地很少,产品不多,有机蔬菜现已成为礼品菜需求的时尚,因此国内市场前景非常乐观。

(1)有机甘蓝 甘蓝别名洋白菜、卷心菜、莲花白等,原产于欧洲地中海地区,学名结球甘蓝,形状有尖形、圆形、扁形等,颜色上有白色、绿色、紫色等,现我国各地均有栽培。甘蓝是世界上一致公认的保健蔬菜之一,营养丰富,此外因其含有的卡路里少还具有瘦身减肥的功效,故广受人们的喜爱,是餐桌上必不可少的一道家常菜(图6-1)。

图6-1 有机紫甘蓝(彩图)

有机甘蓝种植相对来说比较简单,投入少、省工省力又高产。但是有机农场种植的时候,有很多需要注意的地方,比如:①品种:早春还比较冷的时候,要选用耐寒性强、抗病力强的品种,如果等到春季播种的时候,天气已经不那么冷了,就可以使用早熟、丰产、抗病力强的品种;②苗床:土壤一定要肥沃,而且必须是上一个年度没有种植过十字花科蔬菜的土壤;③管理:一般五天就能出苗,这个时候要注意放风,让温度保持在10~20℃,如果种苗太密集的话就要拔掉一部分,之后根据栽培模式和天气状况选择恰当的时机栽植。

(2)有机番茄 有机番茄含有丰富的营养,又有多种功能,被称为神奇的菜中之果。它所富含的维生素A原,在人体内转化为维生素A,能促进骨骼生长,防治佝偻病、眼干燥症、夜盲症,并对某些皮肤病具有良好的功效。现代医学研究表明,人体获得维生素C的量,是控制和提高机体抗癌能力的决定因素。有机番茄内的苹果酸和柠檬酸等有机酸,还有增加胃液酸度、帮助消化、调整肠胃功能的作用。有机番茄中含有果酸,能降低胆固醇的含量,对高脂血症很有益处。据药理研究,番茄汁有缓慢降低血压、利尿、消肿作用,对高血压、肾病等病人有良好的辅助治疗作用。番茄还具有美容功效,所含谷胱肽是维护细胞正常代谢不可缺少的物质,能抑制酪氨酸酶的活性,使沉着于皮肤和内脏的色素减退或消失,起到预防蝴蝶斑或老人斑的作用(图6-2)。

图6-2　有机番茄(彩图)

(3)有机毛豆　毛豆既富含植物性蛋白质,又有非常高的钾、镁元素含量,B族维生素和膳食纤维特别丰富,同时还含有皂苷、植酸、低聚糖等保健成分,对于保护心脑血管和控制血压很有好处。值得一提的是,嫩毛豆的膳食纤维含量高达4.0%,而一直被人们认为是纤维冠军的芹菜秆,其纤维含量仅有1.2%。而另外一些人们所熟知的高纤维蔬菜,其纤维含量都要低于毛豆,如芥蓝含1.6%、菠菜含1.7%、苋菜含1.8%、西蓝花含1.6%、韭菜含1.4%。由此看来,毛豆不愧为蔬菜中的纤维冠军(图6-3)。

早熟毛豆,也称"春绿"毛豆,是一种食用型毛豆。它属于毛豆的新品种;属无限结荚型。主要特征表现为早熟高产、优质。春播全生育期80d,属偏早熟品种,比台湾品种"75-1"提早15d成熟,产量高12.6%,品质超群。豆粒甜度高,适口性好,一烧就酥,吃口风味佳。作为早春抢市蔬菜,是大中棚、小环棚、1~2年生新果园间种作物和其他多熟作物种植搭配的

图 6-3　有机毛豆（彩图）

理想经济作物。

（4）有机黄瓜　有机黄瓜中含有的葫芦素 C 具有提高人体免疫功能的作用，达到抗肿瘤目的。有机黄瓜中还含有丰富的维生素 E，可起到延年益寿、抗衰老的作用；此外黄瓜中的黄瓜酶有很强的生物活性，能有效地促进机体的新陈代谢。用黄瓜捣汁涂擦皮肤，有润肤、舒展皱纹功效。有机黄瓜中所含的葡萄糖苷、果糖等不参与通常的糖代谢，是糖尿病人喜爱的食物之一。其中的丙醇二酸，可抑制糖类物质转变为脂肪。黄瓜中的纤维素对促进人体肠道内腐败物质的排除和降低胆固醇有一定作用，能强身健体。其中的维生素 B_1，对改善大脑和神经系统功能有利，能安神定志，辅助治疗失眠症。所以说，近年来有机黄瓜也逐渐成为人们追求的高品质食物之一（图 6-4）。

图 6-4　有机黄瓜（彩图）

（5）有机菠菜　菠菜因其耐寒性和适应性强，生长期较短，一年内可多茬栽培，是春、秋、冬三季的重要绿叶蔬菜（图 6-5）。

菠菜不仅栽培容易，而且柔嫩可口、营养丰富，一直被推崇为养颜佳品，

第六章　有机农庄的种植规划

图 6-5 有机菠菜(彩图)

颇受健美人士的青睐。因其含有人体造血原料之一的铁,常吃菠菜,令人面色红润、光彩照人,不患缺铁性贫血。100g 菠菜含铁 1.6~2.9mg,在蔬菜中名列前茅。此外菠菜具有药用价值,性甘凉,能养血、止血、润燥,可防治便秘,使人容光焕发。菠菜还富含酶及大量的水溶性纤维素,能刺激肠胃、胰腺的分泌,促进消化。菠菜的赤根含有一般蔬果缺乏的维生素 K,有助于防治皮肤、内脏的出血倾向。

菠菜耐寒性强,生长最适温度为 15~20℃,植株能长期耐 0℃ 以下的低温,在 -8~-6℃ 的低温下受冻也能复原。故具 4~6 片叶的菠菜幼苗,不需加任何保护即能露地越冬。但 1~2 片真叶的小苗和将抽薹的植株耐寒性较差,冬季需稍加覆盖才能安全越冬。菠菜不耐高温,25℃ 以上时植株生长不良,叶片小而少,质量变劣,且易抽薹。菠菜萌动的种子或幼苗在 0~5℃ 下经 5~10d 通过春化阶段。菠菜是典型的长日照作物,在 12h 以上的日照和高温条件下通过光照阶段,抽薹、开花、结实。随温度的升高及日照加长,抽薹期提早。菠菜在生长期中需要大量的水分,生长适宜的土壤湿度为 70%~80%、空气湿度为 80%~90%。如果生长期中缺水,则植株生长不良,叶组织老化,品质差,且易提早抽薹。菠菜直根较发达,要求疏松肥沃、保肥和保水力强、排水良好的土壤,一般以沙质壤土和黏质壤土为宜。适宜的土壤 pH 值为 5.5~7。根据湖南省蔬菜局王迪轩、刘中华等统计有机菠菜品种推荐如下:

① 火车火。耐热、耐抽薹型大圆叶菠菜进口品种,播后 40~50d 即可

上市。叶大而肥厚，浓绿稍皱，根颈粉红，商品性好。适宜晚春、初夏和早秋栽培。

② 捷雅。中晚熟品种，株型中等，生长直立。叶片阔三角形，叶面平滑，叶片深绿，微锯齿状。早期生长缓慢，不会徒长，生长稳定。抗病性强，抗霜霉病。亚热带、温带种植，适于春夏秋露地或保护地栽培。

③ 快速。株型开展，茎粗，栽培期长，平地及温暖地适宜春秋播种，高冷地夏季可长期播种。叶浓绿色，有光泽，肉厚，叶宽，叶顶略尖，略带缺刻。叶柄粗，生长强健，茎不易折。抗霜霉病，叶和叶柄的平衡感好，卷叶、缩叶现象少。

④ 春夏菠菜。进口种子。耐抽薹，适于春、夏播种，5～7月播种不抽薹。叶深绿色，有光泽，肉厚，叶幅宽，植株伸展性好，茎稍粗，生长直立，栽培容易，抗霜霉病，高温期缩叶、卷叶发生少，商品性高。

⑤ 耐冬菠菜。进口种子。叶缺刻美观、肉厚，叶幅宽，叶色绿，有光泽，株型美，商品性好。叶数多，叶尖圆，同其他品种相比根色较红，初期生长旺盛、直立、容易收获。较晚抽薹，播种期长，抗霜霉病。春播一般在3月上旬以前播种，宜保护地栽培；秋播一般在8月下旬至9月中旬。

⑥ 全能东湖菠菜。生命力旺盛，由秋初经冬季直至晚春，整个种植季节都适宜，容易种植。株型直立、高大、齐整，叶柄粗壮，叶子厚阔，叶色浓绿，产量高。

⑦ 春秋全能东湖菠菜。生命力旺盛，由秋初经冬季直至晚春，整个种植季节都适宜，容易种植。株型直立、高大、齐整，叶柄粗壮，叶子厚阔，叶色浓绿，产量高。

⑧ 日本法兰草菠菜。早、中、晚均可种植，比一般品种生长快。特抗病、耐寒、耐热、冬性特强、晚抽薹。适应性广，容易种植，叶特大、厚，油绿有光泽，梗特粗，株型高大，红头，可密植，产量特高，3～28℃均能快速生长。

⑨ 丹麦王2号。早熟品种，抽薹晚，叶圆形至椭圆形，叶片中绿。植株直立，株形中大，叶片厚，优质高产。早期生长缓慢，不会徒长，生长稳定。适应性广，抗病性强，抗霜霉病。商品性佳，适合鲜食和生产以及冷冻工业用。适合春季、秋季及冬季保护地栽培。

⑩ 华波1号菠菜。植株半直立，株高25～30cm，叶色浓绿，叶肉

较厚，单株重110g，叶肉嫩，无涩味，耐高温，早熟性强。适于早秋播种栽培。

⑪ 华波2号菠菜。株高28.5～33.5cm，较直立，出苗快，生长势强，叶呈长椭圆形，叶基部一裂，对生一小齿，叶色较浓绿，叶味较甜。适于秋、冬及越冬栽培。

⑫ 春秋大叶菠菜。从日本引进，株高30～36cm，半直立状。叶长椭圆形，先端钝圆，平均叶长26cm、宽15cm，肥厚，质嫩，风味好。耐热，抽薹晚，但抗寒性较弱。

⑬ 新世纪菠菜。纯度高，抽薹晚，生长旺盛，半直立状。叶稍宽，有光泽，有缺刻，叶肉厚，品质优，叶柄粗，叶数多，抗病，耐热性强，产量高。

此外，还有丹麦王、捷克、可爱、完美、捷荣、昌盛、南京大叶菠菜、春不老菠菜、广东圆叶菠菜、上海圆叶菠菜、美国大圆叶、绿海大叶菠菜等优良品种。

除了上述几种常见的种植蔬菜外，还包含有其他种植品种可供有机农场选择，具体如下。

（1）有机辣椒 有机辣椒见图6-6。

图6-6 有机辣椒（彩图）

① 樱桃类辣椒。叶中等大小，圆形、卵圆形或椭圆形，果小如樱桃，圆形或扁圆形，红、黄或微紫色，辣味很强，制干辣椒或供观赏。如成都的扣子椒、五色椒等。

② 圆锥椒类。植株矮，果实为圆锥形或圆筒形，多向上生长，味辣。如仓平的鸡心椒等。

③ 簇生椒类。叶狭长，果实簇生，向上生长，果色深红，果肉薄，辣

味很强，油分高，多作干辣椒栽培，晚熟，耐热，抗病毒力强。如贵州七星椒等。

④ 长椒类。株型矮小至高大，分枝性强，叶片较小或中等，果实一般下垂，为长角形，先端尖，微弯曲，似牛角、羊角、线形。果肉薄或厚，肉薄、辛辣味浓，供干制、腌渍或制辣椒酱，如陕西的大角椒；肉厚、辛辣味适中的供鲜食，如长沙牛角椒等。

⑤ 甜柿椒类。分枝性较弱，叶片和果实均较大。

⑥ 朝天椒。四川、重庆一带特产，又辣又香。

（2）有机红薯　是一种高产而适应性强的粮食作物，与工农业生产和人民生活关系密切。块根除作主粮外，也是食品加工、淀粉和酒精制造工业的重要原料，根、茎、叶又是优良的饲料。有机红薯富含蛋白质、淀粉、果胶、纤维素、氨基酸、维生素及多种矿物质，有"长寿食品"之誉。具有抗癌、保护心脏、预防肺气肿和糖尿病、减肥等功效（图6-7）。

（3）有机生菜　茎叶中含有莴苣素，故味微苦，具有镇痛催眠、降低胆固醇、辅助治疗神经衰弱等功效。有机生菜中含有甘露醇等有效成分，有利尿和促进血液循环的作用。生菜中含有一种"干扰素诱生剂"，可刺激人体正常细胞产生干扰素，从而产生一种"抗病毒蛋白"抑制病毒。具有清热安神、清肝利胆、养胃的功效。适宜胃病者、维生素C缺乏者、肥胖者、减肥者、高胆固醇者、神经衰弱者、肝胆病患者食用。生食、常食可有利于女性保持苗条的身材（图6-8）。

（4）有机大葱　含有丰富的蛋白质、糖、氨基酸等营养成分，并有浓郁的香辛气味，是菜肴中良好的调味品。有机大葱还有奇特的药用效果，其味辛、性温，生食辛平，熟食甘温，有治疗心血管疾病、解毒、散疲、防癌等功效（图6-9）。

（5）有机韭菜　具有极高的营养价值，含有蛋白质、脂肪、碳水化合物、粗纤维、钙、磷、胡萝卜素、硫胺素、核黄素、抗坏血酸等营养成分，并且有很好的消炎杀菌作用。有机韭菜是我国传统的蔬菜，也是中医常用的药物，是卫生部确定的"食药同源"的食品之一。韭菜也一直是我国流行的绿色食品之一（图6-10）。

（6）有机马铃薯　又名土豆，肉有白色和黄色，淀粉含量较多，口感脆质或粉质，营养丰富。土豆具有很高的营养价值和药用价值，在法国，土豆被称作"地下苹果"。土豆营养素齐全,而且易为人体消化吸收,在欧美享有"第二面包"的称号。黄皮土豆外皮暗黄,内色呈淡黄色,淀粉含量高,品味较好(图6-11)。

(7)有机生姜 别名紫姜、生姜、鲜姜、老姜。性味温,辛。可用于开胃止呕,发汗解表。有研究证明,生姜干粉对因运动引起的头痛、眩晕、恶心、呕吐等症状的有效率达90%,且药效可持续4h以上。生姜的市场份额近年也越来越大(图6-12)。

图6-7 有机红薯(彩图)

图6-8 有机生菜(彩图)

图6-9 有机大葱(彩图)

图6-10 有机韭菜(彩图)

图6-11 有机土豆(彩图)

图6-12 有机生姜(彩图)

上述简单列举部分实用有机品种,以下列举了一些其他可供参考的种植品种。

(1)根菜类 萝卜、胡萝卜(红萝卜、黄萝卜、丁香萝卜、药性萝卜、番萝卜)、芜菁甘蓝(洋蔓菁、洋疙瘩、洋大头菜)、根甜菜(红菜头、紫菜头)、牛蒡、根芹菜、婆罗门参、山葵、黑婆罗门参。

(2)薯芋类 马铃薯、姜、芋头、魔芋、山药、甘薯、豆薯、菊芋、菜用土圞儿、蕉芋。

(3)葱蒜类 韭、大葱、洋葱、大蒜、蒜薹、蒜苗、胡葱。

(4)瓜类 黄瓜(王瓜、胡瓜)、冬瓜(东瓜)、节瓜(毛瓜)、南瓜(中国南瓜、倭瓜、番瓜、饭瓜)、笋瓜(印度南瓜)、西葫芦(美洲南瓜、蔓瓜、白瓜、香瓜）、菜瓜、丝瓜、苦瓜（凉瓜）、蛇瓜。

（5）豆类　菜豆、长豆角、菜用大豆（毛豆）、豌豆、蚕豆、扁豆、刀豆、多花菜豆、四棱豆、绿豆、黄豆、黑豆、青豆、红豆、蚕豆、红小豆。

（6）水生蔬菜　莲藕、慈姑、水芹、荸荠、菱、豆瓣菜、海带、紫菜。

（7）多年生及杂类蔬菜　竹笋、芦笋、食用大黄、食用菊、玉米笋、嫩玉米、糯玉米、甜玉米。

（8）食用菌　香菇、草菇、金针菇、黑木耳、银耳、猴头菇、毛头鬼伞、姬松茸、茶薪菇、真姬菇、灰树花、滑菇、毛木耳、北冬虫夏草、松茸、羊肚菌、离褶伞。

2. 有机水果

水果主要供给的营养素是维生素，其中以维生素 C 和维生素 A 最为重要，水果的维生素 C 不像烹煮蔬菜时会大量流失，因此是维生素 C 的天然补充食品。维生素 C 能延缓老化，是美容不可缺乏的营养素。此外多吃水果有益于身体健康，水果中含有天然色素，能有效预防癌症，而含有 β- 胡萝卜素的部分水果，在吃进人体内会转变成维生素 A，可以防止细胞遭受自由基的伤害。另外，在柑橘类水果中的抗癌物质——类生物黄碱素，可以帮助脂溶性致癌物质转化为水溶性，有利排出体外。水果还能帮助塑身，含丰富维生素 C 的水果能促进身体的代谢，是减重者可以多补充的水果。番石榴、葡萄、柑橘、柳橙、葡萄柚、柠檬等都能够为身体的代谢增添活力。综上而言，水果现今已成为人人不可缺少的一部分。有机农业在我国得到快速发展，有机生态的瓜果蔬菜等农副产品价格高、销量好，近年来种植规模逐渐扩大。

（1）有机苹果　苹果味道香甜可口，是每个年龄阶段的人都可以吃的，尤其是儿童和青少年多吃苹果，可以提高记忆力。对于中老年人来说，多吃苹果还可以降低胆固醇，从而起到降血压、降血脂的作用，所以对于中老年人来说适当地吃一些苹果会对身体非常有好处。对于女性朋友们来说，苹果还是非常好的美容食品，多吃苹果可以让皮肤变得非常光滑细腻，而且时刻补充皮肤的水分，所以对于那些爱美的女性朋友们来说一天最少吃一个苹果。苹果还有减肥的功效，因为苹果中的苹果酸可以起到降低血脂、软化脂肪的作用，每天晚上吃一个苹果可以起到减肥的作用（图 6-13）。

（2）有机柑橘　有机柑橘，常绿小乔木或灌木，高约 2m。小枝较细弱，

图 6-13　有机苹果（彩图）

无毛，通常有刺。叶长卵状披针形，长 4～8cm。花黄白色，单生或簇生叶腋。果扁球形，径 5～7cm，橙黄色或橙红色，果皮薄、易剥离。春季开花，10～12 月果熟。性喜温暖湿润气候，耐寒性较柚、酸橙、甜橙稍强。柑橘属芸香科柑橘亚科，是热带、亚热带常绿果树，用作经济栽培的有 3 个属：枳属、柑橘属和金柑属（图 6-14）。

图 6-14　有机柑橘（彩图）

针对相关栽培种植，需要注意的地方如下。

① 选地。选择透气和排灌水良好、富含有机质、pH 值在 6.5 左右的壤土为宜。有机柑橘生产必须选择与非有机生产园区具有清楚、明确的界限和缓冲带的地块，以防止禁用物质污染，田块的空气质量要达到《环境空气质量标准》（GB 3095—1996）中所规定的一级标准。

② 施肥。有机肥指经过无公害化处理的堆肥、沤肥、厩肥、沼气肥、绿肥、饼肥及有机柑橘专用肥。但有机肥料的污染物质含量应符合规定，并经有机认证机构的认证。

③ 杂草控制。柑橘园区采用树盘清耕、行间生草栽植技术，当树盘内出现杂草或行间杂草高度超过20cm时，应采用割草、人工锄草等方法，或用未经有毒有害物质污染的作物秸秆、塑料薄膜等其他合成材料覆盖，但这些覆盖材料必须在柑橘果实收获之后从园区移走。

（3）有机葡萄　葡萄在世界水果中占有十分重要的位置，产量仅次于柑橘。鲜食葡萄是国际性的重要果品之一，其果实营养价值极高，鲜果含糖10%～30%，并含有多种对人体有益的矿物质和维生素，深受广大消费者的喜爱。具有高技术含量、无污染且保健，已成为国际市场最有发展潜力和广大消费者所喜爱的食品。从全球鲜食葡萄的发展趋势看，常规鲜食葡萄向"绿色葡萄"转变的速度很快，且"绿色葡萄"比普通鲜食葡萄售价要高，销售前景看好，产品具有广阔的市场空间。大力发展"绿色葡萄"兼顾了可持续农业和有机农业的特点，顺应了世界食品贸易结构变化，并结合了我国的国情，无论是从资源状况、技术条件等因素分析，还是从市场接受程度来判断，生产"绿色葡萄"都具有现实而深远的发展空间和成长性（图6-15）。

图6-15　有机葡萄（彩图）

（4）有机西瓜　有机农业在我国得到快速发展，有机生态的瓜果蔬菜等农副产品价格高、销量好，近年来种植规模逐渐扩大。其中经过有机食品认证机构认证的有机西瓜深受消费者的青睐，农民种植积极性高涨。而有机西瓜的生产要有适宜的生产环境、严格的质量要求，生产技术要规范化，这样才能生产出无污染、富有营养的有机农产品（图6-16）。

（5）有机草莓　草莓是人们喜爱的一种水果，传统的草莓已经不能满足

图 6-16　有机西瓜（彩图）

当代人的需求，越来越多的人开始追求有机草莓，针对品种选择，一般选用日本品种红颜或枥乙女。一般认为植株健壮，5~6片叶，根系发达，无病虫害的为壮苗。有机草莓的栽培选种一定要选择优质、抗病、高产的脱毒一代种苗。红颜草莓植株长势比较强，结果产量高，果实的质量十分优异；甜茶理属早熟品种，产量稍逊红颜；童子一号属于花序发生量多、开花结果期较长的品种，果实饱满坚挺，可以长时间保存（图6-17）。

图 6-17　有机草莓（彩图）

（6）有机甜瓜　按照《有机产品　第1部分：生产》标准要求，应选用未经禁止使用物质处理过的常规非转基因种子、繁殖材料，如农友种苗股份有限公司的银辉、美浓甜瓜，台湾力禾种苗有限公司的美王甜瓜和郑州中原西甜瓜研究所的绿宝石香瓜等。有机甜瓜在播种前宜晒种2~3d，利用太阳光中的紫外线杀灭种子表面的病原菌。其后可采用温汤浸种，即用50~55℃的温水浸种10~15min，并不断搅拌，待冷却至室温后继续浸种4~6h。浸后洗净种子，并用湿棉纱布包裹进行催芽处理，保持温度25~30℃，直至种子露白（图6-18）。

3. 有机食用菌

食用菌是一类可供食用的具有肉质或胶质菇体的大型蕈菌。食用菌的形

图 6-18 有机甜瓜（彩图）

态结构包括菌丝和子实体两部分。子实体由菌丝体集结而成，肉质或胶质是供食用的主要部分，是产生有性孢子的器官。食用菌具有一般生物所共有的生命活动规律，需要从外界不断地吸收营养物质并加以利用，从中获得生命活动所需要的能量及合成细胞的物质，同时排出废物（图6-19）。

图 6-19 有机食用菌（彩图）

食用菌可在室内外、大棚、日光温室、露地上栽培。室外栽培时，应选择在土质肥沃、疏松、透气、排灌方便的农田内进行，直接与常规农田相邻的食用菌栽培区需要 30m 的缓冲隔离带。在栽培场周围禁止使用任何除草剂。

4．有机杂粮

有机杂粮是指在有机农业生产体系中，采取有机的方式生产和加工的粮食，在这一系列过程中不使用有机杂粮药、化肥、生产调节剂、色素或基因工程等技术参与，同时经过国家有机食品认证机构的认证，完全符合国家有机食品要求和标准。包括有机高粱、有机黄豆、有机红豆、有机绿豆、有机黑豆、有机大米、有机小米、有机薏米、有机燕麦等（图6-20）。

图6-20　有机杂粮（彩图）

5. 有机茶叶

有机茶叶是一种在零污染的产地，按照有机农业生产体系与方法生产出鲜叶，在加工、包装、贮运、销售过程中不受化学物品污染，并经"有机食品"认证机构审查颁证的茶叶，属于纯天然、高品位、高质量的健康饮品（6-21）。

图6-21　有机茶叶（彩图）

以上几种有机植物的种植是一种环保的有益于人体健康的种植方式，它不使用任何化学合成的农药、肥料、植物生长调节剂以及基因工程生物及其产物，但这并不是回归到古老的传统种植体系，而是一种与自然相和谐的，集生物学、生态学、环境知识等一系列农业科学为一体的现代农业方式。其种植技术有三个要点：产地环境选择、施肥技术以及病虫害防治，但归根到底种植有机植物已成为一种热门，是许多农民转变耕作制度思路的首选。

第三节 有机农庄的植物品种布局

随着农业现代化的不断发展，农业生产经营体制也在不断创新，农业科技进步改变了传统农业种植模式，也出现了大批量的新型农业经济体，即农业示范园区、家庭农场、农业专业合作社。而多元化种植逐渐走进人们的视野，即不同经济作物或畜牧业相结合，再配合其他有经济效益的产品，充分利用有限的土地资源综合废物再利用以及协同作用的思想将经济效益达到最大化。例如，草影响农作物生长，牛羊可以吃草减少因除草造成的成本，而牛羊排出的粪便又可以作为农作物天然的农家肥，循环互利。

农业主要的特点是运转周期相对较长，并且最后的经济收益也受主观和客观因素的制约。适度面积的农场一旦再扩大就需要更多的技术和资金来支持，并且每个环节都紧紧相扣，都起着不可忽视的作用，都是不可缺少的，如果其中一个环节没有了，将会慢慢地产生蝴蝶效应，从而影响整个结果。因此每个有机农场并不是发展规模越大越好，最重要的是要找到适合自己发展、经营、种植的一种模式布局。下面介绍几种可供参考的种植布局。

1．生长周期布局

不同作物生长周期不同，其对应的种植时间也不尽相同，利用其种植时间上的差异，使土地利用率达到最大化，使有机产量达到最大化。下面首先以烟草为例。

烟草分为春夏秋冬四种类型。

（1）春烟　在春季冬闲地上栽培的烟称为春烟，又常称为早烟。西南烟区、长江中上游烟区以及黄淮烟区大多在4～5月移栽。春烟占我国烤烟面积的90%以上，国际上除印度等少数国家外，大多数烟草的主产烟都是春烟。春烟生长季节较长，烟叶在气温比较高的条件下成熟，产量较高且品质较好。

（2）夏烟　是在6月夏收作物收获后移栽的烟叶，在北方称为晚烟。可以提高复种指数，扩大小麦播种面积，但是由于生长季节较短，自然灾害较多，成熟期气温较低，品质不及春烟。

（3）秋烟　即在秋季移栽的烟叶。秋烟在我国种植面积少，秋烟育苗期气温太高，收烤烟期气温又太低，不是烤烟生长的良好气候条件。因此近年来秋烟种植面积逐年减少，多数地区已改种春烟。

（4）冬烟　即秋末以及冬初移栽的烟叶。冬烟的种植面积很少，多数地区也已改种春烟。

其他有机作物根据各自的生理周期长短也可随之进行搭配，考虑到每个作物周期不同、对季节习性不同，亦可充分利用土地资源合理发展有机农场。

2. 品种布局

我国国土面积辽阔，不同区域之间的地形地貌、气候条件存在较大差异，自然气候对有机作物的总产量有很大影响，如土壤中的营养含量、年降雨量、日照时间等都是影响有机作物种植面积及产量的主要因素。为达到有机作物商业最大化，各有机农场需要结合自然特性，因地制宜来种植有机作物，才能提升效益，获得更大的经济效益。

上一节介绍的马铃薯在我国生产中占有一定的比例，以此为例：马铃薯种植具有很强的区域性，土壤气候条件差距较大，各农场根据本地气候及政府协调和引导下合理调整马铃薯种植区域布局，如土壤条件好、降雨量多的地区可适当增加马铃薯的种植面积。

北方马铃薯多为一季作物，年降雨量在 500 mm 以上的城市较多，比如黑龙江、吉林北部、内蒙古东部等都比较适合马铃薯生长，可选择淀粉含量高、高产中晚熟或者晚熟的马铃薯。

中原地区多为二季农作物，可种植春秋两季马铃薯。但春季种植的马铃薯正值高温季节，蚜虫较多，易感染病毒，当地自留种数量较小，可从高纬度、高海拔地区调运马铃薯种子，以早熟或者出口品种为主。

西南地区为典型的双季混作区，地形地貌结构复杂，马铃薯种植的品种类型多依海拔垂直分布，主要原因是高海拔地区雨量充裕，晚疫病、青枯病比较严重。因此，该地区要选择抗晚疫病、抗青枯病高产品种，种植的马铃薯多作为本地粮食或者用于淀粉加工。

3. 轮作布局

轮作是用地养地相结合的一种生物学措施，有利于均衡利用土壤养分和防治病虫草害，能有效地改善土壤的理化性状，调节土壤肥力。中国实行轮作历史悠久，旱地多采用以禾谷类作物为主或禾谷类作物、经济作物与豆类、绿肥作物轮换；稻田的水稻与旱作物轮换。欧洲在 8 世纪前盛行二圃式轮作，中世纪后发展为三圃式轮作，18 世纪开始草田轮作。19 世纪 J.V. 李比希提出矿质营养学说，认为作物轮换可以均衡利用土壤营养。20 世纪前期 B.P. 威廉斯提出一年生作物与多年生混播牧草轮换的草田轮作制，可不断恢复和提高地力，增加作物和牧草产量。轮作因采用的方式不同，分为定区轮作和非定区轮作。轮作的命名决定于该轮作中的主要作物构成，被命名的作物群应占轮作区的 1/3 以上。常见的有禾谷类轮作、禾豆轮作、粮食和经济作物轮作，水旱轮作、草田轮作等。

由于自然条件和生产条件的差别，各烟区都形成了与当地情况相适应的轮作制度。在北方的一年一熟、两年三熟、三年五熟和一年二熟地区有与之相适应的轮作制度；南方的一年二熟、一年三熟和以水稻为主要作物的地区也有适应该地区的轮作制度。但是总体原则不变，都是以烟草为中心，在保证烟叶优质稳产的前提下定期轮作，实现粮、烟双丰收，从而提高经济效益。

（1）春烟轮作制

① 一年一熟轮作（第一年→第二年→第三年）

春烟→玉米或大豆或高粱→谷子或玉米

春烟→玉米或大豆→大豆或玉米或高粱

此轮作方式，烟草的前作以谷子最好，玉米次之，高粱最差。其原因是谷子的根系较深，须根多，可从土壤中吸取较多氮素。

② 二年三熟轮作（第一年→第二年）

春烟—油菜或小麦→甘薯—冬闲

春烟—甘薯—冬闲→花生—冬闲

轮作周期有甘薯种植，结合冬闲，既可调剂劳力和肥料，又可深耕翻垡，恢复地力。缺点是在轮作周期中两季烟草相隔时间较短。

（2）夏烟轮作制

① 一年两熟轮作（第一年→第二年）

夏烟—小麦→夏烟—小麦

这种轮作方式一般不超过 3 年，而且必须采用抗病性强的品种。如果水肥供应不适当或是地势较低，则烟草生长发育不良、产量低且品质较差。

② 二年三熟、二年四熟轮作（第一年→第二年）

夏烟—冬闲→高粱或玉米或谷子或甘薯—小麦

夏烟—小麦→小麦—大豆或绿豆—小麦

夏烟—小麦→小麦—甘薯或玉米—小麦或油菜

二年三熟轮作的特点是在一个轮作周期中包括春、夏、秋3个季节播种的作物，夏烟2年轮换1次，有利于轮作换茬，能保证烟、粮的丰产。

注意：西瓜连作时容易发生枯萎病，导致西瓜产量大幅度下降，因此有机西瓜生产要尽量避免连作，而应再用轮作生产。北方地区可采用小麦、草莓、黄瓜轮作，南方地区有条件的可以采用水旱轮作，还可以通过南瓜作砧木嫁接，以减少病害发生，提高西瓜产量。在有机西瓜的生产过程中，每茬种植所产生的藤蔓、根和其他植株要清理干净，对病害植株远离生态基地销毁，对于不能降解的塑料等废弃物要回收干净，在有机西瓜种植管理过程中要清除败落的花蕾、叶、果以及病残枝和杂草，从源头上消除病虫害的侵染源和宿主。根据张硕、刘锦等研究的《紫花苜蓿不同种植布局对苹果害虫及其天敌的影响》中得出结论：苹果园行间种植紫花苜蓿与合理使用化学防治手段相结合，可以起到持续控制苹果害虫的作用，在种植苹果时可以减少不必要的损失。

4. 套种与间种布局

在一块地上，同时期按一定行数的比例间隔种植两种以上的作物，这种栽培方式叫间种。间种往往是高棵作物与矮棵作物间种，间种的两种生物共同生长期长，如玉米间种大豆或蔬菜。实行间种对高作物可以密植，充分利用边际效应获得高产；矮作物受影响较小，就总体来说由于通风透光好，可充分利用光能和CO_2，能提高20%左右的产量。其中高作物行数越少、矮作物的行数越多，间种效果越好。一般多采用2行高作物间4行矮作物叫2：4，采用4：6或4：4也较多，间种比例可根据具体条件来定。套种主要是在一种作物生长的后期种上另一种作物，其共同生长的时间短，综合而言都能达到经济效益增加的目的。下面举几个简单的例子。

（1）辣椒西瓜套种　日光温室越冬茬有机生态型辣椒套种西瓜栽培模式，因经济效益高、操作管理简便而深受广大农民群众喜爱。据统计，一间300m^2的温室种植面积定植辣椒1230穴、定植西瓜410株，辣椒平均收获3600kg、西瓜可平均收获1100kg，可在春节上市，两项合计收入可达上万元，单次经济效益极为显著。茬口主要以越冬一大茬为主，辣椒于8月上旬播种育苗，9月下旬移栽定植，苗龄55～60d，11月中旬开始上市；西瓜于9月上旬育苗，10月中旬定植，苗龄50d，春节前上市。选择高产、优质、抗逆性强的品种，适销的辣椒品种一般选择陇椒2号、陇椒1号为主，西瓜通常选用欣大、京欣1号以及金皇后、陇金兰等（图6-22）。

图6-22　辣椒西瓜套种（彩图）

（2）虾稻瓜共作　是一种生态高效的综合种养模式，即虾稻田间种西瓜充分利用了虾稻田田埂资源种植西瓜，小龙虾的排泄物提供了充足的肥料，西瓜长得特别好，可提前半个月上市，取得了"一田三收"的效果，节省了田埂上杂草丛生需要时常打理的劳动，获得了显著的经济效益、生态效益和社会效益。

（3）胡椒菠萝蜜间种模式　胡椒易由于老化退化、病害、风害等造成产量不高和高温烈日下摘胡椒劳动强度较大等缺点，但通过人工修剪菠萝蜜枝条为胡椒提供良好的生长环境，并配套相关技术，可达到高产稳产目的。首先充分利用菠萝蜜根深叶茂、树干坚固、抗风性好和枝条生长速度与胡椒生长对环境需求变化相适应等特点，采取人工修剪菠萝蜜枝条的方式为胡椒提供良好外部生长环境，形成通气透水和土壤保水保肥的良好生长环境，且不影响胡椒喜光的特点，避免胡椒容易老化退化，降低风力侵袭损伤，大大减少胡椒花叶病、胡椒瘟病和胡椒细菌性叶斑病发生，还能降低农户在烈日下摘胡椒的劳动强度。其次此种模式可获得1+1>2的收获效益，也是近些年小户种植选择模式之一。

（4）果园间种三叶草　果园行间种植杂草、牧草，树盘覆盖稻草。可以种植的草种有红、白三叶草，草木犀，禾本科草等。当草长到30 cm左右时，留5～6cm收割。割草时，先保留周围1m不割，以利于天敌活动，等内部草长出后，再将周边草割除，覆盖于树盘周围的地面上。这样可以减少对土壤结构和微生物环境的破坏，减少水土流失，减少果园物质投入。此外，三叶草牧草营养物质丰富。据资料介绍，花期收割的白三叶草干物质中含有粗蛋白质、粗脂肪、粗纤维和粗灰分优于所有禾本科牧草及其他许多豆科牧草，无论是青草还是干草，家禽都比较喜食，由此可达到双收的效益。

除上述几种简单模式之外，还可以采用茶园的茶树下间种特高黑麦草，已经过试验证明在有机茶园的茶树下间种特高黑麦草，是可推广的农业综合开发技术；有机茶园也可套种油菜，翻埋作肥是有效解决有机茶园茶树肥源的重要措施之一。但无论怎么选择，广大有机农场需要根据自己地域选择合适的、实用的经济模式。

5. 优化结构与布局

（1）粮食作物　水浇地要适当扩大玉米面积，压缩红薯面积；山岗薄地和旱作农区要缩小玉米面积，适当扩大红薯、绿豆、红小豆和谷子等耐旱作物面积，推广高产耐旱作物品种；平原农区要推广玉米和大豆间作，红薯和绿豆芝麻间作等行之有效的立体种植模式。同时，要积极示范推广高产、高蛋白、高油玉米和大豆品种，示范种植脱毒红薯品种。

（2）经济作物　棉花要稳定面积，主攻单产，提高效益，搞好优质棉基地。开发油料要发展重点产区，提高单产，增加总产。烟叶要压缩种植面积。

（3）蔬菜和瓜类　要以发展平原温棚商品基地为重点，扩大发展适令鲜嫩、营养保健、适销对路的名优品种。瓜类要发展含糖量高、耐储运、适合加工的名优品种，可因地制宜，增加种植面积。

综合以上五种简单布局规划，找到适合自己的才是最重要的，也许还会有更加经济有效的模式等待我们去发现，但做好当下的农场种植、获得利益最大化是我们的初衷。每一种模式都不是万能的，但能适合大多数地区，具体还是要根据地区气候、土壤类型、人文气息等综合因素选择最恰当的布局规划。

第七章 有机农庄的植物病虫害防治

有机农庄的病虫害防治核心重点强调的是可持续发展,人与自然的和谐相处,在杜绝化学农药、化学肥料的前提下最大限度地发展种群关系,利用综合防治有效地改善土壤肥力和环境。植物病虫草害防治的基本原则应是从作物-病虫草害整个生态系统出发,综合运用各种防治措施,创造不利于病虫草害滋生和有利于各类天敌繁衍的环境条件,保持农业生态系统的平衡和生物多样化,减少各类病虫害所造成的损失。有机农业病虫害防治针对的主体并不是病虫害本身而是作物和环境,主要目的是为了保护和促进作物健康生长,禁止使用化学合成的植物保护产品,包括农药、化学肥料、除草剂等,也不能使用含有转基因成分的产品。

第一节 有机农庄的常见病害种类及其无公害防治

一、有机农庄病害防治基本原理

植物病害发生是由植物、病原物和环境条件三个因素相互作用的,称为"病害三角关系",简称"病三角"。植物的遗传基础和生长状况与发病程度息息相关,依据其抵抗病原的能力分为免疫、高抗、中抗、中感和高感几种类型。病原物是要控制的对象,包括真菌、细菌、病毒、类病毒、线虫等;环境因素分生物因素和非生物因素,生物因素包括除寄主植物和病原物以外的生物因素,非生物因素包括温度、光照、风、雨水等气象因素和土壤肥力、酸碱度等土壤因素。

植物病害分侵染性病害和非侵染性病害。植物侵染性病害是由病原物引起,其病害性质、特点和规律因病原物不同而异;非侵染性病害是由环境中不适合的化学因素像植物营养失调、农药药害和环境污染等或温度胁迫、光照胁迫、水分失调和缺氧与风害等物理因素直接或间接引起的。由此可见,植物、病原物和环境条件是病害发生、发展的 3 个基本因素，其防治也应从这 3 方面入手，对于侵染性病害要创造出不利于病原物的生存环境，提高植物抗性；对于非侵染性病害要营造出有利于植物的生长发育环境，提高植物抗病性，减少病害的损失。

二、有机农庄病害防治基本措施

有机农庄的病害防控措施分为植物检疫、农业防治、生物防治、物理防治和化学防治 5 种，一般主要以前 4 种方法为主，化学防治为辅。化学防治只有在十分有必要的条件才可使用少量的低毒化学物质，以尽量减少对生态环境的伤害。

1. 植物检疫

植物检疫是国家以法律手段与行政措施控制植物调运或移动，以防止病虫害等危险性有害生物的传入与传播，是植物保护事业中一项根本性的防护措施，也是保证有机作物生产安全的一项重要预防措施。在生产初期，所有调运的种子、苗木及无性繁殖材料应先进行检疫后再进行农作，确保使用的种苗无检疫性病虫害。我国植物检疫主要由国家市场监督管理总局主管，各级均有相关的检疫机构和专职植物检疫人员。

2. 植物病害的农业防治

农业防治是为防治农作物病、虫、草害所采取的农业技术综合措施，通过调整和改善作物的生长环境，以增强作物对病、虫、草害的抵抗力，创造不利于病原物、害虫和杂草生长发育或传播的条件，以控制、避免或减轻病、虫、草的危害。主要措施有选用抗病品种或抗病砧木嫁接、合理轮作、深耕晒白、加强田间管理等。

（1）选用抗病品种或抗病砧木嫁接　农作物对病害的抗性是植物一种可遗传的生物学特性。通常在相同条件下，抗性品种受到病原物侵染后造成的危害程度较非抗性品种为轻或者不受害，因地制宜，根据条件选用合适的抗病品种是防控植物病虫害最便利直接的措施之一。在选择抗性品种时，要注意不能使用基因工程改造的品种，一定要切合实际，某些品种抗性只是针对单一病害，并非针对所有的病害，要根据当地病害发展流行趋势有目的地选择。抗病砧木要选择嫁接亲和力好、共生亲和力强、根系发达、抗逆性强、丰产的砧木品种，好的砧木品种是提高嫁接质量与效果的重要基础。

（2）合理轮作　实行合理轮作，可以让农作物充分利用土壤的肥力，部分植物根部分泌的物质可以对土壤酸碱度进行改良，对在土内生存的寄生生物的活性会起到抑制作用，从而有效地防治病害的发生，改善土壤活性。土壤连作会造成土地养分消耗严重失衡，降低植物对病害的抗性，使寄生生物和土壤中有害物质逐年累积，导致病害周而复始。

施行科学轮作，首先要弄清病害的寄主类型，避免有同类病虫害的作物轮作，不互相传染。其次是根据养分需求和根系深浅进行轮作，如叶菜类需氮肥较多，而辣椒、番茄等需磷肥较多，它们之间可以轮作，或者将根深的根菜类与根浅的叶菜类等轮作，充分利用土壤肥力。再次需要考虑的是不同作物会对土壤酸碱度有不同的要求和影响，前茬和后茬作物特性，如玉米、苜蓿等作物会造成土壤酸度减少，而甘蓝、马铃薯则会使土壤酸度增加。最后要考虑部分作物根部会分泌出一些物质可以抑制病原物生长，利用这种特性合理设计轮作，也可以有效减轻病害，如三七和玉米及小麦等轮作可以防止根结线虫病，白术、丹参与其他作物轮作可以减轻根腐病和白绢病。

（3）深耕晒白　对土地进行深耕，增加土壤肥力，促进植物根部发展，对病虫害的发生能起到一定的作用。通过深耕，土壤中的病原物和有害虫类被翻到土壤表面，将地面上的残枝病体及一些越冬的病原物深埋土中，会使残枝病体加速分解腐烂，在其体内越冬的病原物也会在土壤深层加速消解死亡，像蔬菜菌核病在通过深耕后，病原物菌核被深埋在土中，第二年就会失去致病性而死亡。此外，经过深耕后的土壤表面经长时间日光照射后会变干燥，一些病原物在此条件下也会失去活力，如十字花科蔬菜软腐病在干燥和高温下 2min 就会死亡。深耕晒白对有机蔬菜的生产比较重要，为有机蔬菜的生产打下了一个良好的基础。

（4）加强田间管理

① 保持田间卫生。田间的枯枝落叶、落花落果等各种农作物残枝均潜藏着多种病害，因此在有机食品生产过程中应积极做好田间的卫生保持工作。保持田间卫生主要是指及时拔出生长期的有病植株及杂草，在收获后将田间植物遗留的病叶、果实和带病植株立即清理，及时深埋或烧毁病害残株。在自制有机肥料时，不得用带病植物的病叶、残枝来进行沤肥，只有完全腐熟的肥料才能够在有机农作物上使用，通过这些可以有效阻止病原菌在田间的

扩大和蔓延。

② 加强土地肥水管理。加强土地肥水管理，可以达到培育健康土壤的目的。有机肥比较充足的田地，若是缺少水分，则比较容易遭受蝇类昆虫危害。根据不同植物对肥力的需求，合理施肥浇水，可使害虫处于缺氧状况下窒息死亡，是防治病虫害的有效措施。灌溉切忌量过大和灌溉方式不当，田间湿度过大会造成病害滋生条件便利，而且流水对于土传病害具有很大的帮助。最好选择晴天上午浇水，提倡滴灌、大棚膜下微孔喷灌等先进的灌溉方式。此外，大雨后应及时排水，避免对作物的生长和发育形成不利因素，降低植物抗病能力。

③ 合理密植。根据病虫害发生种类和规律来确定植物的种植密度，通风透气好、小环境内湿度小，不利于病虫害的发生。及早清除地边、路边、沟渠边杂草，合理密植，可减少草害的发生。作物之间间距若是过近，内部环境易过度封闭，田间的通风和光照就会很差，造成作物茎干细长而抵抗力差，易受到病虫害的侵袭。

3. 植物病害的物理防治

物理防治是利用简单工具和各种物理因素，如光、热、电、温度、湿度和放射能、声波等防治病虫害的措施。温汤浸种、苗木热处理等都属于物理防治，对于植物病害的防控能够起到一定作用。物理防治方法无公害、低成本、不污染环境，是有机农业所提倡的防控病害的措施之一。

（1）种苗热力处理 常用的种苗热力处理方法有温汤浸种或者蒸汽处理，这样可杀死大部分病原体。许多植物病害可以通过种子和幼苗传播，利用热水和热空气处理受感染的植物或繁殖材料，可以对苗木进行有效的消毒，是生产无毒苗木的主要途径。在种苗播种前，应进行植物检疫和消毒，以最大限度地降低苗木和繁殖材料的带菌率。

（2）土壤热力处理 土壤热力处理是利用烧土、烘土、土壤蒸汽、日晒等方式进行土壤灭菌，可有效防治土传病害。在植物播种之前，用透明薄膜覆盖在潮湿土壤上，高温天气可以通过持续数天日晒杀伤土壤中的病原物。土壤蒸汽通常用 80~95℃ 蒸汽处理 30~60min，经过蒸汽处理的土壤，绝大部分病原体可以被杀死。

4．植物病害的生物防治

植物病害的生物防治就是利用其他对植物无害的有益微生物及其产品来影响或抑制病原体的生存、活动、繁殖、蔓延，从而降低病害的发生率或严重程度，它最大的优点是不污染环境、对人畜无害。目前植物病害中生物防治主要是利用微生物进行防治，以菌治菌，如用苏云金杆菌制剂可以防治多种病虫害。

5．植物病害的化学防治

化学防治法是传统常规农业中最常使用的防治植物病害的方法，它以高效、经济、方便著称，长时间使用传统农业化学防治不但容易导致病原体产生抗药性，而且容易使植物产品携带农药残留，引起中毒，发生食品安全风险。在有机农业中，禁止使用常规化学农药、肥料，只有在十分有必要的条件下可使用少量的低毒化学物质，这些物质在国家有机标准《有机产品》（GB/T 19630—2011）有详细的说明。

三、有机农庄常见病害及其防治

有机农庄病害种类繁多，主要分为四种病害：真菌性病害、细菌性病害、病毒性病害、根结线虫病害。病害防治需要从作物与病害构成的整个农业生态系统出发，注重物理防治和生物防治措施的应用及多种措施的有机结合，保持农业系统的生态平衡，减少各类病害的损失。下面对几种有机农庄常见病害及其防治进行介绍。

1．真菌性病害

真菌性病害是植物最为常见的一种病害，主要有白粉病、锈病、霜霉病、菌核病、疫病、炭疽病、灰霉病等，其主要特征是病部产生病斑，并且病斑上会产生白粉层、黑粉层、霜霉层、锈孢子堆或菌核等，症状相对容易辨别。

（1）番茄灰霉病　灰霉病是一种常见的植物真菌性病害，由灰葡萄孢引起，属半知菌亚门真菌。寄主广泛，可以侵染番茄、黄瓜、草莓、葡萄等约235种作物。

【症状】

灰霉病主要危害植物的花、果实、叶片和茎。叶片病斑一般呈现"V"字形向内扩展，边界分明、易辨识，有深浅相间的纹状线，病斑处为浅褐色，后期产生灰褐色的霉层，叶片逐渐干枯死亡。果实发生病害时，未成熟的果实受害较重，病害首先侵染残留的柱头或花瓣，然后慢慢向果柄和果实表面发展，受害的部位一开始为灰白色，呈软腐状态，后期长出灰色霉层，果实逐渐腐烂。茎部发生的病害一般都是果实上的病害随茎干蔓延所致，初期表现水渍状小点，后期为长条形病斑，逐渐枯死。当田地湿度较大时，灰霉病病情灾害严重，病害表面产生大量灰褐色霉层（图7-1）。

图7-1　番茄灰霉病（彩图）

【发病规律】

灰霉病一般通过菌丝、菌核或分生孢子在植株病残体上越冬，在条件合适的时候进行萌发，通过寄主植物伤口、气孔入侵，造成传播伤害。发病的部位产生霉层，可借助空气、水流及人为农事操作进行再次侵染。当温度为20～23℃、湿度较大时，灰霉病的病害发生严重，阴雨天气尤其需要注意防范灰霉病的发生。温度高于31℃时，灰霉病均产孢量下降，病情不扩展。

【预防措施】

① 选用抗病品种进行育苗。在播种前，先用臭氧水浸泡种子。育苗苗床最好用没有病菌的新土，湿度不易过大。

② 棚室消毒。在种苗移栽前及产品收获后，彻底消除棚室内残体，并对棚室进行消毒处理，可采用高温棚室或者臭氧空棚灭菌。

③ 加强田间管理。合理密植，加强通风换气，降低室内温湿度，避免结露。通风时使用变温通风。阴雨天气要注意保温，但也要适当打开通风口进行通风。浇水宜在晴天的早上进行，避免阴天浇水，严防浇水过量，浇水后注意放风，防止棚内高温。

④ 清除病残。及时清理田园发病果实及病叶残枝,减少病菌量,在摘除带菌果实或者叶片时应注意要用袋子套住病体后再摘除,避免灰霉病菌菌丝或者孢子侵染到其他健康植株上造成人为传播,集中收集后带出田外进行处理。

⑤ 药剂防治。发病前或发病初期用微生物制剂BAB-1进行防治。

(2)瓜类白粉病 瓜类白粉病是我国葫芦科蔬菜上的一种常见病害,俗称"挂白灰""白毛"。病害发生时,病情蔓延迅速,严重抑制植物光合作用,是对瓜类蔬菜危害较重的一种病。

【症状】

白粉病会贯穿于瓜类植物的全部生长期,对瓜类的叶片造成严重伤害,一般不会侵害瓜果。白粉病菌初次侵染叶片时,在叶片上先产生白色小粉斑状物,近圆形,后白粉状边缘不断扩大,形成成片的白粉覆盖在叶片上。叶片上的白粉状物质就是白粉病菌,当发病严重时,全部叶片都是白粉病菌,产生黑色散状小颗粒(图7-2)。

图7-2 瓜类白粉病(彩图)

【病原】

瓜类白粉病病原主要分为瓜类单囊壳和葫芦科白粉菌,分属于子囊菌亚门白粉菌属和单囊壳属。在北方瓜类单囊壳较为常见,可危害黄瓜、南瓜、西葫芦、西瓜、甜瓜等多种瓜类作物。葫芦科白粉菌不仅可危害甜瓜、南瓜、黄瓜等各种瓜类,还能危害马铃薯、莴苣、向日葵等200多种植物。

【发病规律】

在北方冬季气温低、空气干燥,白粉病菌以闭囊壳的形式寄生在植株病残体上越冬,南方一般以菌丝、分生孢子等寄生在寄主植物上越冬。当温度适宜，白粉病菌就会萌发，对寄主进行侵染，通过菌丝深入寄主植物表皮吸取养分。白粉病主要通过空气和雨水进行传播，受栽培管理水平的影响。当温度在 20～24℃时，湿度越大，越有利于白粉病的流行。

【病害控制】

① 选用抗病品种。

② 加强栽培管理，合理进行轮作、间作或套作，收获后彻底深耕，加强肥水管理，通风透气，提高植物自主抗性。

③ 及时对田地进行清理，将病叶残枝在晨露未消时摘除，统一焚烧或深埋。

④ 棚室熏蒸。白粉菌对硫制剂敏感。在幼苗定植前用硫粉对大棚进行熏蒸，可有效预防白粉病的发生。

⑤ 药剂防治。小苏打稀释 300～500 倍或枯草杆菌 800 倍液喷洒。

（3）黄瓜霜霉病　霜霉类病害是蔬菜最为重要的一类病害，在瓜类、莴苣和十字花科蔬菜上普遍发生，其中黄瓜霜霉病、大白菜霜霉病都是蔬菜类危害最为严重的病害。黄瓜霜霉病又称"黑毛病""跑马干"，以北方地区较为严重，可使大部分植株在 1～2 周内迅速干枯死亡。

【症状】

黄瓜霜霉病主要是对植物叶片造成危害，叶片被害初期呈现褪绿黄斑，扩大后边缘黄褐色，潮湿条件下病斑背面产生灰黑色霉层，早晨最为明显；随病情发展，子叶变黄、干枯。条件适宜时，病害发展迅速，受害叶子很快焦枯。子叶受害，正面呈现不规则褪绿黄斑，在抗病品种的叶片上病斑小、圆形，发病慢，霉层稀少。在植物开花结果时期，霜霉病也容易对植株进行侵染，首先在叶片背面形成水渍状的病斑，在清晨或者空气潮湿时容易辨别，水渍状病斑随病情发展逐渐扩大，慢慢从黄绿色变为黄色或者褐色。空气湿度大时，可以看到叶片病斑产生后有灰黑色霉层产生（图 7-3）。

【病原】

黄瓜霜霉病病原为卵菌门假霜霉属古巴假霜霉菌，是一种专性寄生菌，有明显生理分化，主要危害黄瓜和甜瓜，也可危害丝瓜、南瓜、冬瓜等葫芦科作物，西瓜很少受害。

【发病规律】

在我国南方，全年均有种植栽培黄瓜，因此病菌可以不断在黄瓜上造成

图 7-3 黄瓜霜霉病（彩图）

伤害；北方地区以孢子囊形式越冬，第二年再进行侵染。霜霉病菌主要以空气和水流进行病害的传播，菌丝从气孔侵入寄主，随后不断扩大病情伤害，造成再次侵染。湿度越大时，病害发生越严重，一般在气温 10℃ 以上、湿度合适，即开始发病。20～24℃ 最利于发病，潜育期最短。30℃ 以上时，不利于病害发生。

【病害控制】

① 选用抗病品种。

② 合理种植，施足底肥，采用轮作和间作，合理灌溉，可采用滴灌和膜下暗灌技术，避免大水漫灌。

③ 臭氧除菌或高温闷棚。利用大棚密闭环境可以对大棚进行臭氧除菌，安装臭氧发生器并进行除菌，其防效 90% 以上。当温度高于 21℃ 时，可以关闭大棚门及通风口进行高温闷棚，其时间要根据植株长势来确定，亦可有效防治霜霉病的发生。

④ 加强田园管理，及时发现中心病株并进行摘除，消灭病菌来源。

（4）草莓炭疽病　炭疽病对草莓危害比较严重，是其苗期的主要病害，严重时造成草莓减产，在南方地区发生较多。

【症状】

炭疽病主要发生在草莓的育苗期，对其叶片、叶柄、匍匐茎造成危害。初期在叶片上形成纺锤状病斑，凹陷呈黑色溃疡状，当病害发展到形成环形圈时，导致病斑以上部分萎蔫枯死，严重时整株死亡。对枯死的植物茎部进行观察，可发现其维管束由外至内发生褐变（图 7-4）。

图 7-4 草莓炭疽病（彩图）

【病原】

草莓炭疽病属于半知菌亚门毛盘孢属，一般在连作田地发病严重，病菌以分生孢子在发病组织或落地病残体中越冬。

【发病规律】

炭疽病喜欢高温环境，适温 28～32℃，相对湿度越高，植物病害发展越为严重。每年 7～9 月份为该病高发期，高温多雨、管理不善都可在短时间内对植物造成严重损失。

在田间，病菌通过风雨、农事操作、残枝病叶等方式进行传播。

【病害控制】

① 使用抗病品种。

② 草莓育苗地进行合理轮作，严禁连续轮作。

③ 栽培不宜过密，施足有机肥，扶壮株势，提高植株抗病能力。

④ 及时清除病残物，并集中烧毁，减少传播。

⑤ 高温天气时，尽量采用遮阳网等方式对大棚进行降温，降低棚内温度，减少病害发生。

（5）茄黄萎病　茄黄萎病俗称"半边疯""黑心病"或"凋萎病"，在茄子上的危害比较严重。近几年，茄果类种植面积不断扩大，导致病区不断增加，且危害也逐年递增。

【症状】

茄子黄萎病一般在植株的苗期不发病，当植株开始坐果后，病情开始发生，显示出病症。一般从病叶下部逐渐向上部发展，叶片和叶脉褪绿，整个叶片逐渐黄化卷曲。发病后期植株萎蔫，全部叶片黄萎脱落。发病植株矮小，结果皱缩干裂，无商品价值，病害植株内部维管束变为褐色（图7-5）。

图7-5　茄黄萎病（彩图）

【病原】

黄萎病由大丽花轮枝孢引起，属于半知菌亚门真菌。寄主广泛，除危害茄子外，还能危害辣椒、番茄、烟草、大豆等38科180多种植物。

【发病规律】

茄黄萎病在温暖、高湿的天气和土壤带菌的环境下容易发生，一般气温在20～25℃、土温22～26℃发病较重，病菌发育的最高温度为30℃、最低温度为5℃，在温度60℃超过10min黄萎病菌的菌丝、菌核就可高温死亡。病菌以休眠菌丝、厚垣孢子和微菌核随病残体在土壤中越冬，能够存活6～8年，通过风雨、农具或农事耕作造成传播，病菌从植株伤口侵入，经维管束繁殖后逐渐在寄主体内蔓延。地势低洼、底肥不足、定植过早、覆土过深、都会造成病害严重高发。

【防治措施】

① 选用抗病品种。

② 加强管理，实行合理轮作倒茬，添加腐熟有机肥料，及时清理田间植株病残体。

③ 种子处理。55℃温水浸种15min，移入冷水中冷却后催芽播种。

④ 嫁接防病。采用日本赤茄、CRP（赤茄）、托鲁八木等品种作砧木，栽培茄子作接穗，采用劈接法或贴接法嫁接。

2. 细菌性病害

细菌性病害主要有十字花科软腐病、茄科青枯病、马铃薯环腐病、瓜类角斑病、西瓜果腐病等。细菌主要从植物伤口或者气孔侵入植物内部，导致植物坏死、腐烂、萎蔫。一般表现症状为叶片上不产生霉状物；根、茎、叶容易腐烂，产生臭味；果实表面有小突起；根部尖端维管束变色。

（1）黄瓜细菌性角斑病　细菌性角斑病是黄瓜上较为常见的一种病害，夏季为该病害的高发季节，从苗期就需要进行早期预防。

【症状】

黄瓜角斑病从苗期到成株期都可发病，主要危害叶片，偶尔会发生在果实和茎蔓上。苗期叶片染病，初期产生近圆形水渍状凹陷病斑，后期变褐、干枯。成株发病初期叶片出现褪绿小点，逐渐扩大，湿度大时发病严重，叶片背面产生乳白色水珠状菌脓，干后呈类似白色粉状物，病斑后期扩大连接、质脆、易穿孔。茎蔓、瓜果发病时病斑呈现水渍状、近圆形，潮湿时有菌脓溢出，严重时出现腐臭味，植株维管束内部和果实果肉变成褐色（图7-6）。

图7-6　黄瓜细菌性角斑病（彩图）

【病原】

黄瓜角斑病病原物为细菌，丁香假单胞杆菌致病型，菌体呈短杆状，有鞭毛、荚膜，经革兰染色后呈阴性，在24～28℃时细菌繁殖最快，不耐高温。

【发病规律】

细菌在种子内或随病残体在土壤中越冬，温度适宜，借助雨水、农事传播,由伤口或气孔侵入植物体内。空气湿度大时,病部菌脓可随水珠移动,造成反复侵染。24~28℃时为发病高峰期,湿度越大,病害发生越严重。

【防病措施】

① 因地制宜选用耐病品种。

② 浸种消毒。55℃温水浸种15min,捞出晾干后催芽播种;或用40%福尔马林150倍液浸种90min,清洗干净后催芽播种。

③ 加强田间管理。采用无病土进行育苗,实行轮作;增强雨季排涝能力,大棚内多通风,降低棚内湿度和温度;及时清理病叶、病果。在病情开始或严重时,进行高温闷棚,保持44~46℃持续2h,后通风排湿,可对角斑病进行有效防治。

④ 药剂防治。常用50% DT杀菌剂800倍液或77%氢氧化铜可湿性粉剂400倍液进行防治。

(2)白菜软腐病　白菜软腐病主要针对植物多汁的器官如块根、果实等造成伤害,使植物组织器官腐烂、变质。软腐病菌可以对十字花科作物、番茄、马铃薯、瓜类等作物造成危害。

【症状】

软腐病可使植物的组织或器官发生腐烂。一般接触地面的部位最先发病,从植物伤口侵入,发病部位呈水渍状,逐渐失去水分萎蔫。后期病部先出现水渍状斑点,叶片半透明,最后整株植物腐烂、软化,同时吸引虫类携带病毒从伤口侵入,造成病害更加严重(图7-7)。

【病原】

软腐病菌为欧文菌属,菌体呈短杆状,为革兰阴性菌,32~33℃为其发育的最适温度。

【发病规律】

因南方天气温暖,白菜软腐病易在南方地区周而复始,不断循环传播。在北方主要在田间病株残体及害虫体内越冬,主要可以通过风雨、灌溉、昆虫进行传播。条件适宜时病菌从伤口侵入,引起发病。

图7-7　白菜软腐病(彩图)

软腐病菌还可以通过根毛侵入寄主植物,潜伏在维管束中,在厌氧条件时可进行繁殖。

【防病措施】

① 选择抗病品种。

② 加强管理。进行科学合理轮作,避免与茄类、瓜类蔬菜连作;对土壤进行深耕,加入微生物有机肥料。

③ 加强排水系统的处理,合理灌溉(沟灌或喷灌),严禁大水漫灌。

(3)番茄青枯病　番茄青枯病是一种常见病害,在全国各地均有发生,南方较北方情况更为严重,灾情严重时造成产品减产或绝收。

【症状】

青枯病最明显的症状就是在植物枯死后整株植物显示为青色。在苗期,青枯病不显示病害症状,要等到开花结果后才逐渐显示出来。发病初期,上部叶片出现萎垂现象,随即下部和中部叶片也逐渐枯萎凋谢。病叶中午萎蔫、早晚正常,多次反复,最终导致植株枯死。病株维管束变色,将茎干横切后挤压,有菌脓溢出(图7-8)。

图7-8　番茄青枯病(彩图)

【病原】

青枯病病原为薄壁菌门劳尔菌属茄科劳尔菌。菌体短杆状,有鞭毛,产生荚膜,无芽孢,革兰染色呈阴性。

【发病规律】

番茄青枯病主要在植株残枝落叶中停留或在土壤中越冬,主要通过风雨、人为耕作、农具及昆虫进行传播。在土壤温度20~25℃、天气温度30~37℃、湿度达到90%时,此病害发生较为严重。

【防病措施】

① 选用抗病品种。

② 加强田间管理,培育壮苗,清洁田地,发现病株及时拔除,与葱、瓜类等进行轮作,采用生石灰或草木灰对土壤酸碱度进行调节。

③ 种苗消毒。播种前进行晒种,55~60℃温汤浸种。

④ 药剂防治。病处撒生石灰或草木灰,或利用植物源农药(大蒜、辣椒等萃取液)、微生物农药(施氏假单胞菌)等。

3. 病毒性病害

病毒性病害有马铃薯病毒病、十字花科病毒病、番茄病毒病、瓜类病毒病等,症状主要表现在病叶上,导致植物变色、坏死、畸形。

油菜病毒病又名油菜花叶病,油菜产区均有发生,油菜种类有白菜型、芥菜型、早熟甘蓝型。秋季干旱年份易发病,有机防治的关键是预防苗期感病。

【症状】

油菜病毒病从苗期至角果期均可发病,症状为花叶型、黄斑型、枯斑型三种。白菜型、芥菜型油菜在苗期及甘蓝型在新叶上发病为花叶型,叶片后期发生皱缩,植株矮化,不能开花结果或结果不良,严重的导致植株整株枯死。甘蓝型油菜还会呈现黄斑型病株和枯斑型病株,叶片上呈现黄色或褐色斑点,黄斑型易在茎蔓、角果上产生褐色条斑,叶片提早枯黄脱落;枯斑型在叶柄、叶脉上产生褐色条纹,病株易枯死(图7-9)。

【病原】

油菜病毒病的毒原系由芜菁花叶病毒、黄瓜花叶病毒及烟草花叶病毒三个类群侵染引起的,主要危害油菜等十字花

图7-9 油菜病毒病(彩图)

科蔬菜，对叶片的伤害较多。

【发病规律】

油菜病毒病在寄主体内寄生，由蚜虫进行病毒传播。干燥高温有利于蚜虫的发生，特别是春秋干燥少雨天气病害较为流行。

【防病措施】

① 选用抗病品种。

② 适时播种。播种要结合当地气候、油菜品种，避开蚜虫的发生期进行播种。

③ 加强栽培管理。加强苗期管理，培育壮苗，增强抗性。油菜苗床的选择应远离毒原寄生较多的十字花科蔬菜地，减少蚜虫飞行传播的可能性。苗床周围可种植高秆作物。

④ 在园区内设置捕虫网，采用黄板诱杀有翅蚜。

4．根结线虫病害

根结线虫病害主要在根上产生单个或念珠状的根瘤，地上植物表现症状为枝叶稀疏，结果量少且果实较小，最终导致整株植物的死亡。

根结线虫属于杂食性线虫，会对作物造成严重的病害，危害较广，可侵染黄瓜、番茄、萝卜等多种作物，还能传播病害。

【症状】

根结线虫主要危害植物的根部，对侧根和须根的伤害最为严重，表现在植物根部形成大小不等的不规则根瘤。受害植物生长发育不良，叶片黄化，品质低下，商品性能降低，病情严重时植株提早死亡（图7-10）。

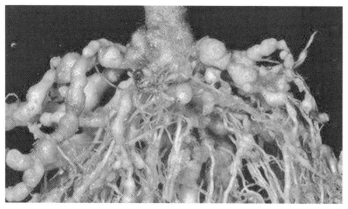

图 7-10　蔬菜根结线虫病（彩图）

【病原】

蔬菜根结线虫病原为线虫门异皮总科根结线虫属，能引起蔬菜根结线虫病的线虫主要有四种，即南方根结线虫、爪哇根结线虫、花生根结线虫和北方根结线虫，其中南方根结线虫分布最为广泛。

【发病规律】

一般根结线虫可在土壤中存活1～3年，在5～30cm处生活，部分随植物的病残体越冬。条件适宜时通过农事耕作、种苗调运、灌溉等方式传播。根结线虫可分泌吲哚乙酸，刺激根部细胞形成根瘤。温度25～30℃、湿度40%～70%时有利于根结线虫的繁殖生长，当土地过于干燥或湿润时，根结线虫的活动会受到明显的影响。

【病害控制】

① 选用抗、耐病品种。根据作物品种、病害情况选择合适的抗病品种。

② 深翻土地，合理轮作。对土地进行深耕，将表土的虫卵翻入地面深层，适当增加腐熟的有机肥料，提高作物抗性。当病害特别严重时，要求对大棚内的土壤进行全部更换，至少要20～30cm的深度。

③ 加强管理。对田地中的病残体及时清理，进行集中烧毁。

④ 高温消毒。高温下根结线虫易死亡，夏季合适条件下，对土地进行深耕，大水灌溉，覆膜进行高温闷棚15～20d可有效防治根结线虫病害发生；或者深耕后在田里撒生石灰，大水灌溉，覆膜进行高温闷棚15～20d可有效防治根结线虫病害。

⑤ 温汤浸种。不同作物种子其温度和浸泡的时间各不相同，结合药剂拌种，有利于减少根结线虫病害的发生。

第二节　有机农庄的常见虫害种类及其无公害防治

在有机作物整个生长发育过程及其后期产品收获储藏期间，都会有遭受到各种动物侵害的可能性，从而导致产品品质低下、作物减产。针对这类虫害，有机防治的策略是根据其虫害的发生发展规律，按照可持续发展的原则，积极培育不利于害虫生长繁殖的环境条件，使虫害控制在一定的范围之内。

一、有机农庄作物虫害防治的基本原则

在有机农庄防治虫害的过程中，要遵循有机农业植物保护宗旨，不使用化学农药，通过增加天敌投放或生物防治来保护农业生态系统的多样性，在一定程度范围内有效控制虫害。植物的虫害往往会与病害同时存在，其在防治策略上也颇为相似。要先有一个准确的观念，就是存在害虫时不一定能够引起虫害。虫害发生跟作物本身抗性、生态环境条件、害虫种群数量紧密相关。因此在有机农业防治虫害的过程中，栽培品种的选择、生态环境条件的改善治理、害虫种群数量控制都是有机防治的策略和方法。

二、有机农庄防控有机作物虫害的措施

有机农庄虫害的防治方法同病害的防治方法相同，同样分为植物虫害检疫、农业防治、生物防治、物理防治和化学防治5种。

1. 有机作物虫害的农业防治

（1）抗性品种使用　根据当地虫害情况，选择合适的抗性品种

（2）种苗检疫挑选　在种苗及繁殖材料选择及运送前，最好请相关检疫部门对种苗进行检测，防止检疫性虫害的携带。种植前先剔除带病和携带虫卵的种苗或繁殖材料，再进行育苗或温汤浸种。

（3）合理轮作、间作和套作　合理轮作、间作和套作会对病虫的食物链进行破坏，破坏病虫的繁殖条件，导致其不能够进行完整的生物循环，从而达到减少虫害的作用。

（4）加强田间管理　定期对田间环境进行督查，及时剔除带病的枝叶及收获后的植物残体，通过烧毁或深埋集中清理。加强水肥管理，在冬闲时，对土壤进行深耕翻晒。

2. 有机农业虫害的物理防治

① 不同的害虫具有不同的特性，如趋光性、趋黄性等，可以利用害虫的这些特性对其进行诱杀。如紫外线能够杀死多种病菌，黄色胶板可诱杀蚜虫类害虫。

② 设置防虫网对害虫进行隔离，防止其他带病昆虫的迁移，阻断传播。

③ 部分害虫在45～50℃时短时间内就会死亡，因此可以利用高温烘

土、高温闷棚等方法消灭害虫。在低温下，一部分害虫无法越冬，可在冬季对土壤进行深耕翻晒，利用低温将其杀灭。

3．有机农业虫害的生物防治

（1）保护天敌　害虫的天敌分为捕食性天敌和寄生性天敌，当天敌数量不足以控制虫害发展时，需要人为创造有利于天敌生存的环境，保证天敌的繁殖数量，必要时提供天敌食物。

（2）引进天敌　当本地区天敌数量不足以应对虫害时，可以从外引进天敌对害虫进行防治。这种天敌需要是单食性或寡食性的，适应力强，繁殖速度快，符合害虫的发生期和生活习性，保证在虫害暴发前可以及时有效地控制。

4．有机农业虫害的化学防治

有机生产过程中不允许使用化学农药及产品，但在虫害发生严重，其他防治措施无法控制时，可以在一定范围内适量使用杀虫剂辅助防治。

5．其他方法

① 通过增加农庄物种的多样性，如鸟类、蛙类等，也可以对虫害起到一定的防治作用。

② 部分微生物可以使害虫患病，利用这种特性进行虫害防治。

③ 可以使用部分植物源农药干扰害虫的分泌代谢或进行神经阻断，从而使其不能正常生长发育，减少害虫数量，如鱼藤酮可以影响害虫的正常能量代谢。

三、有机农庄常见虫害及其无公害防治

有机农庄的虫害防治是依照有机原理，尽量利用有机系统自身的循环系统，减少外来物质的引入，优先选择农业措施、物理措施和生物措施，坚持预防为主的原则，减少病虫害的发生。有机农庄植物害虫一般都为节肢动物门昆虫纲的昆虫，昆虫口器总共有五种，分别为咀嚼式口器、刺吸式口器、虹吸式口器、舐吸式口器和嚼吸式口器，其中咀嚼式口器和刺吸式口器的昆虫对于植物的危害最大。根据它们对植物的危害部位和方式主要分为以下四类：食叶害虫类、刺吸害虫类、钻蛀害虫类和地下害虫类。

1. 食叶害虫类

食叶害虫类的口器一般为咀嚼型口器，对植物叶片进行蚕食，尤其对嫩叶伤害较重，造成叶片缺刻，产生孔洞，虫害严重时会吃光所有叶片。

（1）夜蛾类　夜蛾类属于鳞翅目，种类繁多，主要种类有甘蓝夜蛾（图7-11）、甜菜夜蛾、斜纹夜蛾等（图7-12）。甘蓝夜蛾能够危害植物30科120余种，主要集中在甘蓝和牛皮菜；甜菜夜蛾可危害35科138种植物，主要危害甜菜、白菜、萝卜等；斜纹夜蛾危害99科290种植物，主要危害甘蓝、白菜、番茄等作物。夜蛾类害虫的成虫有共同的趋光特性。

图7-11　甘蓝夜蛾（彩图）

图7-12　斜纹夜蛾（彩图）

【危害】

夜蛾幼虫取食植物寄主叶片，初期叶片形成孔洞，严重时食光全部叶片，只留下叶片脉络，造成减产。

【发生规律】

温度适应范围较广，能够耐寒、耐高温，在10～40℃均能够生存繁殖，最适繁殖温度为20～30℃，对湿度反应不明显，春秋两季危害较为严重。老熟幼虫作茧化蛹，以蛹越冬。

【防治措施】

① 农业防治。加强田间管理，冬季深耕消灭越冬蛹或幼虫，夏季及时摘除卵块幼虫。

② 诱杀。可采用杀虫灯或者糖醋液诱杀夜蛾。

③ 保护释放天敌。捕食性的有步甲、鸟类、蛙类、马蜂等，寄生性的有

姬蜂、茧蜂和小蜂等。

④ 使用国家有机标准里允许的药剂进行喷洒治理，如核型多角体病毒制剂等。

（2）黄曲条跳甲　黄曲条跳甲又称为跳蚤虫、狗虱虫，在昆虫分类上属于鞘翅目叶甲科。黄曲条跳甲对叶菜、萝卜等十字花科的植物危害相对严重，对茄子、瓜类和豆类蔬菜危害较轻（图7-13）。

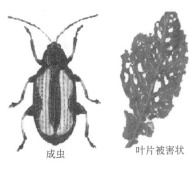
成虫　　叶片被害状

图7-13　黄曲条跳甲（彩图）

【危害】

黄曲条跳甲成虫和幼虫都可以对植物造成伤害。成虫主要通过食用叶片，在叶片上留下无数孔洞，对植物光合作用严重抑制，病情重时整株枯死；幼虫主要在土壤表层进行危害，通过蛀食根部直接造成地上部位植物死亡。同时，黄曲条跳甲是细菌性软腐病和黑腐病的寄生传播者，当体内存在此种病害时，会对作物造成更大的伤害。

【发生规律】

黄曲条跳甲成虫可存活一年，冬季在植物茎干、叶部或杂草丛中潜伏，开春开始对植物进行食用造成伤害，温度越高，其食量越大。黄曲条跳甲善于跳跃，高温时隐藏潜伏，早晚进行取食。成虫具趋光性，对黑光灯尤为敏感。成虫产卵于泥土下的菜根上或其附近土粒上，孵出的幼虫生活于土中，蛀食根表皮并蛀入根内。老熟后在土中作室化蛹。

【防治措施】

① 清洁田园，深翻晒土。在植株收获后，及时对园内的植株、残叶进行收集整理，铲除田内杂草，减少黄曲条跳甲的存活条件。

② 铺设地膜，避免成虫把卵产在根上。

③ 加强幼苗期肥水管理，使植株尽快生长，提高植物抗性，减少苗期植

株受害可能性。

2. 刺吸害虫类

（1）十字花科蚜虫类　十字花科蚜虫类主要类型有桃蚜（图7-14）、萝卜蚜（图7-15）等，萝卜蚜和桃蚜是蔬菜蚜中最重要的种类，危害遍及全国。萝卜蚜已知寄主30余种，以十字花科蔬菜为主。桃蚜寄主多达350余种，除危害十字花科蔬菜外，还对茄科、蔷薇科等植物造成危害。

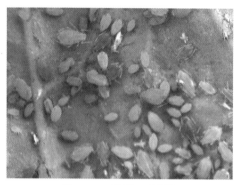

图7-14　桃蚜（彩图）

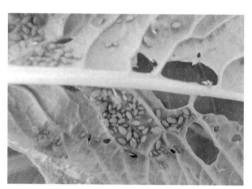

图7-15　萝卜蚜（彩图）

【危害】

成虫、幼虫均寄生于叶背，发病初期比较隐秘，不易发现。萝卜蚜最初寄生于离地面最近的外叶，随着作物生长，密度加大，逐渐向内叶移动，导致叶片萎蔫、皱缩，甚至出现煤污病。蚜虫蜕皮分散在叶片和地面。危害严重时，外叶枯死，蔬菜作物外部也有蚜虫出现，大大降低了商品价值。

【发生规律】

萝卜蚜和桃蚜春秋发生量较大，夏季较少，呈季节性规律。其中萝卜蚜对温度的适应范围更广，春季以桃蚜危害为主，当两种蚜虫混合发生时，萝卜蚜占主要优势。

【防治措施】

① 农业措施。及时清除田间杂草，特别是在秋末到初春，选用抗虫品种，及时清理越冬场所。

② 释放利用天敌。对田间蚜虫天敌瓢虫、食蚜蝇、蚜茧蜂、食蚜瘿蚊、草蛉等昆虫进行有效保护。

③ 合理边缘套种。如可在瓜类边缘套种菠菜、油菜等小品种，招引天敌

来防治主要品种的蚜虫类虫害。

④ 使用国家有机标准里允许的药剂进行喷洒，如清源宝和蚜虫轮枝菌等。

（2）粉虱类　该类主要有温室白粉虱和烟粉虱，其中温室白粉虱不仅可以在温室内发生危害，在露地也可以造成危害并呈逐年增加趋势。烟粉虱寄主范围广，多达74科420种植物，而且能够传播近70种病毒，因此危害更为严重（图7-16）。

图7-16　白粉虱和烟粉虱（彩图）

【危害】

烟粉虱对不同植物危害症状不同：叶菜类如甘蓝受到烟粉虱危害后，叶片萎缩，发生黄化；果菜类如番茄受到侵害会造成果实不均匀成熟。烟粉虱成虫主要集中在寄主植物下部，卵及1～2龄幼虫主要集中在中上部。白粉虱吸食植物汁液，导致叶片褪绿、发黄、逐渐萎蔫枯死。此外繁殖能力强，在嫩叶上产卵，若虫在背面为害，能够分泌大量蜜液造成果实的污染，失去其应有价值。

【发生规律】

通过种苗移栽和通风进行传播，烟粉虱最佳发育温度为26～28℃，繁殖能力与温度、寄主植物密切相关。白粉虱一年可以繁殖10余代，冬季在室外不可存活，华中以南以卵在露地越冬。

【防治措施】

① 农业防治。育苗前对苗房进行熏蒸消毒，清除残余的植株杂草，在通风处设置防虫网，防止其他害虫侵入。加强田间管理，及时将老叶及残叶清除并进行烧毁。

② 释放利用天敌。对田间粉虱类天敌（李蚜小蜂、中华草蛉）等昆虫进行有效保护，天敌不够时可采取人工释放。

③ 使用国家有机标准里允许的药剂进行喷洒治理，如清源宝。

④ 黄板诱杀。利用粉虱类强烈的趋黄习性，采用黄板在保护地和露地诱

杀有翅成虫。

（3）红蜘蛛　红蜘蛛属于叶螨总科，别名红叶螨，可危害多种蔬菜作物及园林花卉植物（图7-17）。

图7-17　红蜘蛛及危害状（彩图）

【危害】

红蜘蛛对园林植物的危害最为严重，初期会在叶片背面主脉两侧为害，各个小群体逐渐生育繁殖遍布整个叶片。当红蜘蛛危害严重时，在植株表面会看到大量蛛丝，红蜘蛛借拉丝爬行，不断对植物造成侵害。在植物根茎叶部刺吸植物汁液，受害部位失去绿色、发白，叶片呈现密集白色斑点，卷曲发黄。严重时叶片发黄、干枯死亡。

【发生规律】

红蜘蛛主要以卵或受精雌成螨在植物枝干裂缝、落叶以及根际周围浅土层土缝等处越冬。开春条件适宜，越冬雌成螨开始活动危害。属于高温活动型，每年5～8月为红蜘蛛发生期，6～7月危害最为严重。

【防治措施】

①农业防治。加强田间管理，冬季深耕消灭越冬虫态。

②保护释放天敌。食螨瓢虫、异色瓢虫、大草蛉、小草蛉、小花蝽、植绥螨等，它们对控制害虫种群数量起到积极作用。

③诱杀。可采用牛奶法（牛奶与水按照1∶2比例稀释）对红蜘蛛进行诱杀。

（4）蓟马　蓟马属于昆虫纲缨翅目，全年均可以发生，前三个季度在露地，冬季发生在温室大棚中，主要危害茄子、黄瓜等作物（图7-18）。

图 7-18 蓟马（彩图）

【危害】

蓟马的若虫和成虫都会锉吸植株幼嫩组织（枝梢、叶片、花、果实等）汁液，造成叶片变硬、卷曲、枯萎，在叶片表面形成密集小白点或长形条斑。植株生长缓慢，幼嫩果实被害后硬化，严重时落果，导致产品品质低下。

【发生规律】

蓟马的发生有两个高峰期，一个在 11～12 月，另一个是 3～5 月。生存适温为 23～28℃，适宜空气湿度为 40%～70%。当湿度达到 100%、温度达 31℃时，若虫全部死亡。阴天多雨季节，若虫生存率降低，雨水使土壤板结，若虫无法入土进行孵化。

【防治措施】

① 农业防治。加强田间及水肥管理，及时清理田间老叶及残叶。消灭越冬成虫和若虫。

② 保护释放天敌。对小花蝽、猎蝽、捕食螨、寄生蜂等生物天敌进行保护。

③ 诱杀。利用蓟马趋蓝色的习性，在田间设置蓝色粘板，诱杀成虫，粘板高度与作物持平。

3．钻蛀害虫类

钻蛀害虫类一般对植物叶片、茎干、果实造成危害，害虫钻入叶片，在叶片内部形成隧道，或将茎叶植株蛀空，最终导致叶片干枯、植株死亡。当害虫钻蛀果实内部，严重造成果实的脱落腐烂，产品品质降低。

（1）斑潜蝇　斑潜蝇又称为鬼画符，属于双翅目潜蝇科害虫，主要种类有美洲斑潜蝇（图 7-19）、南美斑潜蝇（图 7-20）。

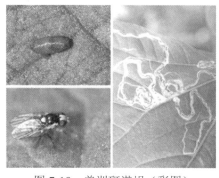
图 7-19　美洲斑潜蝇（彩图）

图 7-20　南美斑潜蝇（彩图）

【危害】

美洲斑潜蝇幼虫会从叶片正面开始取食，在叶面形成先细后宽的曲线形虫道，内有黑色粪便；南美斑潜蝇幼虫主要从叶片背面开始取食，大多从主脉络基部开始，形成的弯道较宽，沿着叶脉进行扩展。二者成虫均从正面取食和产卵，刺伤叶片细胞，具有趋蜜、趋嫩绿、趋黄的特性。

【发生规律】

两种斑潜蝇在南方可以持续发生，北方室外自然条件不能越冬。美洲斑潜蝇适应温度范围广，为 25～32℃；南美斑潜蝇适应温度范围较低，为 20～25℃。当气温高于 30℃或者低于 10℃时，生长发育受阻。卵对温度变化明显，高温抑制发育。

【防治措施】

① 农业防治。加强田间管理，收获后及时将老叶及残叶清除并进行烧毁；对土地进行深耕，降低蛹的羽化率；合理布局轮作能够有效降低病情指数。

② 保护释放天敌。潜蝇姬小蜂是防治斑潜蝇的天敌首选，草蛉、瓢虫、蜘蛛等捕食性天敌对斑潜蝇也有一定的控制作用。

③ 黄板诱杀。利用两种斑潜蝇的趋黄习性，采用黄板诱杀成虫。

④ 高温闷棚。在棚空闲期，选择晴天进行高温闷棚，可有效杀死斑潜蝇，田间可采取塑料薄膜覆盖，深翻土，再覆盖的方式，使地面温度超过 60℃，利用高温除虫。

（2）烟青虫　烟青虫又名烟草夜蛾，属鳞翅目夜蛾科，俗名青虫，在我国分布广泛，每年发生 2～6 代，蚕豆、番茄、南瓜等多种植物均可被其寄主（图 7-21）。

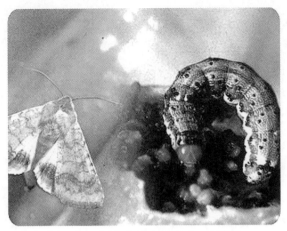

图 7-21　烟青虫幼虫及成虫（彩图）

【危害】

烟青虫主要是幼虫对于植物危害较大，幼虫通过蛀食植物的幼嫩组织，咬食植物花果和茎叶，造成果实腐烂，大量减产。对于辣椒的危害最为严重，整个幼虫钻入辣椒内部，啃食果肉，并在辣椒体内留下大量粪便，导致果实无法进行销售。

【发生规律】

烟青虫以虫蛹在土壤内越冬。成虫有趋杨树性、趋蜜糖性，趋光性偏弱。幼虫有假死的可能，在防治过程中不注意便会人为造成危害。烟青虫一般会在寄主植物上繁殖生活数代，有翅时进行迁飞繁殖，当空间不足时便会扩散。

【防治措施】

① 翻耕、整枝、摘除虫果；早、中、晚熟品种搭配种植。

② 田内种植玉米诱集带，诱蛾产卵。

③ 保护天敌。天敌有赤眼蜂、姬蜂、绒茧蜂、草蛉、瓢虫及蜘蛛等。

④ 诱杀。每 50 亩地设黑光灯一盏，诱杀成虫。

（3）棉铃虫　棉铃虫别名棉铃实夜蛾，红铃虫、绿带实蛾，属于鳞翅目、夜蛾科。棉铃虫在世界范围内均有分布，属于杂食性昆虫，对多种作物都有严重危害（图 7-22）。

【危害】

棉铃虫主要会对植物花蕾造成危害，幼虫首先取食嫩叶，随后钻蛀到花蕾内部，对新鲜花朵及新叶造成伤害，受害部位花朵易脱落，容易腐烂。成

图 7-22 棉铃虫（彩图）

虫晚上吸食花蜜，雌性成虫将卵产在植株嫩叶及根茎部。

【发生规律】

棉铃虫都是以蛹在土壤中越冬。每年 4 月开始发生，成虫白天潜伏、晚上出动，雌蛾将卵产在嫩叶、嫩梢、茎基等处，幼虫孵出后开始对植物幼嫩叶片和花蕾进行啃食。老熟幼虫一般会在土壤深层化蛹，时间为 9～15d。

【防治措施】

① 加强田间管理，进行轮作，合理灌溉，可以降低棉铃虫的危害；冬季土地深耕翻晒，可以减少部分虫蛹。

② 使用黑光灯诱杀成虫。

③ 优化作物布局，种植高秆作物，避免常规天敌的迁移。

4. 地下害虫类

地下害虫一般为咀嚼型口器，主要在土壤的浅层或表层寄居，对植株的根系和根茎部造成伤害，导致营养成分无法运输到地上植物，植物最终枯黄萎蔫而死。

（1）蝼蛄 蝼蛄，俗名耕狗、扒扒狗、土狗崽等，属于昆虫纲，直翅目，蟋蟀总科，蝼蛄科（图 7-23）。

【危害】

蝼蛄在地下生活，以新鲜发芽的幼嫩种子为食，对作物根部造成很大危害，此外还可以在土层内挖掘隧道，使植物根部脱离土壤，吸收不到水分干枯而死。蝼蛄是杂食性昆虫，对谷物、蔬菜、树苗均会产生危害，部分蝼蛄

图 7-23 蝼蛄（彩图）

种类还会取食蛴螬、蚯蚓等昆虫。

【发生规律】

东北地区农村常见蝼蛄的发生，一般在夜间出动，白天休息。土壤干旱时，虫害发生较轻，当土壤湿度为 22%～27% 时，蝼蛄造成的危害最为严重。成虫具有趋光性，可倒退行走。

【防治措施】

① 施用充分腐熟的有机肥料，可减少蝼蛄产卵。

② 根据蝼蛄的趋光性，夜间用黑光灯诱杀蝼蛄。

（2）蛴螬　俗名白土蚕，为金龟甲的幼虫。蛴螬属于杂食性，喜欢食用农作物幼嫩组织，可以危害多种农作物，在世界范围内均可造成危害（图 7-24）。

图 7-24　蛴螬及危害状（彩图）

第七章　有机农庄的植物病虫害防治

【危害】

蛴螬可以对多种植物幼嫩组织进行咬食,形成孔洞伤口,不仅对植物造成伤害,且钻咬出的孔洞极其有利于病害的传播侵入,造成病害流行发生。植物本身随蛴螬咬食程度逐渐发黄、叶片卷曲,最后整株死亡。

【发生规律】

蛴螬在土壤中越冬,具有假死和负趋光性,未腐熟的粪对蛴螬具有很大的吸引力。金龟甲交配后将卵产在湿润的土壤内。在潮湿天气,蛴螬活动加强,春秋两季对植物幼苗危害较重。

【防治措施】

① 加强植物种苗的检疫工作,减少带虫种苗的栽种。

② 了解病害的发生期,提早做好预防措施。

③ 加强田间管理。施行科学轮作;及时清理田间杂草;秋冬对土地深耕,减少虫害的发生。

④ 物理方法。布置黑光灯诱杀金龟甲,减少其幼虫蛴螬的数量。

⑤ 生物防治。利用茶色食虫虻、黑土蜂、白僵菌等进行虫害防治。

第三节 有机农庄的生态环境调控

从生态学的角度看,有机农庄的生态环境调控是在生态多样性、稳定性和经济性都处于最优状态下,对整个农庄之间的生物因素和非生物因素进行调控,使农庄生态系统处于一种良性的循环之下。有机农业强调人与自然的和谐相处,依赖自然的生态系统进行自我调节,将生态的协调性、资源的有效利用达到最大化。在调节农庄的生态环境时,每一个涉及人为的环节都必须考虑到病害防控,选择其中任意方法时都必须权衡利弊。

一、有机农庄的生态环境调控原理

有机农业从一开始强调的就是生态系统的可持续发展、健康有序的良性循环,而有机农庄作为一个经济生态系统,需要人为对系统中不合理的结构因素进行调控,使农庄的生态环境不断优化,提高系统环境的生产力。在有机农庄的生态环境调控时,应遵循生态平衡、循环再生、互利共生及相生相克等原理，在每一件事情上都考虑资源的节约和循环使用，减少对环境造成的污染，不断改善土壤的质量和减少水与空气的污染，保护生物的多样性，提高环境对于病害的抗性，保持有机农庄生态环境的稳定性、可持续性，保持生物链状态正常运行。

二、有机农庄的生态环境调控方法

1. 合理轮作

轮作是有机栽培最常用的方法之一，通过合理轮作，首先会破坏病虫害的食物链或生态链，减轻作物伤害；其次，由于不同的作物对土壤的营养成分需求和影响均不同，通过合理轮作可以对土壤的酸碱度进行改变，充分利用土壤养分，提高肥力，提高作物产量；最后，合理轮作可以避免土壤中植物根系分泌物及秸秆与残腐物质产生的有毒有害物质积累带来的危害。如苜蓿与菠菜轮作可增产，而豆类与洋葱轮作造成减产，豆类与叶菜类轮作可以充分利用土壤养分，三七与玉米及小麦轮作可以防治根结线虫病害。

2. 科学间作与套作

间作与套作可以提高空间的最大利用率，形成通风良好、抗逆性强的一个复合体。通过科学间作与套作，根据作物时间差和空间差进行合理搭配，能够最大限度利用光能和土壤养分，实施种地和养地相结合，对病虫害也可以有效防控。如将根系深的作物和根系较浅的作物同时种植时，根系深的作物可将土壤深层养分提供给根系浅的植物利用；粮食作物与绿豆套种可以更好地养地；胡萝卜与葱套种可以驱赶害虫，减少虫害。

3. 土壤培肥

健康肥沃的土地是种植出健康有机食品的前提条件，土地的健康主要体现在营养丰富、肥水代谢性好、水分和空气含量适宜。有机农业通过对土地培肥来培育肥沃的土壤，主要方式有合理灌溉与耕作、增加有机肥料、合理轮作、秸秆还田、地面覆草、培养和引入蚯蚓等。合理灌溉耕作可以改善土壤情况，提高蓄水能力，防止水土流失；秸秆通过发酵、腐解可以转化为土壤的有机质，提高土壤肥力；地面覆草可以通过改善土壤温度、光照等情况改善土壤生存因子的生存环境，加快养分循环；蚯蚓可以快速改变土壤物理特性和化学特性，使其疏松多水、肥沃透气。

4. 土壤保护性耕作

土壤保护性耕作是对土壤破坏、腐蚀、退化及污染最小的一种保护性措施，特点是秸秆覆盖、以松代耕、免耕播种。通过保护性耕作，可以保护水土资源，稳定土壤温度，改善土壤结构，减少病虫草害，提高作物的经济效益。

5. 废物循环利用

在有机农庄，家禽家畜的排泄物、农作物残渣等一些在常规农业里当做废料的东西都可以进行有机循环利用。如排泄物、秸秆经发酵、分解后可以当成土壤养分和有机质的来源，增加土壤肥力。尽量使用可以降解的材料，提倡各种投入产品及废物的有机循环，尽最大力度减少对环境的污染和伤害。

6. 保护生物多样性

有机农庄的生物只有保持了多样性，有机农庄的抗风险能力及抗逆性才能得到提升。避免使用化学合成剂，通过轮作、间作、套作、保护天敌、保护性耕地等方式为鸟类、天敌、蛙类提供生存场所，提高生物的多样性，同时也可以有效抑制病虫害的发生。在有机种植中禁止使用转基因作物。

7. 污染控制及水土保持

有机农庄作物在种植时应根据情况优选抗病品种，最大限度地优化其轮作、套作或间作的设计，创造出不利于病虫草害生存的环境。病虫害的防治不使用化学产品，尽量通过物理方法、保护和投放天敌、按照有机标准里规定使用的药剂来进行防护，减少化学药品对于土地、流水及环境造成的影响，避免食品安全风险。

三、有机生产中可使用的植物保护产品

在有机农庄进行有机生产时，有时会无法避免发生严重的病虫害，就需要采用一些药剂对病虫害进行防治。有机标准对于有机产品中可以使用的植物保护产品具有严格的规定，生产过程中禁止使用化学合成农药，获得的植物保护产品是对环境和人体无害的非转基因物品，且对投入的植物保护产品的量也是限制性的。使用频次要合理，检查认证时也会对植物保护产品的使用频次进行衡量，确保其不会造成危害。

1. 植物和动物来源

（1）楝素　主要是从苦楝或印楝中提取出来的，易于分解，对于环境安全无害。对害虫生长发育具有抑制作用，主要防治鳞翅目类害虫。

（2）天然除虫菊素　天然除虫菊素易见光分解，安全无副作用，可以麻痹害虫的神经中枢，见效快，对多种虫害有效，具有较高的广谱性（图7-25）。

（3）鱼藤酮类　鱼藤酮是从鱼藤属植物根中提取出来的，不可用于鱼类及其他生物。鱼藤酮可以抑制害虫的呼吸系统，使其形成运动障碍，麻痹而死，对蚜虫、蓟马和跳甲有很强的杀除作用，对菜粉蝶幼虫、小菜蛾等幼虫有强烈的触杀和胃毒作用（图7-26）。

（4）小檗碱　中草药中提取的生物碱杀菌剂，会渗透深入到病斑处阻断病原菌代谢，阻止病害发展，主要对番茄灰霉病、叶霉病、黄瓜白粉病等病害具有良好效果。

（5）壳聚糖（甲壳素）　自然界中，甲壳质广泛存在于低等植物、菌类、虾、蟹、昆虫等甲壳动物的外壳、真菌的细胞壁等。可以用于抑制线虫，防治死苗烂根，防枯萎、根腐病、根肿病等病害。

（6）趋避植物提取液　趋避植物（类似大蒜、花椒、辣椒、艾草等植物）能够散发出害虫讨厌的味道，阻止害虫接近，利用它们的植物提取液进行喷洒，具有杀菌、防虫、杀虫的作用。

（7）昆虫天敌　通过保护或者引进天敌来应对植物虫害，有利于增加生物多样性，保持生态平衡。像丽蚜小蜂可以防治白粉虱、日光蜂可以防治苹果绵蚜等（图7-27）。目前我国已大量繁殖赤眼蜂、平腹小蜂、草蛉、七星

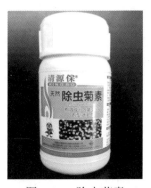
图7-25　除虫菊素

图7-26　鱼藤酮

图7-27　丽蚜小蜂防治白粉虱

瓢虫、丽蚜小蜂、食蚜瘿蚊、小花蝽、智利小植绥螨、西方盲走螨、侧沟茧蜂等捕食性或寄生性天敌昆虫。

2．矿物来源

（1）波尔多液　波尔多液是一种保护性杀菌剂，释放出的铜离子对于病原菌孢子萌发或者生长具有抑制作用，可以用于霜霉病、晚疫病、炭疽病等多种病害。杀菌谱广，有效期较长。

（2）高锰酸钾（仅用于果树和葡萄）　通过强氧化性来消毒，氧化细菌体内的活性基因来杀灭真菌和细菌。

（3）硫黄　主要是干扰病原体内的氧化还原过程，对白粉病具有良好效果，也可以用于螨虫防治。

3．微生物来源

（1）真菌及真菌提取物　白僵菌通过孢子或菌丝侵入害虫并在体内繁殖，使害虫发生新陈代谢紊乱而死，安全无污染，可以用于蛴螬、粉虱、蚜虫、蓟马、棉铃虫等害虫的防治（图7-28）；轮枝菌可作为生物农药，用于防治粉虱、蚜虫、蓟马等害虫；木霉菌可以产生多种活性物质，对植物病原真菌、细菌及昆虫有拮抗作用，促进植物生长发育。

（2）细菌及细菌提取物　苏云金芽孢杆菌能够用于防治鞘翅目、鳞翅目等多种害虫。枯草芽孢杆菌生长过程中可以释放出枯草菌素、短杆菌肽等活性物质，对致病菌产生拮抗作用，抑制菌丝生长发育（图7-29）；蜡质芽孢杆菌可以调节细胞内部的微环境，提高作物抗性及品质，可以对立枯病、霜霉病进行有效防治；地衣芽孢杆菌能够促使机体产生抗菌活性物质，抑制病原菌的生长繁殖；荧光假单胞菌能够分泌抗生素类物质，抑制致病菌生长，对青枯病、软腐病、立枯病等多种病害均能有效防治。

（3）病毒及病毒提取物　核型多角体病毒是一类专性昆虫病毒，专化性强，主要寄生鳞翅目昆虫。通过伤口感染进入虫体，在虫体内不断侵染细胞，进行细胞增殖，导致昆虫死亡；亦可以通过粪便和死虫再次感染其他害虫，通过病害流行控制虫害的发展（图7-30）。

4．其他

（1）昆虫性外激素　性外激素作引诱剂，与黑光灯物理方法或杀虫剂相结合防治害虫。主要采用活雌虫和粗提物作诱饵诱杀雄虫，使自然中昆虫雌

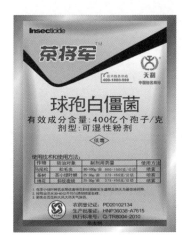  

图 7-28　白僵菌药剂　　　图 7-29　枯草芽孢杆菌　　图 7-30　核型多角体病毒

雄比例失衡，减少害虫密度，减少害虫对作物的伤害。

（2）物理措施　根据不同害虫对于颜色、光照的趋性，采用不同颜色、光照的诱捕器对昆虫进行捕杀。

第八章　有机农庄的盈利及前景

第一节　有机农业的发展

现在农业种植业领域的问题表现在水果蔬菜使用的农药过量，有机磷农药残留严重。为了争取水果、蔬菜早上市，使用化学制剂、激素类物质，促使果蔬超越其生长阶段的环节催熟。我国农药年用量为 80 万～100 万吨。有些农药性质稳定、残留期长，造成污染便难以消除。人们进食残留有农药的食物，轻则头痛、头昏、无力、恶心、精神差；重则乏力、呕吐、腹泻、肌颤、心慌；严重者可能出现全身抽搐、昏迷、心力衰竭，甚至死亡的现象。残留农药还可在人体内蓄积，超过一定量后会导致一些疾病，如男性不育。对孕妇而言，则会影响胎儿的发育，甚至会导致胎儿畸形。消化系统功能紊乱、帕金森病、癌症、心血管疾病和糖尿病等，也与长期接触农药有关。化肥中的有害重金属元素通过农作物的生长链进入人体，给人体健康带来不可估量的危害。

养殖业领域的问题表现在集约化养殖，动物在拥挤和不卫生的养殖环境内生长。动物饲料中添加抗生素，用来防病免疫；添加激素促进生长，缩短养殖周期。中国每年生产抗生素原料大约 21 万吨，其中 46.1% 的抗生素用于畜牧养殖业。抗生素在动物体内无法得到有效降解，形成了抗生素残留。长期食用"有抗食品"，消费者的耐药性也会不知不觉增强，等于在人体内埋下一颗"隐形炸弹"，一旦患病，很可能就无药可治。

有机农业（Organic Agriculture）最早出现于美国，1909 年 King 考察了中国农业后回国编著《四千年的农民》。他介绍中国传统农业利用人畜粪便、塘泥和一切废弃物来肥田，有利于人类持续发展的技术，提出了最初的有机农业思想。后来，英国植物病理学家 Howard 1940 年写了《农业圣典》，进一步深入研究和总结中国传统农业的经验，成为当今指导国际有机农业运动的经典著作之一。1945 年，美国 Rodale 创办了 Rodale 有机农场，兴办研究所,开创了有机农业的先河。

一、有机农业的概念

国内有机农业定义为遵循有机农业生产标准,在生产中不使用基因工程获得的生物及其产物,不使用化学合成的农药、化肥、生长调节剂、饲料添加剂等物质,按照自然规律和生态学原理,协调种植业和养殖业的平衡,采用一系列可持续发展的农业技术,维持持续稳定的农业生产体系。

国际有机农业运动联盟(IFOAM)定义有机农业为有利于促进环境、社会和经济健康发展,按照特定标准生产食物和纤维的各种生产系统,这些系统把保持和提高土壤肥力作为运作的关键,在农业和环境的各个方面,充分考虑农作物、牲畜和土地的自然生产能力,并致力于提高食物质量。

有机农业的特点总结起来:一是有机农业要求建立种养结合的农业生产体系,对农业资源的利用不是掠夺式利用,而是建立在可持续发展理念上的开发和反哺相结合的利用;二是有机农业生产应是经济效益、生态效益、环境效益、景观效益和社会效益的有机结合,系统内土壤、植物、动物和人类是相互联系、密不可分的有机整体;三是采用土地(生态环境)可以承受的方法进行耕作。各国对有机农产品表述的精神内核基本相同,即有机农产品是指严格按照有机农业生产标准和有机农产品生产、加工标准而生产出来的经过有机农产品认证组织颁发证书的一切农产品。

二、有机农业发展现状

1. 国外有机农业发展现状

北欧、日本、美国等地人们环保意识较强,其有机农业和有机农产品发展较快。据统计,2001年欧盟国家拥有12.4574万个有机农场,欧洲自由贸易联盟有7738个农场。新华社资料表明,大洋洲、欧洲和拉丁美洲有机农业发展较快,用于有机农业的土地面积分别占耕地面积的48.51%、23.58%和20.02%;而亚洲和非洲仅占0.33%和0.14%,有机农业生产落后,但发展潜力大。发达国家销售的有机农产品中有不少依赖于进口,其中德国、荷兰和英国进口的有机农产品分别占其消费总量的60%、60%和70%。日益高涨的有机农产品贸易和消费需求得益于人类对生态环境及自身健康的关注，目前一些发达国家生产、消费有机农产品被认为是关心环境和保护身体健康的具体表现，有机农产品的消费逐渐成为一种时尚。

2. 我国有机农业发展现状

20世纪60年代以前，我国的农业生产主要是在自给自足的农业生态系统中进行的，农用化学品的使用非常少，因此较成功地维系了数千年的土壤肥力不减，建立起一整套传统农业技术体系，体现了人与自然的和谐统一。但近30年来我国大量使用化肥、农药等农用化学品，严重破坏了农业生态环境，在很大程度上制约了我国有机农业的发展。20世纪80年代初期我国曾经提出过"有机农业"，但仅限于理论的探讨，直到20世纪80年代后期才逐步开展了有机食品基地建设、标准制定及产品的出口。有机农业在我国的产生和发展有其必然性和特殊性，一方面我国属于资源约束型国家，脆弱的生态环境正受到日益严重的污染和破坏，不能沿袭以牺牲环境和过度损耗资源为代价发展经济的道路；另一方面经过40多年的改革开放，我国基本解决了温饱问题，初步实现了小康，为有机农业的发展奠定了基础。部分高收入群体对有机食品的需求呼声渐涨。此外随着世界经济一体化进程的加快和我国加入世贸，我国农产品及其加工产品必然要走向国际市场。但在全球关税壁垒逐步取消的情况下，与环境保护相关的"有机食品"已成为新型的非关税贸易壁垒，阻碍了我国农产品在国际市场的销售。有机农产品的推出解决了环境和食品污染问题，更重要的是可增强我国农产品在国际市场的竞争力，推动农业生产的良性发展。目前我国的有机农业和有机食品总体尚处在起步阶段，其规模和发育程度都还很低，有机农业或有机食品在我国公众目光中尚未取得共识，有机就是传统、就是落后的理念仍在一些人的认识中存在。近年来我国虽在生态农业县、生态示范区及绿色食品基地建设方面投入了大量财力和人力，但以基地建设为主，产品开发、生产规模及其产业化水平均很低。

我国有机农业发展可划分为3个阶段，即以国外有机认证机构进入我国市场为特点的探索阶段（1990—1994年）、以我国第一家有机认证机构国家环境保护总局有机食品发展中心（OFDC）为标志的起步阶段（1995—2002年）和以正式颁布实施《中华人民共和国认证认可条例》为起点的规范快速发展阶段（2003年至今）。

三、我国有机农业发展环境分析

1. 政治法律环境

政治环境是企业生存和发展的大环境,在现阶段农村土地集体所有制、土地分包给农民个人使用的大前提下,集约化使用农民土地存在一定的政治风险。党的十八届三中全会进一步明确了农村土地流转、土地确权的问题,对中国未来发展集约化的土地开发如有机农场是一个利好。

政府大力推进"三农"建设和有机农业的发展,提出"在由传统农业向现代农业转变的过程中,支持以生态农业和有机食品作为突破口,在高标准下将以生态农业为主的现代农业、以有机食品为主的食品产业、以生态旅游为主的旅游业"培育成为新的支柱产业的战略部署,显然,有机农场也在此政策方向的辐射范围内,发展政策上升渠道通畅。

社会阶层的形成和变动、人口的地区性流动、人口年龄结构的变化、人们生活方式及工作方式的转变、就业状况、城乡差别、社会福利、公众对国家的信心等,这些都将构成企业的社会环境,这些因素的变化都会影响企业的运行和发展。城镇化进程的加快,人口不断向城市集中,伴随农村人口的减少,加快土地集中实现集约化种植,伴随城市人口的增加带来有机蔬菜需求的增加,这些都有利于有机农场的发展。

(1) 有机农业政治法律环境 有机农业在发达国家起步较早,并且拥有较为完善的法律法规制度以及宽松的政策环境。我国有机农业虽然比发达国家起步晚,但是近十年来蓬勃发展,相关法律法规也在进一步完善。

① 产业政策。产业政策中与有机农业相关的主要包括:鼓励无公害农产品及其产地环境的有害元素检测技术开发与应用,鼓励有机废弃物无害化处理及有机肥料产业化技术开发与应用及鼓励农牧渔产业无公害、绿色生产技术开发与应用等。

② 法律环境。在法律制度方面,我国已经存在一些有关有机农业的立法,但地位较低且针对性不强。

2005 年,农业部《关于发展无公害农产品绿色食品有机农产品的意见》中,对有机农业发展的重要意义做出了肯定。在对有机农产品认证和管理方面,主要依据的法律法规有 2004 年国家质检总局颁布的《有机产品认证管理办法》、2009年6月1日实施的《中华人民共和国食品安全法》，2012年由国家认监委修订颁布的新版《有机产品认证实施规则》等。2012年12月，国家质检总局修订了《有机产品认证管理办法》并向社会公开征求意见，在该征求意见稿中，完善了有机产品认证的概念，将有机产品销售环节纳入评定范围，对认证过程的要求和认证后的管理更加具体和严格，该办法的出台对有机农产品市场的规范化起到有力作用。

③ 政策扶持。国家未来将加强对家庭农场的政策扶持，在注册管理、土地流转、金融信贷等方面提出一系列支持家庭农场发展的措施。越来越多的企业、城市商人看好农业发展的巨大商机，将会进入农业承包大量闲置的土地，家庭农场最终也将走向农业规模化、集约化。

2014年2月农业部出台的《关于促进家庭农场发展的指导意见》，从工作指导、土地流转、落实支农惠农政策、强化社会化服务、人才支撑等方面提出了促进家庭农场发展的具体扶持措施。2014年中央一号文件明确提出：新增加的农业补贴要向专业大户、家庭农场、农业合作社倾斜。以往国家在农业项目的扶持多以提供财政补贴为主，而这次针对家庭农场则在财政、税收、用地、金融、保险等多个方面给出空前的力度，这也是保障家庭农场顺利推行的根本。

（2）服务业政治法律环境 《国务院办公厅关于加快发展服务业若干政策措施的实施意见》中指出，要完善产业政策：进一步放宽服务领域市场准入；积极创新服务业组织结构；加快实施品牌战略；加大财政对服务业发展的支持力度；进一步扩大税收优惠政策，大力培养服务业人才。

（3）旅游业政治法律环境 国务院发布的《国务院关于促进旅游业改革发展的若干意见》提出，到2020年，境内旅游总消费额达到5.5万亿元，城乡居民年人均出游4.5次，旅游业增加值占国内生产总值的比重超过5%。加快转变发展方式，推动旅游产品向观光、休闲、度假并重转变；推动旅游开发，注重资源能源节约、生态环境保护和文化传承创新，实现可持续发展；推动旅游服务实现标准化和个性化的有机统一；积极发展休闲度假旅游；大力发展乡村旅游；大力发展老年旅游，积极配备建立无障碍设施。

2．经济环境

经济发展阶段及经济形势会对企业发展状况产生影响，同时会制约企业的营销活动,有机农业、服务业和旅游业的经济发展环境都对有机农庄的发展产生一定的影响。

3. 消费价值观

(1) 有机农业经济环境　我国有机农业生产进入规范发展时期,这得益于不断完善和发展的有机农业生产标准、认证标准和管理措施,不断增强的政府和社会的监管、监督力度以及有机农业生产企业行业自律意识。至2020年,中国有机农业面积将达到600万~1000万 hm^2,保持着有机农业面积世界第二的地位。

未来有机农业发展的前提和基础是市场的规范化。有机农产品国内市场进入快速成长期,越来越多的消费者认可和接受有机农产品。预计未来十年,在关税壁垒消除、人民币币值稳定、国内消费拉动措施等多重合力的作用下,我国有机食品的进出口贸易额将大幅度提升。

有机农业作为一种劳动知识密集型产业,需要投入大量的人力、财力和智力转化技术,例如病虫害问题。农业龙头企业具有一定的基础实力、管理能力,对辐射范围内的农户或家庭农场可产生带动效应,为有机农业发展所需的知识溢出提供条件。

(2) 服务业经济环境　当今世界经济中,服务经济的特点越来越明显和突出,在国民经济中的比重不断上升,服务成为发达国家市场经济的重要形式,服务业也成为推动国民产出总量增长、经济持续发展的重要动力。

当前,中国正处于工业化和城镇化加速发展时期,加快发展服务业至关重要。国家关于加快发展服务业的若干意见也提出,到2020年,服务业的增加值能占到国内生产总值的50%以上。加快发展服务业是转变经济发展方式、调整经济结构的重要战略举措,也是促进我国经济较快增长的现实选择。

在我国,服务经济是新兴领域。随着中国经济发展水平的提高,服务业将进入增长加速、地位上升阶段。我国已经进入全面建设小康社会、构建和谐社会、加快推进社会主义现代化的新的历史阶段,我国经济结构正处于战略性调整的重要时期。因此,大力促进服务业发展,是推进国家战略实施的必然要求。发展服务业是落实科学发展观、实现和谐社会的关键。

(3) 社会文化环境　社会文化由民族特征、价值观念、生活方式、风俗习惯、宗教信仰、伦理道德、语言文字和教育水平等的总和构成。社会文化对消费者行为、消费者心理都会产生潜移默化的间接影响。这些因素也会对企业的营销活动产生影响，促使企业进行一系列的市场活动和变革。

① 价值观念的作用：伴随人均 GDP 的增长，居民的可支配收入上涨，同时国内市场竞争环境和商品价格水平逐渐规范和稳定，导致消费者的消费价值观念和支出结构发生变化。以旅游业为例，在消费水平较低时期，居民大部分收入用于食品支出，旅游等休闲行业并未得到有效发展。随着生活水平提高，可支配收入增加，消费支出结构发生变化，食品占据比例下降，服装、固定资产等比例上升，旅游业得到大力发展。

② 消费观念的作用：伴随休闲旅游和有机农业的发展，消费者有越来越多的生态农业采摘园可以选择，行业内竞争愈发激烈。同时，在产品趋同化、价格趋近化影响下，消费者的消费心态从"有一家能去就可以"转变为对产品品质、服务、环境的对比。这就促使企业改变现有的营销活动，改善园区环境，提高服务人员热情，促使有形设施进行现代化升级改造。

4. 科学技术环境

当今社会的经济发展、行业发展和企业发展都离不开科技的发展，因为"科技是第一生产力"。农业技术和互联网的迅速发展，有效地把有机农业企业和消费者、旅游业、服务业融合在一起，对企业和消费者都有重大影响。

Web 2.0 时代出现了体验性、沟通性、差异性、创造性、关联性等营销思维的巨大革新，涌现出了网络杂志、博客等新兴的媒体，并与传统媒体进行资源整合，催生了新媒体环境下特有的企业营销渠道。在"互联网+"时代，与传统方式下企业采用实体渠道营销不同，企业借助网络平台进行营销推广。透过大数据分析了解消费者需求，利用计算机进行客户管理，通过中间网站进行票务销售、产品销售，利用物流渠道进行产品运送。消费者在对企业的了解和购买相关产品上都节约了大量时间。

四、国内环境制约因素

由于中国有机农业起步晚，发展不规范，假冒有机农产品缺乏有效监管，消费者无法辨别，也制约了发展。

1．政府支持力度不足

我国有机农业仍处于探索阶段，相关法律法规体系尚不完善，地方政府在财政、税收方面的优惠及扶持力度跟不上有机农业的发展需求。要进一步降低有机认证价格，完善认证体系。

2．市场化发展不足

我国有机农业存在地区间的运营沟通系统不完善，多元化物流体系建设不足等问题。在各区域间，地区管理和运营中心没有建立，生产、加工、运输和销售为主的多元化物流体系没有形成。由于经营方式及经营主体自身管理能力的限制，在品牌建设方面，市场化运营理念没有形成，小农场没有品牌竞争优势，多数大企业利用自身其他领域品牌进行销售，针对有机产品的品牌并不多。

3．社会化服务体系有待完善

有机农场近些年来在中国大力发展，农场主在新的产业体系中面临较大的发展压力，如融资采用传统的信用社贷款、土地耕作分散化、农民的农业技术水平低和经营管理能力差等。在农业融资、财政补贴方面，需要得到政府、企业、金融机构等多方面的支持。

五、有机农业发展前景

有机农业提供的农产品口味好、安全无污染，有利于保障人体健康，满足了人们对于健康食品的需求。

有机农场的运作能够推动传统农业向现代农业迈进，降低环境污染，避免环境破坏，保护生物多样性，恢复生态平衡，提高农业生产的科技含量和经济效益，能够使农民走上一条"高新技术、高附加值、高效益"的现代化农业发展之路。同时，有机农业企业为了招揽顾客，会修整和改善村落、道路，积极提升农村的环境质量。

有机农场在一定程度上实现了农业增收的目标，提高了农业生产水平，带动了农村产业调整，为农民提供就业机会，促使农业产业链向第三产业延伸，带动了农村商业、服务业、交通运输业等相关产业的发展。有机食品市场潜力巨大，价格高于普通食品 2～6 倍，利润大，能够成为新的经济增长点，大大增加农民收入，促进农民奔小康，明显改善农民生活水平。

有机农业有利于吸纳、接受和传播科学技术，促进当地经济的发展，强调生态性、科学性和娱乐性的融合，在选育良种、栽培管理、加工、运输各个环节，积极采用国内外先进技术，科技含量高。通过示范培训提高农民科学文化水平和生产技术，促进经济发展。

第二节　有机农场盈利模式

一、盈利模式的理论综述

1. 盈利模式的概念和构成要素

盈利模式指按照利益相关者划分的企业的收入结构、成本结构以及相应的目标利润。是指通过企业内外部资源等要素有机整合，充分利用外部有利的市场机会，发挥自身优点，减少外部的威胁，克服自身的缺点，核心就是创造企业价值的活动，由四个基本要素构成，包括盈利点、盈利对象、盈利措施和盈利屏障，即"一个核心、四个基本点"。

核心必须解决的问题有如何向哪些客户提供什么样的价值，提供价值的关键活动与收入来源有哪些，怎样保持优势等。好的盈利模式必须使其各个组成部分都能盈利，且具有持久性，即使有新的竞争者进入，也不会受到很大的威胁。

盈利点即企业的产品或服务，解决的是向用户提供什么样的价值，如何获取利润，收入来源有哪些的问题。盈利点分为主要盈利增长点、辅助盈利增长点和潜在盈利增长点。好的盈利增长点要针对客户的需求偏好并为客户创造价值。

盈利对象即消费者，他们是企业盈利的唯一源泉，盈利对象解决的是向哪些用户提供价值的问题。

盈利措施是企业生产产品或服务以及吸引客户购买和使用企业产品或服务的一系列经营活动，反映的是企业的投入，即企业提供的关键活动有哪些，如何扩大盈利点。

盈利屏障即企业的防范措施，反映企业的投入，解决的是如何维持某个盈利增长点保持持久盈利的方法的问题。

企业的盈利模式不是一成不变的，其在不同的时期所面对的外部环境不同，对各要素的重视程度也会不同，在某一时期会突出其中某一种要素的发展，这样组合出来的盈利模式自然也不相同。企业的盈利模式实际上是这四种要素之间此消彼长组合的结果。

盈利模式源于迈克尔·波特的"价值链"理论和亚德里安·斯莱沃斯基、大卫·莫里森等的《利润模式》。著名的"价值链"理论是将企业的上、中、下游这一整体看作是一条生产价值的链条。因此，企业是否能够盈利，其关键在于企业对核心能力的运用和价值链的设计上。

周永亮认为企业盈利模式就是人力资源、品牌影响力、外部资源和技术要素在企业运营过程中有效地结合，从而创造增长价值的运营模式。完善的盈利模式应是内外部盈利模式的有机统一。赵国运界定企业内部盈利模式的五个子系统为企业文化价值、组织结构、人力资源管理、生产和服务过程管理、营销管理等。

2．盈利模式的分类

亚德里安·斯莱沃斯基等在《利润模式》一书中，详细地归纳和总结了30种盈利模式。这30种盈利模式按照对盈利模式要素的侧重点不同分为7大类，分别为巨型模式、价值链模式、客户模式、渠道模式、产品模式、知识模式和组织模式。其中巨型模式包括无利润、利润复归、趋同、中间的陷落、行业标准、技术改变格局六种模式，价值链模式包括价值链分拆、价值链压缩、强化价值链的薄弱环节、价值链重新整合四种模式，客户模式包括利润转移、微型分割、权利转移、重新定位四种模式，渠道模式包括渠道倍增、渠道集中、渠道压缩、中间商再生四种模式，产品模式包括从产品到品牌、从产品到拳头产品、从产品到利润倍增器、从产品到金字塔、从产品到解决方案五种模式，知识模式包括从产品到客户知识、从经营到知识、从知识到产品三种模式；组织模式包括技能转移、从金字塔到网络、基石建设、从常规到数字化企业设计四种模式。

企业面临多方面、复杂的战略性改变，在同一时期内，企业同时采用三四种不同的盈利模式，局限于人力、物力和财力，企业重点采用某一种盈利模式，而辅以其他盈利模式。

二、有机农庄营销现状

关于现阶段我国有机农庄营销模式的分析,学者众说纷纭。有机农庄的营销模式,最常见的是会员配送、集团购买、直营专卖、有机菜馆、农居对接等。电子商务的发展为都市有机农庄营销提供了一个平台。会员配送能够满足经济收入高、质量安全要求高、环保观念强,同时工作压力大的客户群体。经济效益较好的大型企业通过集团购买有机农庄产品为职工谋求福利。高端房产购买过程中也会配套有机农庄服务订单,数量大,持续服务的要求高。丁一龙认为,会员配送和集团购买的有机农庄订单比较稳定,有利于企业的生产组织和供应保障。直营专卖是国际上流行、成熟的营销方式,高档社区、繁华商业区域和商务会所等周边的大型超市,设有有机农庄的销售专柜或者专卖店,有机菜馆在这些地区有较好的市场,主要服务于有机食品崇尚者、白领和外宾等消费群体。在繁华都市工作和生活的城市居民,对于有机农耕、享受自然的需求日趋强烈,农居对接,定点生产,假日身体力行,工作日托管监控,从虚拟农场到实地种养,逐步成为部分城市居民追求的有机农庄购买方式。通过农业观光旅游,部分市民与有机农场达成农庄生产和周年供应协议,租赁农田、议定生产品种和茬口,假日闲时亲自耕种,日常过程网络视频,质量安全明了放心。在国际国内,这种农民与居民结对、农村与社区互动的生产方式,丰富了有机农庄生产营销的内容。

世界范围内有机食品通过超级市场(占25%~50%)、有机农产品专卖店(占25%~40%)、直销(占10%~40%)销售。国内有超级市场、有机食品零售专卖店、传统高档食品超市、网上销售、生态旅游市场等渠道销售,存在流通环节多、销售价格高的特点。

目前有机农产品的主要销售途径如下。

① 直销形式。消费者直接从有机农场购买有机农产品,或是通过物流配送方式直接送货上门,不通过中间市场环节,优势在于保证有机农产品的可信度,防止假冒产品,局限性表现为限于生产地附近居民消费,销售面小;适用于新鲜蔬菜、水果等产品的销售。

② 天然食品商店。目前有机食品的主要销售渠道是天然食品商店。2000年后大城市陆续开设了一批有机食品的专卖商店,这些天然食品店销售的有机产品是自有的有机农业基地生产的或从其他有机农业基地采购的。

③ 传统健康食品店。传统健康食品商店是有机食品非常重要的一种零售渠道,虽然数量较多,但以销售维生素和健康食品起家,销售有机食品的种类相对较少。

④ 普通杂货店和超市零售渠道。有机食品的零售市场规模发展迅速,在我国大中城市的沃尔玛、家乐福、华联、华普、华润、物美等超市都有出售有机水果、蔬菜和杂粮等的专柜或专架。

⑤ 展销会和食品博览会。除了上述几种销售方式外,通过展销会、展览会、旅游农业等销售有机食品,是有机农业重要的宣传方式,能够提高消费者对有机食品和有机农业的认识和接受程度。

当前我国有机农产品的营销模式主要有直销、专业销售机构销售和超市销售。在销售方式上,很多企业采用会员制的营销方式。沈雪达分析了有机农庄营销中的三种基本模式,在有机农产品的经营过程中,做好市场营销工作是提高经济效益的重要途径。重生产轻销售的企业效益不佳,市场营销工作做得好、经济效益明显的企业走向了良性发展的道路。梁威对有机食品的营销渠道进行比较分析,将有机产品的营销模式归纳为以下几种:会员制直销、有机食品专卖店、餐饮渠道直供、中间商网络。

三、会员制模式发展现状

会员制营销是指企业通过提供某项利益或服务,将客户组成一个团体,并开展一系列的活动,以达到宣传企业产品、促进销售的目的。会员制营销的历史很长,随着生产力水平的不断提高,市场竞争日趋激烈,顾客采购心理日趋成熟,个性化需求空前增长,传统营销方式已经难以打动消费者。会员制在与顾客建立密切联系、为顾客提供个性化服务、培养忠实顾客方面具有独特的优势。

会员制营销的典型形式有目前企业普遍实行的俱乐部、会员制、贵宾制等。对于开展电子商务的企业来讲,会员制的概念更是深入人心,在成为注册用户之前都要求填写一份个人详细资料。尽管对于会员制营销还没有形成理论上的共识,但各种形式的会员制营销已被企业采纳。

会员制模式发展的主要途径如下。第一,营销方式有效化。会员制模式的核心是企业营销,营销方式的多样化及针对性能实现会员制模式发展要求,同时减少营销费用,实现营销活动的有效性。第二,产品供应有序化。实现会员制模式的发展,要求企业在产品供应方面符合会员意愿,最大限度地满足会员需求,产品供应按照排产计划有序进行。第三,排产计划标准化。在制定排产计划的过程中充分考虑营销部门对会员需求意愿的调研结果,同时结合公司生产能力,协同制定排产计划,在保证会员需求的前提下最大限度地减少产品的浪费。第四,配套服务人性化。积极发展和完善企业配套服务项目,开发更多符合会员需求的配套服务,不仅能实现会员制模式的发展,还能增加企业在配套服务环节的收益。第五,部门协作精细化。企业部门之间的有序协作,能减少整个会员制模式的服务时长,同时有助于企业对各部门的有效管控。部门协作的精细化程度越高,企业的服务能力越强,管理成本越低。

在食品安全问题备受关注的今天,有机食品有着巨大的市场潜力,人们对有机蔬菜、有机农产品、有机农场的关注度越来越高,对"有机"这一概念逐渐明确起来,这是有机农场的发展机遇和挑战,市场竞争日益加剧。与此同时,个性化定制的销售模式正在走红,许多社会中层以上的消费群体需要并乐意为健康生活买单,会员制有机农场应运而生。

CSA(Community Support Agriculture)指"社区支持农业",起源于瑞士,并在日本得到最初的发展。CSA就是在一定区域范围内,消费者和农场提前签订合约,为来年的食物预先付费。成员与农场一起承担低收成的风险,共享丰厚收获的回报,农场为成员提供最安全、新鲜、有机的食物。其兴起缘于人们对工业化和城市化带来的食品安全和农业污染问题的反思,其核心在于消费者和生产者直接沟通,二者基于信任的前提,共担风险。这种在美国、欧洲以及日韩等国常态化的农村基层组织形式,在中国已经试验了十余年。

CSA正在被大力推广,部分农场经营者表示,收取一定费用,向会员定点配送有机蔬菜只是一方面,有机农场更重要的是宣传推广生态环保理念。作为目前在美国、日本等国都大力推广的饮食理念,CSA鼓励消费者在饮食上多选择在当地生产、当季的农产品,鼓励更多小农户采取有机农耕的方式来善待土地,改善生活品质并维护生存环境。在生产中,成员与农场之间存在大量的直接互动,比如,农场可以要求成员加入劳动、参与配送,可以举办有关食物、烹饪、健康、教育等方面的活动。通过各种活动、讲解,让更多人学到有机蔬菜、环境保护方面的知识,而不仅仅是销售有机蔬菜。成员可以组成一个核心小组来监督、推动本区域CSA农场的发展。

因此，CSA 模式与传统的经营方式相比有较大优势。首先，农产品的价格更低，由于农场直接将蔬菜给予消费者，省去了中间商环节。其次，品质上也能得到保障，农场因为有了固定的客源，可以更专于农业生产。再次，因为是区域性的顾客，可以每天直接配送到社区，在保证新鲜的同时也可以降低物流费用。最后，区域性的顾客可以更多相互交流，并且参与了劳动，具有一定的教育意义与公益意义。

四、合作社式经营模式

合作社式的经营模式，免费培训农民，教授农民生态农业技术以及如何做好合作社和乡村生态建设，通过农民间的合作达到联合的目的。优势在于土地租金和劳动力成本较低；劣势在于资金和社会资本缺乏，不利于构建城市直销渠道。此外，最重要的是农民生产过程无法全程把控，只要一个环节出现问题，就会给整个链条甚至合作社的整体发展带来不利影响。

有机农业前期投入大，投入周期长，回报慢，会员制在一定程度上解决了资金难的问题。但是这些都是建立在信任的基础上，只有产品质量过硬，才能培养忠诚的消费者。消费者不是信任项目而是信任经营者，必须保证质量，给消费者提供满意的有机产品。

无论是合作社式还是会员制的模式，最根本的应该是用优质的产品稳定住顾客群。

五、有机农场典型案例分析

在土地资源方面，大连田祖农庄自有 2800 亩土地，建设有温室大棚。多利农庄在黑龙江、北京、上海、浙江、四川、云南、福建、海南、宁夏的不同纬度、温度带的九个生产基地，约 30000 亩。爱农卡的农产品主要采购于北京周边区县合作的有机农场。田祖农庄和爱农卡的生产基地都在北方，受气候影响大，蔬菜品种单一，尤其是冬季。多利农庄遍布不同纬度和温度带，蔬菜品种受季节影响较小。

在物流配送方面，大连田祖农庄应用直营物流，每周配送。多利农庄自建加工包装体系，建立了完善的冷链配送系统，按需配送。爱农卡应用第三方物流，五环以内免费，五环以外收费。多利的冷链配送系统最大程度减低了蔬菜在配送时的损耗。

在技术支撑方面，大连田祖农庄有高清远程视频监控系统。多利农庄应用电子商务网站和农业物联网系统。爱农卡应用电子商务网站。多利农庄农业物联网系统使有机蔬菜生产、采收、包装、配送整个流程能够形成质量信息追溯系统。

改革开放40多年来，北京"菜篮子"发展经历了起步阶段、数量型发展阶段、规模化发展阶段和品牌建设阶段，初步形成了投资主体多元化、经营业态多样化、经营方式连锁化、品牌建设特色化、市场需求大众化、从传统产业向现代产业转型的发展新格局。2009年，受金融危机影响，我国餐饮行业出现了大规模的结构调整，连锁企业配送中心、社区早餐服务网点、主食厨房等在大众化餐饮服务企业蓬勃发展，更多趋向于本色化经营，而且更加注重饮食本身的健康、营养和搭配。

对自然界、对外部环境的依赖构成了有机农庄生产环节的风险；在销售环节，风险来自于市场。外行农庄需要专业技术的支持来避免经营风险。农业生产利润空间有限，只有通过提高产量来实现增收，还要吞下土地污染的苦果和承受农产品市场价格波动的风险。

目前有机农庄最缺的是技术而不是资金，只有技术过硬才能尽可能地避免风险。高价格驱动了有机产品短期内的迅速发展，但有机产品生产理念的认知程度在我国仍然很低。有机农业技术含量高，每个省份的土地成分不一样，只有通过实践摸索才能实现生态种植。

第三节　有机农场营销策略

我国20世纪80年代出现有机农场以来，经过40年的潜心经营和经验总结，已逐步走向正规化。同时，我国有机农场的发展模式，随着消费者需求的变化和体验经济的兴起也发生了变化：从只生产有机食品与自身农业生产，发展到农场生产与体验经济相结合、消费者参与农场生产和作物采摘等活动中。

近年来，食品安全问题频发，吸引了更多的人投入到有机农场的经营中。由于资金、技术缺乏，信任危机以及国内市场环境等诸多因素，这些农场在经营一段时间后，草草收场。中国有机农场比国外起步晚，发展模式、营销策略也不同，如何克服发展中出现的诸多问题，创造利润，进而持续经营，值得深思。

一、有机农场现有营销策略存在的问题

1．服务理念落后

我国大部分企业没有形成服务理念，认识不到服务与技术的相关性，对人员素质要求不高，不能从消费者需求出发，合理核定核心产品、创新性地开发附加服务以及设计合理的传递流程。以消费者为中心的市场营销理念可以帮助企业实现发展目标。

2．分销渠道传统

有些有机农场与旅行社进行合作的同时，也在团购网站上进行票务销售，但指定取票地点，增加了麻烦，失去了互联网销售的意义，不能使消费者节约时间，享受便捷的数字生活。只能在园内购买蔬果产品，无法满足消费者在市区购买农场农产品的需求。这种传统的销售形式阻断了消费者购买的链条，同时也造成有机农场经济方面的损失。

3．服务环境需要完善

（1）道路指示标牌　明确清楚的道路指示标志不仅能够引导消费者顺利抵达园区，同时起到广告的作用，向潜在客户传递信息，提高关注率。相较于简陋、手写的道路指示标牌，简单明了、醒目的带有广告性质的引导路标，能够有效提升公司的形象。消费者更容易被制作优良的广告牌吸引，同时对公司有一个更高的认知。

（2）停车场环境　不管是住宅区、市区内的商业繁华区还是有机农场，停车场容量不足是顽疾，停车难成了限制商业发展的瓶颈。无停车位、停车时间长等问题，分流了很大一部分消费者，大家更愿意选择有较大地下停车场或者周围有停车位的有机农场作为出行目的地。

有机农场被很多家庭作为周末近郊"家庭游""亲子游""自驾游"的目的地。所以，对停车位的需求是较大的，有机农场需要有一个划分清晰、指示明确、路面平整及有专人管理的标准停车场。

（3）干净整洁的洗手间　不管年龄和生活背景如何的女性，对于洗手间的要求都很高，即干净、无异味、灯光明亮等。由于女性使用洗手间的时间

长于男性,所以在洗手间设计上应增加女性洗手间的面积,减少排队等待时间。同时,因为很多家庭都是将有机农场作为亲子游目的地,洗手间应配备儿童专用马桶等无障碍设施。

二、有机农场服务营销策略

随着国民经济的发展,现代社会步入以服务为导向的新的经济时代,消费者对于服务质量的要求稳步提高。服务业在我国逐渐显示出其发展活力,在 GDP 中所占比重逐年增长。价值观念转化、消费观念的转变等多种因素作用在市场上,涌现出越来越多的综合了休闲旅游、生态种植、体验服务等特点的有机农庄,这些农庄本身种植生产有机食品,同时接待游客进入庄园内体验采摘的过程。消费者的需求偏好,吸引了更多的新进入者,加剧了行业内竞争,同时,消费者的选择逐渐趋于理性化,也开始注重服务质量,由此要求有机农庄从自身做起,根据消费者需求进行适当的转型,实现服务差异化战略,以求在激烈的市场竞争中获得竞争优势。

1. 树立正确的营销理念

在营销理论发展的漫长过程中,第三次科技革命后形成了以消费者为中心的市场营销理念。伴随生产力的发展和社会总产品供应量的增加,市场竞争日益加剧。在社会经济发展过程中不断成熟的消费者,开始有倾向性地选择产品,这就要求企业形成以消费者为中心的营销理念,在进行销售、争夺市场份额的时候更多地考虑消费者的需求。企业要更好地为顾客让渡价值,就是要从消费者角度出发,充分考虑、满足消费者需求,如开发出满足消费者需求的服务产品,保证产品质量;定价合理,提供一定折扣;增加促销等。

2. 针对消费者需求进行市场定位

(1)市场细分,选择目标市场 将消费者看作一个特定的群体,按照一定的变量进行市场细分,从而选择目标市场。通过细分市场,了解目标市场的消费需求,构建企业服务营销模式,策划相关的体验活动。市场细分有助于有机农庄建立差异化产品竞争优势,从容应对竞争对手。不同年龄、性别、受教育程度的消费者,在价值观、消费方式上都有着较大的差异。按照消费者需求,将性别、家庭、收入作为市场细分的标准。

(2)女性主导 在中国家庭中,女性在日常生活中多处于"主导"地位,女性管理家庭财务和家庭成员日常起居，安排假期及计划出游，女性提出并指挥、实施出游。所以，吸引作为主导者的女性，可以有效占据市场，提升营业额。

（3）家庭成员构成的影响　目前，中国大多数城市家庭成员的构成主要分为2人家庭、3~4人家庭、5人以上大家庭。2人家庭为新组成家庭或老年夫妻；3~4人家庭多为"夫妻+子女"；5人以上大家庭可能为一家三代或两家三代，不一定居住在一起。

拥有子女的家庭，选择出游地点时多考虑抵达时间长短、是否具有教育意义、小孩子是否喜欢、有无障碍设施等因素。大家庭出游时，会考虑不同年龄段家庭成员的需求，然后进行意见整合。同时，多注重餐饮方面。

（4）收入情况的影响　收入情况会对消费方式产生一定的影响，如出游方式和目的地。收入稳定的消费者，会购置汽车，选择舒适的自驾游，目的地不会太远，避免长途开车的疲惫感。

假如选择女性为主导，家庭有子女并且能够进行自驾游的目标市场，通过制定符合女性要求的广告宣传计划，开发适合家庭亲子游的园内活动以及提供细致贴心的服务，同时对园内的基础设施加大投入和改造，可以大大吸引目标市场。

（5）市场定位　女性，尤其是作为妈妈的女性，为家人尤其是孩子倾注很大的精力，特别关注孩子身体健康。对于食品安全问题极其关注，即使价格高于同类食品，也会选择没有农药残留、健康的果蔬。有机农场定位于"妈妈的小果园"，满足了女性对于食品的要求，同时，这部分消费者的消费行为稳定，重复购买率高，并且更愿意将较为满意的购物过程进行分享。选择这个市场，保证市场稳健增长的同时，又可以吸引更多潜在客户。

孩子无论年龄大小，都有着亲近自然的强烈愿望，在亲近自然的同时学到知识与技能则是家长们更愿意见到的。让孩子们在自己动手采摘的同时，了解果蔬的生长过程、名称，懂得采摘技巧，将简单的采摘活动赋予科普的意义，这些都是孩子与家长喜闻乐见的。

三、有机农场服务营销组合策略

通过目标市场定位，结合有机农场实际，运用服务营销组合策略增加企业市场竞争力。

1. 产品策略

有机农作物、采摘园区有形设施与无形服务构成了有机农场采摘园区的产品。所以,有机农作物产品质量、采摘园区有形设施的现代化与无形服务质量的综合评价决定了有机农场采摘园服务产品的质量。

(1)核心服务产品及便利服务　企业为顾客提供的最基本的服务内容就是其核心服务产品。基于生态采摘的特点,有机农场为游客提供的采摘项目就是其核心服务产品。有机农场必须将这项核心服务产品做到细致入微,在细节处体现不同,才能在与其他采摘园的竞争中胜出。

便利服务是为了更好地配合、推广核心服务而出现的。为了更好地配合采摘及入园,票务订购需要及时、便利和快捷。对于距离市区较远的有机农场,在采摘旺季或者周末增设接送班车,方便游客换乘,降低了时间成本,提高了交通工具舒适性。

(2)差异化辅助服务　企业增加一些辅助化的服务,可以使服务产品区别于竞争者,同时有助于差异化战略实施。

比如,入园游玩采摘的妈妈们可以加入农场建立的"妈妈果园俱乐部"。在俱乐部中,妈妈们可以通过微信、微博、QQ 群交流食材、育儿、教育等围绕孩子与家庭日常生活的话题;俱乐部也有利于企业及时推送相关信息,与客户交流。提供同城保鲜快递服务给采摘量及购买量大的客户,在游客采摘当天或者第二天宅配上门;同时,接受产品预订,将新鲜果蔬每周 2 次宅配上门,让客户足不出户就可享受有机食品的健康生活。由于有机农产品运输要求高,配送时可选择自营或者第三方配送,同时要注意服务细节。向消费者赠送有机食品菜谱,保证消费者采摘后,能够正确处理果蔬,体会有机健康的生活。

2. 价格策略

从企业和消费者两方面综合进行服务定价。企业通过价格策略创造收入,获得经济效益,由此进行再投资,扩大再生产;价格是消费者获取服务产品必须要产生的成本。根据生产成本、价格差异性等因素进行价格制定,而较少考虑消费者的消费心理。

3. 渠道策略

向消费者传递服务产品,需要对渠道进行选择和建设,企业可以选择实体渠道，也可以选择电子渠道，或者将两者有机融合同时使用。

利用互联网平台进行票务销售，顾客较高的评价会吸引更多的潜在客户，起到良性推广的作用。

利用第三方的交通工具，如旅行社的大巴，节省企业自备车辆的成本。与旅行社合作，有效解决消费者无法自驾游的难题，同时进行维系和吸引潜在客户。与旅行社共同开发"一日游""周边游"等新的旅游产品，增加客流量。"互联网+"时代，让企业搭上了科技的快车，快速前行。从最初的公司网站到微博认证、微信公众号、手机APP等这些新时代的媒体营销渠道，都已被企业很好地运用。

若有机农庄官网由于资金、安全、人员方面的问题不能正式投入使用，消费者花费大量时间进行农庄信息收集，与非园区的工作人员进行沟通，这不仅容易流失客户，同时会降低农庄形象。

4. 促销策略

营销学的不断发展、各种新媒体的出现，都可以更好地为企业的促销和推广服务。依据企业自身资源和能力，可以选择的促销方式有线上宣传、线下活动、园内活动和客户关系管理。

（1）线上宣传　线上宣传特点是不与客户面对面，只通过电视、网络等媒介进行宣传，形式包括网站直传、微信公众号和报纸宣传、户外广告宣传等。

① 网络平台宣传。网络平台宣传的形式有门户网站、专业网站平台的价格、图片、评价、介绍等。优点有覆盖范围广、交互性以及主动性较强、广告持续时间长、费用相对较低和性价比高等，但对于不经常上网及上网不方便的消费者无法达到传递要求，方式不当易引起消费者反感。

② 终端广告。终端广告有微博、微信等新媒体的形式。优点有推送率高、费用低、互动性强等，但在后期维护上需要投入成本，如得到客户关注后，需要专门的人员进行后期维护，耗费时间；如果交给第三方进行管理的话，节省时间但是难以保证推送内容的质量。

③ 户外广告宣传。户外广告宣传有户外墙体广告、霓虹灯广告牌、户外LED电子显示屏等。优点为选择性强、注意率、传读率高，但成本和控制不足，动态化受到限制。线上活动信息到达率好，可以提升企业的关注度，在

考虑企业线上活动的投入计划、充分衡量每种方式的性价比后，可灵活安排活动方式进行有效组合，达到活动目的。

（2）线下活动　线下活动特点是增加潜在客户关注度、接触客户，形式包括农产品展览会、社区活动、校园宣传活动等。

① 农产品展览会。参加农产品展览会时，可以通过场内设置展台或场外派发宣传单的形式进行产品宣传。优点有只需自行装饰展台，主办方负责广告投入；客流量大，吸引更多潜在客户；与客户直接接触，有效解答顾客疑问，并将农场向参展客户进行宣传。但由于受到主办方广告力度影响，客流量可能会低于预期。

② 校园宣传活动。针对孩子们，进入中小学、幼儿园举办科普活动或举行春游、秋游等活动的合作，直接接触潜在消费家庭成员，销售成功率高。但对活动内容要求高，同时需要花费时间与教育机构沟通。

线下活动投入人员较多，同时需要专业性的复合人才，企业对于人员成本的投入较多。在企业资源充足时，可以考虑此种方式。

③ 报纸宣传。报纸宣传形式有常规报纸广告和旅游项目板块，这种形式本地市场覆盖率高、受众广泛、到达率高，消费者认可广告的真实性，但若版面太小易被忽视。

（3）园内活动　园内活动特点是对客户进行现场促销，形式包括服务产品促销、新的游览项目介绍、票面赠券等。

① 新的游览项目介绍。对游客推介园内新增项目，有利于增加新项目的客流量；邀请游客品尝深加工的产品，能够促进产品预订销售。但长时间的推介容易导致消费者产生厌烦情绪；不规范的品尝环节会令消费者对产品的卫生生产状况产生疑虑，无法达到预期销售效果。

② 票面赠券。在成人采摘卡的票面附赠食品或红酒，有效增加销售额；同时，吸引潜在的食品预订客户。但这种形式容易让部分消费者产生消费不公平想法，通过议论影响其他消费者；对于某些消费者而言，附赠食品或红酒如同"鸡肋"，不是需求产品。

（4）客户关系管理　客户关系管理的特点是维持与客户良好关系，提高客户满意度，增加重复购买率，形式包括"妈妈俱乐部"、烹饪课堂、科普讲座等。

"妈妈俱乐部"向妈妈们宣传有机食品和有机农业的重要性，推广"有机"

理念。这种活动客户管理方式灵活，能够增加重复购买率，让客户享受到增值服务。企业需要投入成本安排人员进行推送信息的管理，对于信息内容质量要求较高。

在旺季的周末，用园内的果蔬作为食材，以家庭为单位进行烹饪课堂培训，可以有效增进亲子关系，提升消费者满意度。企业需要准备调料、场地、烹饪器具和厨师，人员不宜太多，维持秩序，避免拥挤。

由专业人员带领入园的孩子，在园区内边走边讲；安排专门房间作为教室，在固定时段举办讲座。丰富的活动形式更容易吸引消费者，孩子会成为重复购买的提出者。需要投入专业人员进行路线设计及课件制作；在入园孩子不多的情况下，较为乏味。

客户关系管理的方式较为多样灵活，选择的活动内容也可根据实际情况进行变化。针对不同细分市场安排的活动有助于实现差异化战略。

5．有形展示策略

周围环境、空间的规划和功能性以及标志、符号和物品都构成了有形展示的内容。在制定有形展示策略时，需要从整体出发，充分从客户的角度考虑进行设计，以提升顾客满意度。在入园醒目位置进行园区平面图的展示，可以让消费者充分了解有机农庄规划，根据个人需求制定游览路线。果蔬品种标牌的悬挂，让消费者及时了解所要采摘果蔬的名称、原产地等相应知识。

6．服务质量策略

在服务营销策略制定后，需要有健全的服务质量管理体系保障其有效运行。同时，通过不断识别和纠正运行中存在的问题提升服务质量。由于员工构成多样，受教育程度、年龄、专业背景等均存在差异性，在"服务为主"的企业文化指导下，员工间的服务态度、服务行为仍然会存在一定的差异性。建立服务标准，可以有效地考核员工的服务工作，保证服务设计的顺利实施。这套服务标准是从消费者角度出发，考虑消费者的游览感受和服务需求而进行设计。

参考文献

[1] 黄祖辉,王朋. 基于我国农村土地制度创新视角的社会保障问题探析[J]. 浙江社会科学,2009(2):39-41.

[2] 梅福林. 我国农村土地流转的现状与对策[J]. 统计与决策,2006(19):46-48.

[3] 杨朝喜,刘建军,李翠华,等. 关于农村土地流转问题的探讨[J]. 湖南农业科学,2009(2):139-141.

[4] 谷树忠,王兴杰,鲁金萍,等. 农村土地流转模式及其效应与创新[J]. 中国农业资源与区划,2009,30(1):1-8.

[5] 王海燕. 农村土地承包经营权流转问题研究[D]. 泰安:山东农业大学,2005.

[6] 张媞. 农地"股田制"经营及其完善对策[J]. 农业经济. 2015(12):82-84.

[7] 丁关良. 农村土地承包经营权性质的探讨[J]. 中国农村经济,1999(7):23-30.

[8] 尹田. 法国物权法[M]. 北京:法律出版社,1998.

[9] 曾超群. 农村土地流转问题研究[D]. 长沙:湖南农业大学,2010.

[10] 许琳,周宣,叶璐. 中国房地产政策跟踪报告[R]. 中国指数研究院,2014.

[11] 杨红. 农村集体建设用地流转收益分配探析[J]. 中国土地. 2016(9):30-31.

[12] 叶培. 我国农村土地增值收益分配问题研究——基于农村土地流转的视角[D]. 成都:西南财经大学,2014.

[13] 高雅. 我国农村土地增值收益分配问题研究[D]. 成都:西南财经大学,2008.

[14] 朱震宁. 农村土地承包经营权流转问题研究——以山东省为例[D]. 泰安:山东农业大学,2009.

[15] 李腾. 河南省农村土地流转问题研究[D]. 长春:吉林大学,2016.

[16] 王丽敏. 东营市未利用地开发利用研究[D]. 济南:山东师范大学,2013.

[17] 宗毅，汪波．城市生态用地的"协调—集约"度创新研究［J］．科学管理研究，2005（6）：32-35．

[18] 何晋武，祁永安，李长亮．甘肃省制种产业发展的 SWOT 分析及对策［J］．中国农业资源与区划，2011，32（1）：64-68．

[19] 刘卫东，单娜娜，肖平．利用 SWOT 方法分析县级土地利用的方向——以浙江省东阳市为例［J］．华中师范大学学报（自然科学版），2007，41（3）：455-458．

[20] 吴卫华，夏斌，张美英，等．基于 SWOT 分析的惠州市土地资源可持续利用战略研究［J］．安徽农业科学，2011，39（29）：18192-18193，18204．

[21] 白天．汨罗市再生资源产业的 SWOT 分析及发展战略［J］．管理世界，2010（4）：179-180．

[22] 陈为峰，周维芝，史衍玺．黄河三角洲湿地面临的问题及其保护［J］．农业环境科学学报．2003，22（4）：499-502．

[23] 郭洪海．黄河三角洲区域农业的特点与发展方向［J］．中国农业资源与区划，2004，25（1）：53-57．

[24] 周海燕，薛儒生．利用黄河泥沙资源进行堤沟河治理与人工造地的可行性分析［J］．山东国土资源，2005，21（6）：54-56．

[25] 张志鹏．黄河三角洲未利用地开发模式和创新管理研究［D］．泰安：山东农业大学，2014．

[26] 张平军．未利用土地开发中的评估及对策——对未利用土地的开发与管理问题研究（二）［J］．农业科技与信息，2015（7）：35-37．

[27] 王忠林．我国农村集体土地流转制度研究——基于对山东省滕州市农村集体土地流转制度改革的考察［D］．青岛：中国海洋大学，2011．

[28] 张晋彰．论我国农村土地承包经营权流转法律制度中的问题与完善——以滕州西岗土地承包经营权流转为例［D］．北京：对外经济贸易大学，2011．

[29] 甘璐．枣庄市农村土地流转模式研究［D］．泰安：山东农业大学，2015．

[30] 刘珅铭．我国有机农业发展现状与对策［D］．南京：南京林业大学，2012．

[31] 陈声明，陆国权．有机农业与食品安全［M］．北京：化学工业出版社，2006．

[32] 尚杰，刘德宏．有机农业和有机食品内涵及发展对策［J］．农场经济管理，2000（4）：13-14．

[33] 刘伟忠．江苏句容市有机农业主体模式及其可持续发展策略研究［D］．南京：

南京农业大学，2006.

[34] 李苏，郑应丽. 君源有机农场：健康生活缔造者[J]. 农村·农业·农民（A版），2014（10）：51-52.

[35] 李欣，冷筱菡. 有机农业新模式浅析——以上海多利农庄为例[J]. 知识经济，2012（9）：121.

[36] 李言鹏，王玉华，郭鹤群. 国内外有机农业发展演化与区域比较研究[J]. 世界地理研究，2013（3）：110-117.

[37] 焦翔，高秀文，付婧. 澳大利亚有机农业发展现状[J]. 世界农业，2012（11）：94-95.

[38] 焦翔，穆建华，刘强. 美国有机农业发展现状及启示[J]. 农产品质量与安全，2009（3）：48-50.

[39] 方志权，焦必方. 日本有机农业的发展与启示[J]. 现代日本经济，2002（2）：45-48.

[40] 罗芳，徐丹. 资源消耗农业的可持续经营——日本有机农业发展对中国的借鉴[J]. 安徽农业科学，2010，38（5）：2613-2615.

[41] 张华建，童存泉，赵颖南，等. 德国有机农业的考察及其启示[J]. 安徽农学通报，2002，8（1）：2-4.

[42] 解卫华，汪云岗，俞开锦. 加拿大有机农业的发展及启示[J]. 中国农业资源与区划，2010，31（3）：81-85.

[43] 陆建飞，陈波，葛敏，等. 德国和日本有机农产品流通体系的比较及其启示[J]. 生态经济（学术版），2006（1）：259-261.

[44] 严会超，吴文良. 法国有机农业的发展及启示[J]. 中国野生植物资源，2005，24（2）：1-3.

[45] 郑百龙. 台湾有机农产品产销模式及启示[J]. 江西农业学报，2009，(12)：200-202.

[46] 杨洪强. 有机农业生产原理与技术[M]. 北京：中国农业出版社，2014.

[47] 乔玉辉，曹志平. 有机农业[M]. 2版. 北京：化学工业出版社，2016.

[48] 高振宁，赵克强，肖兴基，等. 有机农业与有机食品[M]. 北京：中国环境科学出版社，2009.

[49] 河南省农业广播电视学校，河南省农业科技教育培训中心. 怎样当好农场主[M]. 河南：中原农民出版社. 2015.

[50] 吴忠福. 家庭农场经营与管理[M]. 北京：中国农业技术科学出版社, 2015.

[51] 韩文强, 李晓明, 王汉, 等. 有机农场[J]. 建筑创作, 2019（1）: 42–47.

[52] 朱智超. 湖南现代农庄植物景观规划研究[D]. 长沙：湖南农业大学, 2017.

[53] 于造辉. 安全农产品基地建设的问题及建议[J]. 新农业, 2011（8）: 58.

[54] 赵春雁, 卫来, 范德清. 世界有机农场发展现状及趋势分析[J]. 南方农业, 2018, 12（31）: 75–78.

[55] 陈榕, 黄琡雅. 台湾有机蔬菜农场典型案例介绍及启示[J]. 福建农业科技, 2017（1）: 47–51.

[56] 石清. 江西省初心有机农场概念规划设计[J]. 城市建筑, 2018（36）: 80–82.

[57] 俞晓琴. 甘蓝营养价值及春季栽培技术[J]. 上海蔬菜, 2011（5）: 27–28.

[58] 王兵. 早熟毛豆栽培技术[J]. 农村实用技术, 2011（2）: 34.

[59] 王迪轩, 刘中华. 有机菠菜栽培技术[J]. 四川农业科技, 2012（9）: 26–27.

[60] 武雪燕, 梁海生, 李向前. 绿色鲜食葡萄优质高效栽培技术[J]. 河北农业, 2017（12）: 41–42.

[61] 刘德强. 有机西瓜栽培技术[J]. 现代农村科技, 2018（7）: 19–20.

[62] 黄育文. 有机草莓的栽培技术探讨[J]. 农业与技术, 2015, 35（14）: 134.

[63] 杨宏伟, 梅涌现, 马晓妹. 有机食用菌栽培技术[J]. 河南农业, 2009（22）: 40, 52.

[64] 张始东, 黄红宇, 刘雪芳, 等. 有机蜂蜜生产技术[J]. 安徽农学通报（下半月刊）, 2010, 16（4）: 153–155.

[65] 商朝帅. 当前我国种植类型家庭农场发展问题与对策研究[D]. 郑州：河南农业大学, 2018.

[66] 封志明, 李东玉, 张淑青, 等. 马铃薯种植区划和品种布局的几个问题[J]. 南方农业, 2019, 13（9）: 50, 54.

[67] 吴亚军. 中国马铃薯产业现状、影响因素及对策初探[J]. 农家参谋, 2019（9）: 82.

[68] 张硕, 刘锦, 陈鹏, 等. 紫花苜蓿不同种植布局对苹果害虫及其天敌的影响[J]. 中国果树, 2019（4）: 53–57.

[69] 杨扬, 赵润野, 许明晓. 烟草作物布局及烟草轮作制度研究[J]. 种子科技, 2017, 35（6）: 68–69.

[70] 林竹根, 李剑峰. 有机茶园套种油菜效果初探[J]. 福建茶叶, 2015, 37（3）:

16-17.

［71］梁顺有. 日光温室有机生态型辣椒套种西瓜栽培技术——以临泽县为例［J］. 中国园艺文摘，2009，25（6）：148-149.

［72］黄腾均，贾仲光，秦文阳. 茶园间种黑麦草的效益分析［J］. 广西畜牧兽医，2012，28（3）：136-137，178.

［73］沙洋贺太山：虾稻田间种西瓜，一田三收效益高［J］. 渔业致富指南，2019（17）：3-4.

［74］林庆光，陶挺燕，陈德胜. 胡椒菠萝蜜间种模式［J］. 中国热带农业，2019（5）：67-68，47.

［75］何能学，朱朝碧. 白三叶草种植技术及经济价值［J］. 四川畜牧兽医，2003（2）：42.